大乘起信論

대승 기신론

大乘 起信論

1

마명 지음 · 정화 풀어씀

이웃에게 선물이 되는 삶이 되기를

간결한 문장 속에
많은 뜻을 담고자 한 마명 스님의 글,
『대승기신론』.
인연이 있어 읽어도 깜깜하다고 하여
'깜깜 기신'이라는 별칭도 갖고 있지요.
이것이 번역이 편역이 된 까닭이며
풀이가 길어진 까닭입니다.
허물이 많지 않기를!

이렇게라도 마명 스님의 글을
옮기고 풀어 쓸 수 있었던 것은
꾸미지 않는 정신과 넘치지 않는 소유로
이웃에게 선물이 되는 삶을 삶의 즐거움으로 삼고
머물지 않는 자유로 사유의 지평을 넓혀가고자
부지런히 정진하고 있는 분들과의 인연 덕분입니다.
다함없는 마음으로 감사드립니다.

아울러 제 이야기를 글로 옮겨 준 김선일님,
강의한 내용을 바탕으로 새롭게 쓴 원고를
컴퓨터로 정리해 주었을 뿐만 아니라
글의 뜻이 분명하지 않거나
흐름이 매끄럽지 못한 곳을 이야기해 주어서
퇴고에 많은 도움을 준 일선화 보살님,
편집하느라 애쓴 삼매옥 보살님,
표지를 디자인한 오진경님과
이 책이 나오기를 기다리며
관심 있게 지켜봐 준 분들께도
마음 다해 감사드립니다.

모두들 평안하고 행복하십시오.

불기 2553년 초파일 즈음에
정화 삼가 씀

대승기신론 · 1권

이웃에게 선물이 되는 삶이 되기를   4

1부   대승기신론

   1. 대승기신론 과목표   13
   2. 대승기신론   21

2부   대승기신론 강설

   1장. 우리 삶은 이미 만족되어 있는 대승   117
   2장. 대승에 대한 믿음을 일으키게 하는 법   125
   3장. 인연 있는 수행자들의 안목을 열고자   135
   4장. 뭇 생명들의 마음이 곧 대승   143
   5장. 마음 하나에 있는 두 가지 문   155
   6장. 어느 모습으로도 머묾 없는 것이 진여의 모습   167
   7장. 생멸하는 마음의 근거, 아려야식   181
   8장. 중생이 망념이 없는 것을 볼 수 있다면   195
   9장. 본각의 두 가지 모습   217

10장. 깨달음의 본디 모습 239

11장. 세 가지 미세한 깨닫지 못한 모습 259

12장. 여섯 가지 거친 깨닫지 못한 모습 271

13장. '깨달음'과 '깨닫지 못함' 285

14장. 생멸심이 있게 되는 인연 301

15장. 삼계는 오직 마음이 지은 것 321

16장. 의식이란 상속식이다 329

17장. 오직 부처님의 지혜만이 339

18장. 자성自性이 청정淸淨하다 343

19장. 여섯 종류의 오염된 마음과
        오염된 마음이 없어지는 단계 351

20장. 상응한다는 뜻과 상응하지 않는다는 뜻 381

21장. 번뇌에 의한 장애와 지혜를 가리는 장애 391

22장. 마음이 생겨나고 없어지는 인연의 모습 401

23장. 연기의 각성은 없어지지 않는다 413

24장. 진여의 향기가 스며 있는 삶 429

찾아보기 437

대승기신론 · 2권

25장. 삶과 죽음을 이어가는 염법의 훈습
26장. 삶과 죽음을 넘어서는 정법의 훈습
27장. 허망한 마음에 스며드는 진여의 훈습
28장. 부처가 부처를 보게 하는 것 _진여의 훈습
29장. 부처이면서 부처를 보지 못하는 까닭
30장. 부처님 법을 성취하는 인연
31장. 불보살님들의 훈습
32장. 진여가 자신의 숨이 된 단계와
      아직 숨임을 알지 못한 단계
33장. 정법의 훈습은 끊어지지 않는다
34장. 삶의 낱낱 모습이 진여의 공덕상
35장. 진여가 만든 빈 자리에서 드러나는 장엄
36장. 진여의 작용
37장. 외연으로 나타나는 진여의 작용 _응신과 보신
38장. 한마음인 진여가 보여 주는 생명 나눔
39장. 법신은 지혜의 몸

40장. 생멸문에서 진여문으로

41장. 아견이 사라지면 집착도 없어

42장. 오온 그 자체가 바로 열반이니 법에도 실체가 없다

43장. 허망한 집착을 완벽하게 떠난다는 것

44장. 신심이 성취된 수행자

45장. 믿음을 성취하기 위한 세 가지 마음

46장. 번뇌의 허망한 집착을 다스리는 묘술 _정념과 선행

47장. 진여의 삶을 살아가는 네 가지 방편

48장. 수행자의 마음에 드리운 법신의 향기 _원력

49장. 이해하고 실천하는 발심

50장. 증득한 발심

51장. 발심 공덕의 원만한 성취

52장. 모든 것을 통달한 지혜

53장. 신심을 어떻게 닦을 것인가

54장. 닦아야 할 네 가지 신심

55장. 보시·지계·인욕·정진

56장. 지止와 관觀은 하나의 수행문

57장. 지수행止修行

58장. 지수행으로 얻게 되는 진여삼매

59장. 지수행止修行시 겪게 되는 마장

60장. 진여삼매의 열 가지 이익

61장. 자비심을 기르는 관수행觀修行

62장. 지止와 관觀을 함께 닦아야 함

63장. 부처가 되는 '그리움'이 염불하는 마음

64장. 수행으로 얻게 되는 이익 _ 소중하고 귀한 삶

65장. 대승을 믿는 마음

66장. 부처 되는 길을 잃다

67장. 대승에 대한 신심을 배우고 닦기를

68장. 공덕을 회향하며

찾아보기

| 1부 |

대승기신론

일러두기

1. 한문 원문은 양나라 진제 스님의 번역본이며,
   뜻을 파악하는 데는 원효 스님의 『대승기신론 소·별기』와
   인순 스님(대만)의 『대승기신론 강기』를 참조하였습니다.
2. '대승기신론 과목표'는
   『대승기신론』의 세부 차례를 드러내어 전체 구조를
   파악하는 데 도움을 주고자 한 것입니다.
3. 『대승기신론』 번역문에는
   과목표에 나타난 세부 차례를 제목으로 달아
   논의 뜻을 이해하기 쉽게 하였습니다.
4. 강설에도 번역문이 있지만
   번역문을 따로 실은 까닭은 전체를 한눈에 보면서
   논의 대의를 파악하기 쉽게 하기 위함입니다.
5. 번역문에 붙여진 번호는 『대승기신론』에
   공통적으로 붙여진 논 번호로써
   다른 책들과 대조해서 볼 때 참고하시기 바랍니다.

대승기신론 과목표

1. 귀경게: 삼보에 귀의하옵고

2. 본론

제1장　인연분: 논을 쓰게 된 인연

　제1절 논을 쓰게 된 까닭
　제2절 이 논과 같은 글의 필요성

제2장　입의분: 논의 대의를 제시함

　제1절 '중생의 마음〔法〕'이 큰수레〔大乘〕
　제2절 중생의 마음이 '큰〔義〕' 까닭

제3장　해석분: 대의를 자세히 설명함

　제1절 현시정의 : '중생의 마음이 곧 대승'이라는 바른 뜻을 드러내 보임
　　제1항 '중생의 마음〔法〕'이 대승인 까닭에 대한 자세한 설명
　　　제1목 심진여문
　　　　　　(대승의 바탕으로 생겨나지도 않고 없어지지도 않는 마음)
　　　　가. 이언진여: 진여에 대해 말로써 설명할 수 없는 측면
　　　　나. 의언진여: 진여에 대해 말로써 설명할 수 있는 측면

제2목 심생멸문

    (생겨나기도 하고 없어지기도 하는 '오염된 마음[染心]과 청정한 마음[淨心]')

가. 아려야식에 의거하여 오염된 마음과 청정한 마음이 생겨나고 없어짐

  1. 깨달음[覺義]

    1-1 시각과 본각에 대한 개설

    1-2 시각: 처음으로 연기의 각성을 자각함

        (오염된 마음이 없어지고 청정한 마음이 생겨난 것과 같음)

    1-3 본각: 연기 그 자체가 본래 깨달음

      1) 수염본각: 오염된 마음을 따르는 본각

         - 지정상智淨相과 부사의업상不思議業相

      2) 성정본각: 연기법[性]은 물들 수 없는[淨] 본래 깨달음

         - 여실공경如實空鏡, 인훈습경因熏習鏡

          법출리경法出離鏡, 연훈습경緣熏習鏡

  2. 깨닫지 못함[不覺義]: 연기의 각성을 자각하지 못함

        (청정한 마음이 없어지고 오염된 마음이 생겨난 것과 같음)

    2-1 근본불각: 무상無常과 머묾 없는 모습[無住相]을 자각하지 못함

    2-2 지말불각: 근본불각에 의해서 형성된 아홉 가지 깨닫지 못한 모습

      1) 삼세상: 세 가지 미세한 불각의 모습

      2) 육추상: 여섯 가지 거친 불각의 모습

  3. 깨달은 모습과 깨닫지 못한 모습의 같은 점과 다른 점

나. 마음이 생겨나고 없어지는 인연[生滅因緣]: 인식이 생멸의 인연

  1. 마음에 의거하여 의意와 의식意識이 생겨남

    1-1 의意가 생겨남

      1) 모든 것은 마음에 의거하여 생겨나고 없어짐

    1-2 의식意識이 생겨남

2. 마음이 생겨나고 없어지는 인연에 대해 알기 어려운 까닭

      2-1 무명이 생겨남

   3. 수행에 의해 오염된 마음이 없어짐

      3-1 여섯 가지 오염된 마음이 없어짐

      3-2 무명이 없어짐

   4. 상응한다는 뜻과 상응하지 않는다는 뜻

   5. 번뇌에 의한 장애〔煩惱礙〕와 지혜를 가리는 장애〔智礙〕

다. 마음이 생겨나고 없어지는 인연의 모습〔生滅因緣相〕

   (인식에서 오염된 마음이 훈습하는 모습과 청정한 마음이 훈습하는 모습)

   1. 거친 생멸과 미세한 생멸

   2. 연기의 각성〔心體〕은 없어지지 않음

   3. 오염된 마음과 청정한 마음이 끊어지지 않는 네 종류의 훈습과 훈습의 뜻

      3-1 오염된 마음이 끊어지지 않게 하는 훈습〔染法熏習〕

         1) 오염된 마음〔染法〕의 훈습이 끊임없이 일어남

            ① 허망한 경계에 의한 훈습

               · 증장념훈습

               · 증장취훈습

            ② 허망한 마음에 의한 훈습

               · 업식근본훈습

               · 증장분별사식훈습

            ③ 무명에 의한 훈습

               · 근본훈습

               · 견애훈습

3-2 청정한 마음이 끊어지지 않게 하는 훈습〔淨法熏習〕

 1) 청정한 마음〔淨法〕의 훈습이 끊임없이 일어남

  ① 허망한 마음에 스며드는 진여의 훈습〔妄心熏習〕

  ② 진여의 훈습

- 자체상훈습: 진여 자체가 갖추고 있는 공덕에 의한 훈습
- 진여의 훈습을 받는 것은 같지만 훈습의 결과가 다른 까닭

 답1) 무명에 의해 형성된 번뇌의 두께가 다르기 때문

 답2) 선근에 따라 진여〔내훈〕와 불보살〔외훈〕의 훈습을 받아들이는 데 차이가 있기 때문

- 용훈습: 수행자가 수행 도중에 만나게 되는 모든 인연의 훈습

 - 차별연과 평등연

- 자체상훈습과 용훈습에 상응한 수행자와 상응하지 못한 수행자

3-3 오염된 마음에 의한 훈습〔染熏〕의 끝남과
청정한 마음에 의한 훈습〔淨熏〕의 끝나지 않음

제2항 중생의 마음이 '큰〔義〕' 까닭에 대한 자세한 설명

 제1목 진여 자체의 모습(체대體大와 상대相大)

  가. 진여 자체〔體大〕에 있는 공덕〔相〕이 큰 까닭

 제2목 진여의 작용(용대用大)

  가. 분별사식과 업식에 따른 응신과 보신

  나. 수행자의 근기(범부·이승·보살)에 따른 응신과 보신

  다. 형색을 떠나 있는 법신이 형색으로 나타나는 까닭

제3항 생멸문에서 진여문으로 들어감

제2절 대치사집: 잘못된 집착을 다스림

  제1항 잘못된 집착을 다스린다는 뜻

  제2항 잘못된 집착의 종류

    제1목 인아견을 다스림

      ('법신과 여래장을 개인의 실체〔人我〕로 여기는 견해〔見〕를 다스림)

    제2목 법아견을 다스림

      ('오온 등의 법에 실체〔法我〕가 있다'고 여기는 견해〔見〕를 다스림)

    제3목 허망한 집착을 완벽하게 다스림

제3절 분별발취도상分別發趣道相: 불도를 향한 발심

  제1항 발심의 뜻

  제2항 발심의 종류

    제1목 믿음을 성취한 발심〔信成就發心〕

      가. 믿음을 성취한 세 종류의 발심

        - 곧은 마음〔直心〕, 깊은 마음〔深心〕, 크나큰 자비심〔大悲心〕

      나. 학습과 선행을 해야 하는 까닭

      다. 발심을 위한 네 가지 방편

      라. 발심의 수승한 공덕

    제2목 이해하고 실천하는 발심〔解行發心〕

    제3목 증득한 발심〔證發心〕

      가. 증득한 발심

      나. 증득한 발심의 세 가지 모습

      다. 발심 공덕의 원만한 성취

      라. 증득한 지혜를 '모든 것을 아는 지혜〔一切種智〕'라고 하는 까닭

      마. 부처님의 지혜 작용이 잘 보이지 않는 까닭

제4장 수행신심분 : 신심을 닦는 방법을 설명함

제1절 대승에 대한 믿음이 결정되지 않는 사람을 위해 신심을 닦는 방법을 설명함

제2절 닦아야 할 네 가지 신심

제3절 신심을 성취하게 하는 다섯 가지 수행

  제1항 보시 지계 인욕 정진

  제2항 지관止觀

    제1목 지관 수행에 대한 개설

    제2목 지수행止修行

      가. 지수행

      나. 지수행으로 얻게 되는 진여삼매

      다. 지수행시 겪게 되는 마장

      라. 외도삼매

      마. 진여삼매의 열 가지 이익

    제3목 관수행觀修行

      가. 관수행을 해야 하는 까닭

      나. 관의 방법

      다. 대비심관

      라. 대원관

      마. 관수행을 해야 하는 시간

    제4목 지와 관을 함께 닦음

제4절 신심을 성취하게 하는 염불 수행

제5장　권수이익분 : 수행으로 얻게 되는 이익을 이야기하여 수행하기를 권함

   제1절　대승에 대한 신심을 닦으면 반드시 부처가 됨

   제2절　대승을 믿는 공덕은 헤아릴 수 없음

   제3절　믿지 않거나 훼방한 허물로 받게 되는 과보

   제4절　대승에 대한 신심을 배우고 닦기를 간절히 권함

3. 회향게 : 공덕을 회향하며

1. 귀경게: 삼보에 귀의하옵고

01 언제 어디서나 가장 뛰어난 활동을 하시며
　　지혜를 갖추시고 걸림 없는 삶을 사시면서
　　뭇 생명들을 열반으로 인도하시는 부처님〔佛〕과

　　부처님의 덕상을 이루며
　　삶의 근본인 있는 그대로의 모습에
　　무량한 공덕을 갖춘 법성〔法〕과

　　바르게 수행하시는 수행자〔僧〕들께
　　귀의합니다.

02 이 논을 쓰는 것은 중생이 의심과 그릇된 집착을 버리고 대승에 대한 바른 믿음을 얻어 부처님의 가르침이 계속되기를 바라는 마음 때문이다.

2. 본론

03 이 논은 대승에 대한 믿음을 일으키게 하는 법을 설명하는 글로 다섯 부분으로 이루어져 있다.

04 첫 번째 부분은 이 글을 쓰게 된 인연을 말하는 인연분因緣分이며, 두 번째 부분은 이 글의 대의를 제시하는 입의분立義分이며, 세 번째 부분은 대의를 자세히 설명하는 해석분解釋分이며, 네 번째 부분은 대승에 대한 신심을 닦는 방법을 설명하는 수행신심분修行信心分이며, 다섯 번째 부분은 수행과 믿음으로 얻게 되는 이익을 설명하는 권수이익분勸修利益分이다.

제1장 인연분: 논을 쓰게 된 인연

제1절 논을 쓰게 된 까닭

05 첫 번째, 인연분因緣分이다.

06 문: 이 논을 쓰게 된 인연은 무엇인가?

답: 이 논을 쓰게 된 인연에는 다음과 같은 여덟 가지 이유가 있다.

첫 번째는 이 글을 쓰게 된 근본 이유로, 세간의 명성과 이익, 공경을 구하는 것이 아니라 중생들이 모든 고난으로부터 벗어나 깨달음의 즐거움을 얻기 바란 것이다.

두 번째는 부처님의 근본 가르침을 해석하여, 중생들이 불법을 바르게 이해하여 오류를 범하지 않기를 바란 것이다.

세 번째는 선근이 성숙한 중생들로 하여금 대승법을 감당하고 맡아서 대승에 대한 신심이 퇴보하지 않게 하기 위함이다.

네 번째는 선근이 적은 중생들로 하여금 신심을 닦고 익히게 하기 위함이다.

다섯 번째는 방편을 보여 나쁜 업장을 녹이고 마음을 잘 지켜 어리석음과 오만을 여의고 삿된 관계를 끊게 하기 위함이다.

여섯 번째는 지止와 관觀을 닦고 익히는 방편을 보여 범부와 성문·연각의 마음에 있는 허물을 다스리게 하기 위함이다.

일곱 번째는 오로지 부처님만을 생각하는 염불念佛 방편을 제시하여 부처님 회상에 태어나 마음이 안정되고 신심이 떨어지지 않게 하기 위함이다.

여덟 번째는 수행으로 얻게 되는 이익을 말해 수행을 장려하기 위함이다.

제2절 이 논과 같은 글의 필요성

07 문:경전에 이미 그와 같은 가르침이 있는데 다시 천명하는 까닭은 무엇인가?

답:경전에 이와 같은 가르침이 있다고는 하나 중생들의 근기와 실천이 같지 않고, 듣고서 이해하는 정도가 다르기 때문이다.
부처님께서 세상에 계실 때는 중생의 근기도 뛰어났고, 부처님의 모습과 마음도 수승하여 가르칠 내용을 한 번만 설명하여도 잘 알아차렸기 때문에 논서가 필요하지 않았다.

그러나 부처님께서 돌아가신 후에는 사정이 달라졌다. 어떤 사람은 많이 들어야 이해하고, 어떤 사람은 적게 듣고도 많이 이해하고, 어떤 사람은 혼자 힘으로 경전을 이해하는 힘이 부족해 자세히 설명한 논서에 의지해야 이해할 수 있고, 어떤 사람은 자세한 설명을 번거롭게 여기고 뜻을 함축하여 설명한 총지總持를 좋아해서 간단한 문장에 많은 뜻이 담겨 있더라도 이해할 수 있다.
이와 같이 경전을 듣고 이해하는 다양한 근기의 사람들이 있는데, 이 논은 '부처님께서 말씀하신 넓고 깊은 법의 한량없는 뜻'을 간략한 문장에 전부 담아낸 글을 좋아하는 사람들을 위해 쓴 것이다. 이것이 이 글을 쓰게 된 인연이다.

제2장 입의분

08 두 번째, 글의 대의를 이야기하는 입의분이다. "대승大乘 곧 큰〔大〕 수레〔乘〕라는 것〔法〕은 무엇이며, '크다'는 뜻과 '수레'라는 뜻〔義〕은 무엇인가?"에 대해 간단히 설명하는 부분이다.

제1절 '중생의 마음〔法〕'이 큰수레〔大乘〕

대승이라는 것〔法〕은 '중생의 마음〔衆生心〕'이다. 이 마음이 세간과 출세간의 모든 것〔法〕을 다 갖추고 있다. 그렇기에 이 마음으로 대승의 뜻을 나타내 보이는 것이다. 왜냐하면 중생의 마음이 함장하고 있는 진여의 모습〔眞如相〕으로 대승의 체體를 설명할 수 있고, 중생의 마음이 생겨나고 없어지는 인연과 모습〔生滅因緣相〕으로 대승 그 자체의 상相과 용用을 설명할 수 있기 때문이다.

제2절 중생의 마음이 '큰〔義〕' 까닭

대승인 중생의 마음이 '크다〔大〕'는 뜻〔義〕에 세 종류가 있다.

첫째로 근본 바탕이 크다〔體大〕는 것이다. 모든 것의 본바탕인 진여는 평등하여 늘어나거나 줄어듦이 없기 때문이다.

둘째는 마음이 갖춘 공덕의 모습이 크다〔相大〕는 것이다. 여래장이 무량한 성공덕性功德을 갖추고 있기 때문이다.

셋째는 마음의 작용이 크다〔用大〕는 것이다. 세간과 출세간의 좋은 인과를 생성하기 때문이다.

중생의 마음을 수레〔乘〕에 비유하는 것은 모든 부처님께서도 이 마음을 타고서〔乘〕 부처님이 됐기 때문이며, 모든 보살들께서도 이 마음을 타고서〔乘〕 여래지에 도달하기 때문이다.

이 글의 대의를 말했다.

제3장 해석분

09 세 번째, 대의를 자세히 설명하는 부분〔解釋分〕이다.

여기에도 세 부분이 있다. 첫째는 중생심이 곧 대승이라는 바른 뜻을 설명하는 부분〔顯示正義〕이며, 둘째는 잘못된 집착을 다스리는 방법을 설명하는 부분〔對治邪執〕이며, 셋째는 잘 분별하여 불도에 나아가는 발심의 방법을 설명하는 부분〔分別發趣道相〕이다.

제1절 현시정의

제1항 '중생의 마음〔法〕'이 대승인 까닭에 대한 자세한 설명

10 첫째, 중생심이 곧 대승이라는 바른 뜻을 설명하는 부분〔顯示正義〕이다. 마음에는 진여문과 생멸문이라는 두 개의 문이 있다. 두 문은 각각 모든 것〔法〕을 다 담고 있다. 두 문이 독립된 것이 아니기 때문이다.

제1목 심진여문
가. 이언진여 진여에 대해 말로써 설명할 수 없는 측면

11 마음이 진여로 활동하는 것이 온 세계가 하나의 세계가 되며 전체로서 하나의 생명계가 되는 바탕이다. 전체로서 하나의 인연이므로 진여인 마음의 성품은 생겨나는 것도 아니고 없어지는 것도 아니다. 그럼에도 불구하고 낱낱이 다른 것으로 차별되는 것은 오직 '잘못된 기억〔妄念〕'에서 비롯된다. '잘못된 기억'을 떠난다면 모든 차별은 사라진다.

자성이 본래 없기 때문에 모든 것〔法〕들은 그 자체로 언어의 차별을

벗어나 있고, 이름을 넘어서 있으며, 마음의 대상이 되는 것도 아니며, 모두가 평등한 생명이며, 생명의 활동이 다르다고 생명의 가치가 변하는 것도 아니며, 파괴할 수도 없다. 모두가 인연으로 '한마음〔一心〕'일 뿐이다. 그러므로 진여眞如라고 한다.

차별된 언어가 표현하는 것은 가명이며 실재가 아니다. 차이를 나타내는 언어란 '잘못된 기억'이며 실재하지 않는다.

12 진여란 어떠한 모양을 갖는 것이 아니다. 말의 궁극이면서 언어 스스로를 부정하는 자리다. 그렇지만 진여의 근거는 부정할 수 없다. 모든 것〔法〕이 다 참된 것〔眞〕이기 때문이다. 그렇다고 진여의 근거를 따로 세울 수도 없다. 모든 것이 다 같기〔如〕 때문이다. 자성을 갖지 않는 모든 것은 설명할 수도 없고 기억할 수도 없기에 진여라고 하는 줄 알아야 한다.

13 문: 진여의 뜻이 그와 같다면 중생들은 어떻게 하여야 진여에 수순하며 진여와 계합할 수 있는가?

답: 모든 것에 대해서 설명할 수는 있으나 설명하는 사람이나 그 대상이 개체만의 존재로서 실재하지 않는 줄 알고, 기억할 수는 있으나 기억하는 사람이나 그 대상이 실재하지 않는 줄 아는 앎을 생각생각

에 잊지 않는다면 진여에 수순하게 되며, 분별된 개념지로 파악된 차별상에 실체가 있다고 생각하는 '허망한 기억'을 여읜다면 진여에 계합하게 된다.

나. 의언진여 진여에 대해 말로써 설명할 수 있는 측면

14 진여는 말의 한계를 넘어서지만 할 수 없이 말로써 분별하면 두 가지 뜻이 있다. 첫째, 참으로 텅 비어[空] 어떠한 차별도 없다는 뜻이다. 모든 것이 그 자체로 완벽한 진실이기 때문이다. 둘째, 참으로 공덕이 가득 차[不空] 형상에 머물지 않는 모든 다름을 나타낼 수 있다는 뜻이다. 모든 것들은 그 자체로 번뇌의 허물이 없이 다름을 나타내는 생명의 공덕을 갖추고 있기 때문이다.

15 진여를 공空이라고 하는 이유는 원래부터 번뇌에 물든 생각과는 상응하지 않기 때문이다. 공의 측면에서 보면 진여는 모든 차별을 떠났다. 왜냐하면 차별 짓는 허망한 마음작용이 없기 때문이다. 그러므로 진여의 자성은 '있음'도 아니며, '없음'도 아니며, '없음과 있음을 다 부정하는 것'도 아니며, '있음과 없음이 함께 있는 것'도 아니며, '같음'도 아니며, '다름'도 아니며, '다름과 같음을 다 부정하는 것'도 아니며, '같음과 다름이 함께 있는 것'도 아닌 줄 알아야 한다.

이것을 종결하여 이야기하면 '중생들이 깨어 있지 못한 마음을 가지고 분별하는 것으로는 상응할 수 없기 때문에 공空이라고 할 뿐, 허망한 분별을 떠난다면 공空이라고 할 것조차 없다'는 것이다.

16 진여를 공空이 아니라고 하는 이유는 앞서 밝혔듯이 중생심[法]의 바탕이 본래 공하여 허망한 분별이 없으므로 뭇 생명의 마음을 진여의 마음[眞心]이라고 하는데, 이 마음은 항상 변하지 않고 청정한 공덕이 가득하기 때문이다.

그렇다고 진심이 취할 만한 모양[取相]을 갖고 있는 것도 아니다. 왜냐하면 청정한 공덕으로 온갖 다름을 나타내지만 형상에 머물지 않는 불공진여不空眞如는 '망념으로 알 수 있는 경계를 넘어선 것'으로 오직 수행으로 증득해야만 상응할 수 있기 때문이다.

제2목 심생멸문
가. 아려야식에 의거하여 오염된 마음과 청정한 마음이 생겨나고 없어짐

17 마음이 생겨나고 없어진다는 것은 생겨나지도 않고 없어지지도 않는 여래장에 의거하기 때문에 '생겨나고 없어지는 마음[生滅心]'이 있다는 것이다. 그러므로 '생겨나지도 않고 없어지지도 않는 것'

과 '생겨나고 없어지는 것'이 화합하여 같지도 않고 다르지 않는 상태로 있다고 말한다. 이 상태를 '아려야식阿黎耶識'이라고 한다.

18 아려야식에는 두 가지 뜻이 있어 모든 것(法)을 포섭할 수 있고 생기게 할 수 있다.

19 첫째는 깨달음, 곧 자각한다는 뜻이고, 둘째는 깨닫지 못함, 곧 자각하지 못한다는 뜻이다.

1. 깨달음(覺義)
1-1 시각과 본각에 대한 개설

20 자각自覺, 곧 깨달음이라는 뜻은 마음 그 자체가 망념이 없이 알아차리는 것을 말한다. '자각하는 마음'은 허공과 같아 없는 곳이 없다. 법계 그 자체가 '자각하는 마음'으로 하나의 모습이다. 그것이 여래의 평등한 법신이다.

이와 같은 법신에 의지해서 '본래 깨달음' 곧 본각本覺이라는 이름을 갖게 된다. 왜냐하면 본각이라는 뜻이 '처음으로 깨달았다'는 시각始覺과 상대한 것이지만, 처음으로(始) 마음 그 자체에는 망념이 없다는 것을 알아차린 것(覺)이 법신의 자각인 본래 깨달음(本覺)과 같기 때문이다.

시각始覺이란 무슨 뜻인가? 본각이 있기 때문에 그것과 상대한 '깨닫지 못한 것' 곧 불각不覺이 있고, 불각이 있기 때문에 시각이 있다는 것이다.

1-2 시각 처음으로 연기의 각성을 자각함

21 마음의 근원을 자각하는 것이 '완전한 깨달음', 곧 구경각이다. 그러므로 마음의 근원을 자각하지 못했다면 구경각이 아니다.

22 '구경각이 아닌 것'과 '구경각'이 뜻하는 바는 다음과 같다. 보통 사람들이 앞의 생각이 잘못된 줄 자각하고 뒤에 그와 같은 생각을 하지 않는다면, 이 또한 깨달음이라고 할 수 있으나 잘못된 생각이 일어났던 상태에서는 깨닫지 못한 것이므로 불각不覺이라고 한다.

부처님의 가르침을 배워 실천 수행하는 성문승과 인연법을 관찰하여 스스로 연기법을 터득해 가는 연각승과 처음으로 대승에 대한 수행을 시작한 보살 수행자들은 수행하면서 얻은 지혜로 망념이 변해가는 것을 자각하고, 망념이 변할 때 '망념 따라 변해가는 것〔異相〕'이 실재하지 않는다는 것을 깨달아 거친 분별과 집착을 버린다. 이 상태가 깨달음과 비슷하므로 상사각相似覺이라고 한다.

보살 수행으로 초지를 성취하고 난 뒤의 수행자인 법신 보살 등은 망념의 머무름을 살펴 망념에는 '자기 동일성을 유지하면서 머무르는 것〔住相〕'이 없음을 깨달아 분별하는 거친 망념을 떠난다. 이 상태는 부분적으로 진여법신을 증득한 깨달음이므로 수분각隨分覺이라고 한다.

보살 수행자가 수행의 끝에 이르러, 모든 수행 방편을 만족하여 '시각이 성취되는 순간의 마음〔一念〕'이 진여 각성과 상응하여 마음이 최초로 생겨나는 모습을 자각하고, 마음 그 자체는 '최초로 생겨나는 모습'이 없다는 것을 안다. 상속의 자기 동일성을 만들어 내는 미세한 망념의 흔적조차 완전히 제거했기 때문이다. 마음의 본성을 보고 자각하는 마음이 항상 작용하여 망념이 생겨나지 않는 완전한 깨달음이므로 구경각究竟覺이라고 한다.

이런 까닭에 경전에서 "중생이 망념이 없는 것을 볼 수 있다면 부처님의 지혜로 향한다."라고 했다.

23 법계의 인연을 자각하는 마음이 처음 일어났지만, 법계에는 '최초의 모습'이라는 것이 없으니, 최초의 모습을 자각한다는 것은 '망

념이 없는 것〔無念〕'을 뜻한다. 이런 까닭에 중생의 마음 바탕이 '망념이 없는 본각'이라고 하더라도 망념을 떠난 적이 없는 중생들은 깨달았다고 할 수 없다. 그러므로 '시작이 없는 무명'이라고 한다.

그렇지만 무념無念이 된다면 곧바로 마음에서 일어나는 생生·주住·이異·멸滅의 모습이 무념과 같다는 것을 알 것이다. 그때에는 점점 깨달아 시각에 이르는 '변화의 다름〔異〕'이 없다. 왜냐하면 생·주·이·멸의 모습이 동시에 있으며, 사상四相의 낱낱이 그 자체로 존립할 근거가 없으며, 본래부터 평등하며 동일한 깨달음이기 때문이다.

1-3 본각 연기 그 자체가 본래 깨달음
1) 수염본각 오염된 마음을 따르는 본각

24 오염된 불각을 따르고 있는 본각을 나누면 두 가지 모습이 있다. 그러나 그 두 가지가 본각 상태를 떠난 것은 아니다.
첫째는 본각의 지혜 덕상으로 '오염을 떠나 있는 맑은 모습'이라는 뜻의 지정상智淨相이며, 둘째는 본각의 미묘한 작용으로 '일상의 생각을 넘어서는 미묘한 활동'을 하는 부사의업상不思議業相이다.

지정상智淨相이란 무엇인가? 수행자가 안으로는 여래장이 갖춘 법력의 훈습에 의지하고 밖으로는 불보살님의 법력에 의한 훈습을 바탕으로 바르게 수행하여 수행 방편을 만족하면, 이 힘에 의해서 아려야식에 있는 생멸심을 없애고 번뇌 종자의 상속이 끊겨 법신이 드러난다. 이때 드러난 본래 깨달음인 지혜의 순수하고 맑은 모습을 지정상이라고 한다.

이것은 깨닫지 못한 인식이 무명일지라도 무명 또한 연기의 각성을 떠난 것이 아니므로, 깨달으면 무명은 없어지나 각성은 없어지지 않는다는 것을 뜻한다.

마치 바람 때문에 파도가 일 때 물과 바람이 서로 떨어져 있지 않는 것과 같으며, 바람이 멈춘다면 파도가 일지 않아 잔잔해지지만 물이 가지고 있는 습한 성질은 없어지지 않는 것과 같다.

중생 또한 이와 같다. 중생의 연기적 자성인 청정한 마음이 무명 때문에 움직이나, 청정한 마음이나 무명 모두 형상이 없다는 데서는 서로 떨어져 있지 않다. 그러나 마음 그 자체는 움직이는 것이 아니기 때문에 무명이 사라진다면 번뇌의 상속은 끊어지나 연기의 청정한 앎은 없어지지 않는다〔智性不壞〕.

부사의업상不思議業相이란 무엇인가? 수행자가 깨달음을 이루고 난 후는 청정한 지혜에 의지하여 가지가지 수승하고 미묘한 활동을 할 수 있다. 그렇기 때문에 무량한 공덕이 단절되지 않는다. 저절로 중생의 근기에 상응하여 지혜와 공덕이 발현돼 중생을 이롭게 한다. 이를 부사의업상이라고 한다.

2) 성정본각 연기법〔性〕은 물들 수 없는〔淨〕 본래 깨달음

25 '깨달음의 본디 모습〔覺體相〕'에 네 가지 '크다는 뜻'이 있다. 그러므로 연기의 각성은 허공처럼 넓고 맑은 거울처럼 밝게 안다.

첫째, 연기각성은 '참으로 빈 거울〔如實空鏡〕'과 같다. 왜냐하면 허망하게 분별하는 마음과 분별된 모든 경계가 본래부터 없어, 허망한 법이 나타날 수도 없고 허망하게 알아차리는 작용도 없기 때문이다.

둘째, 연기각성은 '안으로 여래장을 원인으로 하여 모든 공덕을 갖추었기에 비어 있지 않는 거울〔因熏習鏡〕'과 같다. 연기의 각성은 텅 빈 것이 아니다. 세상의 모든 경계가 연기의 각성에서 나타나는 것이므로, 경계가 연기의 각성을 벗어나는 것도 아니고 연기의 각성 안으로 들어오는 것도 아니며, 없어지는 것도 아니고 파괴되는 것도 아니다. 항상 연기 총상인 한마음으로 있다. 왜냐하면 모든 것이 그 자체로 진실한 연기의 공성이기 때문이다.

또한 모든 집착이 연기의 각성을 물들일 수 없으며, 연기적인 앎의

바탕은 집착으로 움직이지 않는다. 그 자체가 집착이 없는 공덕을 갖추고 중생을 훈습하는 것이다. 그래서 인훈습경이라고 한다.

셋째, 연기각성은 '모든 집착을 벗어난 거울〔法出離鏡〕'과 같다. 연기법이 나타내는 모든 공덕은 그 자체로 번뇌에 의한 장애와 지혜를 막는 장애가 없고, 집착으로 생긴 생멸심과 집착이 없는 불생불멸심이 화합하고 있는 상태인 아려야식을 떠났으며, 순수하고 깨끗한 밝은 지혜이기 때문이다.

넷째, 연기각성은 '인연 있는 중생을 훈습하는 거울〔緣熏習鏡〕'과 같다. 연기법은 번뇌에 의한 장애와 지혜를 막는 장애가 없기 때문에 중생의 마음을 잘 헤아려 그들로 하여금 선근을 닦게 하고, 중생의 마음 따라 가르침을 시현하기 때문이다.

2. 깨닫지 못함〔不覺義〕 연기의 각성을 자각하지 못함
2-1 근본불각 무상無常과 머묾 없는 모습〔無住相〕을 자각하지 못함

26 '깨닫지 못한 것〔不覺〕'이란 무슨 뜻인가? 진여인 연기법계가 하나의 생명계임을 알지 못하는 것을 말한다. 연기의 무상한 변화를 그 자체로 자각하지 못한 상태에서 마음작용이 일어나고, 일어난 마음작용의 낱낱 모습을 실재라고 기억하고 있는 것이다.

그러나 기억된 마음의 낱낱 모습이 그 자체로 있는 것도 아니며, 그렇다고 연기의 각성인 본각을 떠나 있는 것도 아니다. 비유하자면 방향을 잃은 사람과 같다. 방향이 있기 때문에 방향을 잃는다는 것이 있지, 방향이 없다고 하면 방향을 잃는다는 것도 없다.

중생도 그와 같다. 깨달음에 상대하여 어리석음이 있는 것이지, '깨달음'이 없다면 '깨닫지 못함'도 없다. 깨닫지 못하고서 그릇되게 형상을 분별하는 마음이 있기 때문에 이름과 뜻과 형상을 잘못 아는 망상이 있고, 이와 같은 망상에 상대하기에 참된 깨달음이 있다고 이야기할 수 있다. 만약 '깨닫지 못한 마음'이 없다면 참된 깨달음이 어떻다고 이야기할 수 없다.

2-2 지말불각 근본불각에 의해서 형성된 아홉 가지 깨닫지 못한 모습
1) 삼세상 세 가지 미세한 불각의 모습

27 인연을 깨닫지 못했기 때문에 마음과 경계의 분별이 확실하게 나뉘지 않는 '세 가지 미세한 깨닫지 못한 모습〔三細相〕'이 생긴다. 이 세 가지 미세한 모습은 항상 깨닫지 못한 마음과 함께 있다.

첫째는 무명업상無明業相이다. 연기의 무상을 자각하지 못하기 때문에 잘못된 기억인 망념이 생기고, 망념에 따라 마음이 움직이기에

업業이라고 한다. 연기를 자각하게 되면 망념을 따르는 움직임이 없다. 망념을 따라 움직이므로 괴로움이 있다. 결과[苦]가 원인[動]을 벗어나지 않기 때문이다.

둘째는 능견상能見相이다. 망념을 따르는 움직임이 있기 때문에 망념의 내용을 볼 수 있는 것이다. 만약 움직이지 않는다면 보는 것도 없다.

셋째는 경계상境界相이다. 보는 능견상이 있기 때문에 보이는 대상인 경계도 허망하게 나타난다. 보는 것이 없으면 경계도 없다.

2) 육추상 여섯 가지 거친 불각의 모습

28 보이는 경계가 나타났기 때문에 그에 따라 마음과 경계의 분별이 분명한 여섯 가지 깨닫지 못한 모습이 생겨난다.

첫째는 지상智相이다. 경계에 의거하여 분별이 일어나고, 좋아하고 싫어하는 앎이 생기기 때문에 '아는 모습' 곧 지상이라 한다.

둘째는 상속상相續相이다. 아는 것에 의지해서 괴로움과 즐거움이 일어나고, 일어난 고락이 마음을 깨우고 기억을 상기시켜 전후가 상응하여 끊어지지 않기 때문에 '상속하는 모습' 곧 상속상이라고 한다.

셋째는 집취상執取相이다. 상속에 의거하여 망념의 경계를 대상으로 괴로움과 즐거움에 대한 인상을 유지하면서 집착하기 때문에 '집착하는 모습' 곧 집취상이라고 한다.

넷째는 계명자상計名字相이다. 허망한 집착에 의거하여 '거짓된 이름을 지어 분별하는 모습'을 계명자상이라 한다.

다섯째는 기업상起業相이다. 이름과 문자에 의거하여 분별하고 집착하면서 가지가지 업을 짓기 때문에 '업을 일으키는 모습' 곧 기업상이라 한다.

여섯째는 업계고상業繫苦相이다. 업에 따라 과보를 받게 되어 삶이 자재하지 못하므로 '업에 매여 괴로운 모습' 곧 업계고상이라 한다.

29 무명에 의해서 번뇌에 물든 마음이 생겨나는 줄을 알아야 한다. 왜냐하면 번뇌에 물든 마음은 모두 연기의 각성을 자각하지 못한 것이기 때문이다.

3. 깨달은 모습과 깨닫지 못한 모습의 같은 점과 다른 점

30 '깨달음'과 '깨닫지 못한 것'에 두 가지 모습이 있다. 하나는 이 둘의 같은 모습이고, 다른 하나는 이 둘의 다른 모습이다.

'깨달음'과 '깨닫지 못함'이 같다는 것은 무슨 뜻인가? 비유하자면 '가지가지 그릇이 모양은 다를지라도 모두 흙으로 빚어졌다는 것과 같다. 곧 번뇌가 원래 없는 연기의 각성인 '무루無漏'와 연기를 자각하지 못한 '무명無明', 그리고 무명에 의해서 분별된 모든 '환幻과 같은 활동'이 그 바탕에서 보면 똑같이 진여의 각성과 각성의 활동이라는 것이다.

그렇기 때문에 경전에서는 "연기인 진여의 뜻에 의지해서 모든 중생이 본래 열반의 삶을 살고 있다."라고 말한다. 아울러 "깨달음이란 수행으로 이루어지는 것이 아니며, 수행으로 만들어지는 것도 아니며, 어떤 경우라도 얻을 수 있는 것이 아니며, 형색을 통해서 볼 수 있는 것이 아니다."라고 말한다.

만일 색상을 통해서 볼 수 있는 것이라면 그것은 환과 같은 업에 의해서 만들어진 것으로, 여래장이 함장하고 있는 가지가지 덕상〔不空之性〕이 나타난 것〔智色〕이 아니다. 지혜의 덕상德相은 색상을 통해서 볼 수 있는 대상이 아니기 때문이다.

'깨달음'과 '깨닫지 못함'이 다르다는 것은 무슨 뜻인가? 비유하자면 '가지가지 그릇의 모양이 각기 다른 것'과 같다. 곧 '연기각성인 번뇌 없는 무루無漏의 지성智性으로 아는 것'과 '분별만을 아는 무명無明으로 아는 것'은 다르다는 것이다. 무루의 지성은 각기 다른 모습으로 나타나는 모든 곳에서 각기 다른 모습을 분별하는 앎으로 작용하되, 곧 '분별로 물든 형상을 따르되 물든 모습 그대로를 되비추는 차별의 앎'이지만, 무명은 그 자체가 '분별과 번뇌를 본성으로 하는 차별의 앎'이기 때문이다.

나. 마음이 생겨나고 없어지는 인연〔生滅因緣〕
1. 마음에 의거하여 의意와 의식意識이 생겨남
1-1 의意가 생겨남

31 생멸심이 있게 되는 인연은 마음〔아려야식〕에 의거하여 의意와 의식意識이 생겨나고 없어지기 때문이다.

32 이것이 뜻하는 것은 다음과 같다. 생멸과 불생불멸이 함께 있는 아려야식〔心〕에는 깨달음〔不生不滅: 明〕과 깨닫지 못함〔生滅: 無明〕이 함께 있다는 것이다. 그러므로 아려야식에 의해서 무명이 있다고 말한다.

33-1 생멸이 불생불멸이며 불생불멸이 생멸인 줄 자각하지 못한 상태에서 생멸만을 알아차리는 작용이 무명이다. 무명 때문에 깨닫지 못한 상태가 생겨나고〔不覺而起〕, 그것에 따라 인식 주관〔能見〕과 인식 대상〔能現〕이 생겨, 인식이 발생하며〔能取境界〕, 인식의 내용을 기억하여 대물림〔起念相續〕하게 된다. 이 과정 전체가 마음에 의거하여 생겨난 '의意'다.

이 '의'에 다섯 가지 이름이 있다.

첫째는 업식業識이다. 연기의 각성을 자각하지 못한 힘인 무명에 의해서 마음이 깨닫지 못한 상태로 움직이는〔業〕인식〔識〕이라는 뜻이다.

둘째는 전식轉識이다. 움직이는 마음에 의해서 대상을 분별하는 인식 주체가 성립된 상태를 뜻한다.

셋째는 현식現識이다. 마음이 움직이면서 그 움직임 자체가 갖가지 경계로 나타난 것을 뜻한다. 마치 밝은 거울에 색상이 나타나듯 현식 또한 그와 같다. 다섯 가지 감각 대상에 따라 곧바로 마음이 형상을 나타내는 것이다. 언제나 움직임 따라 현상이 나타나서 항상 인식 주관의 대상이 되기 때문에 현식이라고 한다.

넷째는 지식智識이다. 인식주관인 전식과 인식대상인 현식이 상대한 상태에서 오염汚染과 청정淸淨을 분별하는 인식을 뜻한다.

다섯째는 상속식相續識이다. 분별된 기억이 전후로 이어져 상응하면서 끊어지지 않는 인식을 뜻한다. 과거의 무량한 세상을 살아오면서 지었던 선업과 악업을 잊지 않고 기억하다가, 인연이 성숙되면 현재와 미래에서 괴로움과 즐거움 등의 과보를 어긋남이 없이 받게 하기 때문이며, 또한 지금 이 자리에서 이미 지난 일을 홀연히 기억하게 하고, 오지 않는 미래의 일을 느닷없이 걱정하게 하기 때문에 상속식이라고 한다.

1) 모든 것은 마음에 의거하여 생겨나고 없어짐

33-2 이런 까닭에 삼계가 다 허망하고 조작된 것이며, 오직 마음이 지은 것이라고 한다. 기억된 마음을 떠나면 다섯 가지 감각의 대상과 인식의 대상은 없다. 사유의 대상인 모든 것〔法〕은 마음에서 생긴 것이며 허망한 기억이 만든 것이므로, 모든 분별은 스스로의 마음을 분별하는 것이다.

그러나 마음은 마음 스스로를 볼 수 없으며, 마음이라고 하는 모습 또한 있을 수 없다. 모든 경계는 중생들이 연기의 각성을 자각하지 못한 무명에 의해서 자신의 마음속에 자리잡고 있는 줄 알아야 한다. 모든 것[法]은 거울 속에 비친 영상과 같이 실체가 없다. 오직 마음이 만든 것일 뿐 허망한 것이다. 왜냐하면 마음이 생겨나면 가지가지 것[法]들이 생겨나고, 마음이 없어지면 가지가지 것[法]들이 없어지기 때문이다.

1-2 의식意識이 생겨남

34 의식意識이란 무엇인가? 의식이란 다섯 가지 의意 가운데 상속식相續識을 말한다. 마음[아려야식]과 상속된 의[상속식]에 의해서 생겨난 의意의 인식, 곧 의식이란 범부들이 갈수록 심하게 취착하면서 나와 나의 것이라는 계산을 하며, 갖가지 허망한 집착으로 사물과 사건을 좇아 경계를 삼으면서 육진을 분별하는 것을 말한다.

의意에 의한 인식 또는 의意 그 자체가 인식이라는 뜻에서 의식이라고 하며, 따로따로 분별한다는 뜻에서 분리식分離識이라고도 하며, 사물과 사건을 분별하여 안다는 뜻으로 분별사식分別事識이라고도 한다. 왜냐하면 의식은 견해에 의한 견번뇌見煩惱와 애착에 의한 애번뇌愛煩惱에 의해서 분별이 증장되기 때문이다.

2. 마음이 생겨나고 없어지는 인연에 대해 알기 어려운 까닭

35 의식은 범부가 알 수 있는 인식 활동이지만, 무명의 훈습에 의해서 작용하는 인식은 범부로서는 알 수 없고, 성문과 연각의 지혜로도 알아차리지 못하며, 보살 수행자가 바른 신심과 보리심을 내어 관찰하는 수행에 의해서 법신을 증득한다고 해도 조금밖에 알 수 없고, 수행이 깊어져 보살의 구경지인 제10지에 이르러도 다 알 수 없으며, 오직 부처가 되어야만 온전히 알 수 있다.

그 이유는 다음과 같다. 연기법에 수순하는 각성覺性의 마음은 언제나 자성이 청정하다. 그러나 이것을 자각하지 못한 상태인 무명이 있고, 무명에 의해서 생멸상만을 분별하는 청정하지 못한 인식으로 연기각성의 청정한 자성이 물들게 되어, 물든 마음이 있게 된다.

물든 마음이 있다고 해도 그것이 인연의 각성을 떠난 자리가 아니기에 항상한 각성은 변함이 없는데, 오직 부처님의 지혜만이 이 상태를 알 수 있다는 것이다.

2-1 무명이 생겨남

36 연기각성인 마음의 본성은 언제나 망념이 없기 때문에 변하지

않는다고 한다.

37 그렇지만 우주 법계가 인연의 총상으로 하나의 세계인 줄 통달하지 못한다면 마음이 연기각성과 상응하지 못하므로 홀연히 분별만을 기억하는 망념이 일어난다. 이를 무명이라 한다.

3. 수행에 의해 오염된 마음이 없어짐
3-1 여섯 가지 오염된 마음이 없어짐

38 생멸하는 오염된 마음에 여섯 종류가 있다.

첫째, '집착하는 의식과 상응하는 오염된 마음〔執相應染〕'이다. 이 마음은 성문과 연각 수행자가 해탈할 때와 보살 수행자가 대승에 대한 믿음이 자리잡는 신상응지信相應地를 이룰 때 없어진다.

둘째, '끊어지지 않는 상속식과 상응하는 오염된 마음〔不斷相應染〕'이다. 이 마음은 보살 수행자가 신상응지를 이루고 나서 보살 방편을 닦고 배우게 되면서 차차로 없어지다가 초지인 정심지淨心地를 성취하게 되면 완전히 없어진다.

셋째, '분별하는 지식과 상응하는 오염된 마음〔分別智相應染〕'이다. 이 마음은 제2지인 구계지具戒地부터 점점 없어지다가 제7지인 무상방편지無相方便地에 이르면 완전히 없어진다.

넷째, '경계를 나타내는 현식의 상응하지 않는 오염된 마음〔現色不相應染〕'이다. 이 마음은 제8지인 색자재지色自在地에서 완전히 없어진다.

다섯째, '경계를 보는 전식의 상응하지 않는 오염된 마음〔能見心不相應染〕'이다. 이 마음은 제9지인 심자재지心自在地에서 완전히 없어진다.

여섯째, '근본 업식의 상응하지 않는 오염된 마음〔根本業不相應染〕'이다. 이 마음은 보살 수행이 완성되는 제10지인 법운지法雲地를 지나 부처의 지위에 오를 때 완전히 없어진다.

3-2 무명이 없어짐

39 연기 총상으로 하나의 세계인 줄을 알지 못하는 무명이 없어지는 것은 다음과 같다. 신상응지에 이르고 나서 수행 관찰과 배움으로 무명을 없앨 수 있는 기틀을 마련하고, 정심지에 이르면 그만큼 무명

의 힘이 줄어들다, 여래지에 이르면 완전히 없어진다.

4. 상응한다는 뜻과 상응하지 않는다는 뜻

40 '상응相應'이란 무슨 뜻인가? 여섯 가지 거친 마음[六麁心]의 인식 작용에서는 경계를 전체적으로 알아차리는[體] 심왕인 마음[心法]과 심왕이 알아차린 경계 위에 갖가지 생각을 일으키는[用] 심소인 염법念法 곧 기억의 인식 작용이 다르고, 물듦에 의지한다는 것과 청정에 의지한다는 것으로 차별은 있으나, 마음이 아는 내용과 염이 아는 내용 그리고 마음의 대상과 염의 대상이 같기 때문에 '상응'이라 한다.

'상응하지 않는다'는 뜻은 무엇인가? 세 가지 미세한 마음[三細心]의 인식 작용에서는 심왕인 마음과 심소인 깨닫지 못한 마음이 언제나 분별되지도 않고 다르지도 않기에 아는 내용과 아는 대상에 대해서 같다라는 말도 있을 수 없다. 그러므로 '상응하지 않는다'라고 한다.

5. 번뇌에 의한 장애[煩惱礙]와 지혜를 가리는 장애[智礙]

41 '물든 마음[染心]'이란 '번뇌에 의한 장애[煩惱礙]'를 말하는데, 진

여의 근본지에 대한 활동을 장애하는 것을 뜻한다. 무명이란 '지혜를 가리는 장애〔智礙〕'를 말하는데 중생을 깨달음으로 이끄는 방편 지혜인 '세간의 자연스런 활동의 지혜〔世間自然業智〕'를 장애하는 것을 뜻한다. 번뇌에 물든 마음이 근본지를 장애한다는 뜻은 망념의 물든 마음에 의해서 인식 주관인 능견能見과 인식 대상인 능현能現이 나누어지고, 그 가운데서 허망하게 경계를 집착하여 진여의 평등성을 어긴다는 것이다.

무명이 '세간의 자연스런 활동의 지혜'를 장애한다는 뜻은 모든 법은 연기의 각성이므로 항상 들뜨지 않는 평정한 것으로 번뇌에 의한 요동이 일어나지 않는 것인데도, 그것을 자각하지 못한 무명불각無明不覺 때문에 허망한 기억이 생기고, 그렇게 생긴 기억은 법의 본성인 공성과 어긋나기 때문에 세간의 모든 경계에 수순해서 경계의 다름들을 제대로 알 수 없다는 것이다.

다. 마음이 생겨나고 없어지는 인연의 모습〔生滅因緣相〕
1. 거친 생멸과 미세한 생멸

42 생멸심이 생멸하는 모습을 분별하면 두 가지가 있다.

첫째, 마음과 상응하는 '거친 모습〔麤〕'이다. (왜냐하면 마음〔아려야식〕에 의거하여 생겨나고 없어지는 지식智識·상속식相續識·의식意識 등은 거칠게 생멸하는 마음으로 인식 대상을 전체적으로 알아차리는 심왕心王과 심왕에 부수하여 작용하는 욕망이나 기억 등의 마음작용인 심소心所의 차별이 분명하고, 마음과 경계가 확실히 나누어지기 때문이다.)

둘째, 마음과 상응하지 않는 '미세한 모습〔細〕'이다. (왜냐하면 마음〔아려야식〕에 의거하여 생겨나고 없어지는 업식業識·전식轉識·현식現識 등은 미세하게 생멸하는 마음으로 심왕과 심소, 마음과 경계의 분별과 차별이 없어, 마음과 생멸하는 모습이 나누어지지 않기 때문이다. 마음〔생멸심〕이면서 모습〔생멸상〕이므로 마음과 상응한다는 뜻이 성립되지 않는다.)

이것을 다시 나누면 '거친 것 가운데 거친 것'은 범부가 아는 경계이고, '거친 것 가운데 미세한 것'과 '미세한 것 가운데 거친 것'은 보살이 아는 경계이고, '미세한 것 가운데 미세한 것'은 부처님만이 아는 경계다.

43-1 이 두 가지 생멸은 무명의 훈습에 의해서 있다. 그러므로 인因에 의지하고 연緣에 의지하는 생멸이라고 한다. 인에 의지한다는 것은 연기각성을 자각하지 못한 것을 뜻하며, 연에 의지한다는 것은 망령되이 경계를 조작한다는 뜻이다. 만약 인이 없어진다면 연도 없어진

다. 인이 없어지게 되면 '상응하지 않는 미세한 마음'도 없어지고, 연이 없어지면 '상응하는 거친 마음'도 없어진다.

2. 연기의 각성[心體]은 없어지지 않음

43-2 문: 마음이 없어진다면 어떻게 상속하며, 상속한다면 어찌 완전히 없어진다고 말할 수 있는가?

답: 여기서 말하는 '없어진다는 것'은 마음이 만든 모습[相]이 없어진다는 것이지 마음 그 자체가 없어진다는 뜻이 아니다.

비유하자면 바람이 물에 의해서 움직이는 모습이 있게 되는 것과 같다. 만약 물이 없어진다면 바람의 모습도 끊어지게 되는데, 그것은 의지할 물이 없기 때문이다. 그러나 물이 없어지지 않았기에 바람 부는 모습이 계속 이어지는 것이다. 바람이 멈추면 움직이는 모습만 없어질 뿐 물 자체가 없어지는 것이 아니다.

무명 또한 이와 같다. 마음의 본바탕에 의지해서 움직임이 있는 것이다. 만약 마음의 본바탕이 없어진다면 중생도 없어진다. 의지할 마음이 없기 때문이다. 그러나 바탕이 없어지지 않으므로 마음이 계속 이어질 수 있다. 없어지는 것은 어리석은 무명뿐이다. 무명이 없어지므로 마음이 만든 모습도 따라 없어지는 것이지, 연기각성의 마음작용인 지혜가 없어지는 것이 아니다.

3. 오염된 마음과 청정한 마음이 끊어지지 않는 네 종류의 훈습과 훈습의 뜻

44 청정한 마음(淨法)이 오염된 마음(染法)에 스며들고, 오염된 마음이 청정한 마음에 스며드는 네 종류의 훈습이 있기 때문에 염법과 정법이 끊어지지 않고 생겨난다.

첫째는 정법인 진여眞如의 훈습이며, 둘째는 모든 염법의 원인인 무명無明의 훈습이며, 셋째는 허망한 마음인 업식業識의 훈습이며, 넷째는 허망한 경계인 육진六塵(인식 대상)의 훈습이다.

45 훈습熏習이란 무슨 뜻인가? 향을 피우면 향기가 없던 옷에 향기가 배어드는 것과 같다. 정법과 염법의 훈습도 이와 같다. 진여인 정법에는 오염이 없으나 연기각성을 자각하지 못한 무명의 작용이 훈습되기 때문에 오염된 모습이 있는 것이며, 무명인 염법에는 청정한 작용이 없으나 진여의 작용이 훈습되기 때문에 청정한 작용이 있는 것이다.

3-1 오염된 마음이 끊어지지 않게 하는 훈습〔染法熏習〕
1) 오염된 마음〔染法〕의 훈습이 끊임없이 일어남

46 어떻게 훈습하길래 염법이 끊어지지 않고 계속해서 일어나는가? 진여법인 연기의 각성이 있기에 그것을 자각하지 못한 무명이 있고, 무명이 염법의 원인이 되어 다시 진여를 훈습한다. 이와 같은 무명의 훈습으로 인하여 허망한 마음이 있게 되고, 허망한 마음이 다시 무명을 훈습하므로 진여법을 알지 못하게 된다.

그리하여 연기각성을 자각하지 못한 망념이 일어나고, 망념에 따라 허망한 경계를 만드는 것이다. 허망한 경계가 다시 염법의 인연이 되어 허망한 마음에 훈습됨으로써 망념에 집착하게 되고 가지가지 업을 짓게 되므로 몸과 마음으로 괴로움을 받게 된다. 이것이 염법이 계속되는 까닭이다.

① 허망한 경계에 의한 훈습

'허망한 경계의 훈습〔妄境界熏習〕'에도 두 가지가 있다. 첫째는 '망념을 증장시키는 훈습〔增長念熏習〕'이고, 둘째는 '집착을 증장시키는 훈습〔增長取熏習〕'이다.

② 허망한 마음에 의한 훈습

'허망한 마음의 훈습〔妄心熏習〕'에도 두 가지가 있다. 첫째는 '업식의 근본 훈습〔業識根本熏習〕'이다. 이 훈습에 의해서 아라한과 벽지불과 모든 보살들이 생멸의 고통을 받게 된다. 둘째는 '분별사식을 증장하는 훈습〔增長分別事識熏習〕'이다. 이 훈습에 의해서 범부들이 업에 얽혀 괴로움을 받게 된다.

③ 무명에 의한 훈습

'무명의 훈습〔無明熏習〕'에도 두 가지가 있다. 첫째는 '근본 훈습'이다. 이 훈습에 의해서 업식이라는 뜻을 갖게 된다. 둘째는 아견 등의 견해에 의한 '견훈습見熏習'과 욕애 등의 애착에 의한 '애훈습愛熏習'이다. 이 훈습에 의해서 분별사식이라는 뜻을 갖게 된다.

3-2 청정한 마음이 끊어지지 않게 하는 훈습〔淨法熏習〕
1) 청정한 마음〔淨法〕의 훈습이 끊임없이 일어남

47 어떻게 훈습하길래 정법淨法이 끊어지지 않고 계속되는가. 진여법이 있기 때문에 진여법이 무명을 훈습하고, 이 훈습으로 인한 인연

의 힘이 허망한 마음으로 하여금 생사를 싫어하고 즐거이 열반을 추구하게 한다.

'허망한 마음〔妄心〕'에 생겨난 생사를 싫어하고 열반을 추구하게 하는 인연이 다시 진여를 훈습하게 됨으로써, 그것에 의해서 스스로 자신의 본성을 믿게 되며, 마음이 망령되이 움직여 경계를 조작하는 것일 뿐 인식 대상이 따로 없다는 것을 알게 된다. 이와 같은 신심과 앎에 의해서 망념을 떠나는 수행을 하게 된다.

그리하여 참으로 인식 대상이 존재하지 않는 것을 체득하여 알게 되므로, 가지가지 방편을 써서 진여법에 수순하여 집착하지도 않고 망념도 남기지 않는 마음을 닦는다. 이와 같은 수행과 더불어 오래고 오랜 진여의 훈습에 의해서 무명이 없어지게 된다. 무명이 없어지게 되면 분별만을 따르는 허망한 마음이 일어나지 않는다. 분별만을 따라 움직이는 마음이 일어나지 않기 때문에 망심에 의해 형성된 허망한 분별 경계도 따라서 없어진다.

인因인 무명과 연緣인 허망 경계가 없어졌기 때문에 마음이 만든 허망한 모습이 다 사라진다. 열반을 얻은 것이며, 연기의 자연스런 활동을 성취한 것이다. 이것이 정법淨法이 계속되는 까닭이다.

① 허망한 마음에 스며드는 진여의 훈습〔妄心熏習〕

48 진여가 허망한 마음에 스며드는 훈습에 두 가지가 있다. 첫째는 '분별사식에 스며드는 훈습〔分別事識熏習〕'이다. 이 훈습에 의지해서 모든 범부와 성문·연각 등이 생사의 고통을 싫어하고 힘과 능력에 따라 차차 무상도無上道를 닦아 나간다. 둘째는 '의에 스며드는 훈습〔意熏習〕'이다. 이 훈습으로 모든 보살들이 보리심을 내어 용맹스럽게 정진하여 속히 열반을 향해 간다.

② 진여의 훈습

49-1 진여훈습眞如熏習에 두 가지가 있다. 첫째는 '진여 자체에 있는 정법공덕淨法功德의 훈습'인 자체상훈습自體相熏習이고, 둘째는 '불보살님의 가르침에 의한 훈습'인 용훈습用熏習이다.

· 자체상훈습 진여 자체가 갖추고 있는 공덕에 의한 훈습

진여자체상自體相의 훈습熏習이란 진여 자체에 원래부터 갖추어 있는 무루법無漏法과 부사의不思議한 업이 중생을 위해 경계를 짓는 특성을 말한다. 번뇌가 없는 무루법과 생각을 넘어서는 부사의한 업

이 항상 훈습하는 힘이 있기 때문에 중생들이 생사를 싫어하고 즐거이 열반을 구하며, 스스로 자기의 몸에 진여법이 있는 것을 믿고 마음을 내어 수행하게 되는 것이다.

진여의 훈습을 받는 것은 같지만 훈습의 결과가 다른 까닭

49-2 문: 그렇다면 모든 중생들이 진여의 훈습을 똑같이 받을 텐데 어찌된 까닭에 믿는 사람도 있고 믿지 않는 사람도 있는 등 여러 가지 차별이 있는가? 모두가 응당히 한시에 진여법이 있는 줄 알고 부지런히 방편을 수행하여 다 같이 열반에 들어야 하지 않겠는가?

답1) 무명에 의해 형성된 번뇌의 두께가 다르기 때문

답: 진여에서 보면 모든 중생들이 다 같으나 중생들마다 서로 다른 무명업식이 있고, 그와 같은 무명업식에 의해서 원래부터 모든 것들이 서로 다른 실체를 갖는다고 차별하며, 차별된 것을 향한 무명업식의 경향성에도 깊고 얕은 다름이 있기 때문이다.

그렇기 때문에 근본 번뇌인 무명에 의해서 갠지스 강의 모래보다 많은 갖가지 상번뇌上煩惱의 차별이 있으며, 아견 등으로 인한 견번뇌見煩惱와 욕애 등으로 인한 애번뇌愛煩惱의 차별이 있다. 모든 번뇌는 무명에 의해서 일어나나, 그 양상에는 온갖 다름이 있는데, 이것은 부처님의 경지에 이르러야만 알 수 있다.

답2) 선근에 따른 진여[내훈]와 불보살[외훈]의 훈습을
　　　받아들이는 데 차이가 있기 때문

49-3 또한 모든 부처님의 법을 성취하는 데는 인因이 있고 연緣이 있으니, 인연이 구족해야 진여법을 알고 열반을 이룰 수 있다. 비유하자면 나무에 타는 성질이 있어 불의 원인이 되나, 사람이 그것을 모르고 불을 피우는 방편을 사용하지 않는다면 나무 스스로는 탈 수 없는 것과 같다.

중생도 또한 그와 같다. 비록 진여법의 바른 훈습이 있다고 하더라도 여러 불보살님과 선지식의 연緣이 없이 스스로 모든 번뇌를 끊고 열반을 성취한다는 것은 옳지 않다. 또한 선지식 등의 연이 있고 스스로 갖추고 있는 진여의 청정한 법이 있다고 하더라도 훈습하는 힘이 없다면 결코 생사를 싫어하고 즐거이 열반을 구할 수 없을 것이다.

만약 인因과 연緣을 다 갖춘 수행자라면, 곧 안쪽으로 진여의 훈습력이 있고 밖으로 모든 부처님과 보살님 등의 자비로운 보살핌이 있는

수행자라면, 능히 생사의 괴로움을 싫어하는 마음을 내며, 열반이 있다는 것을 믿고, 깨달음의 자량이 되는 선근을 닦아 나갈 것이다. 그러다가 선근이 성숙하게 되면 외연外緣인 모든 불보살님을 만나 가르침을 듣고 불법을 닦는 데서 오는 이익과 기쁨을 알게 됨으로 열반을 향해 나갈 수 있다.

· 용훈습 수행자가 수행 도중에 만나게 되는 모든 인연의 훈습

50 용훈습用熏習이란 중생들의 외연이 되는 불보살님들의 훈습을 말한다. 이와 같은 외연에도 온갖 다름이 있지만 간략히 이야기하면 두 가지가 있다. 첫째는 '차별연'이고, 둘째는 '평등연'이다.

차별연差別緣이란 무엇인가? 수행하는 사람이 불보살님들의 가르침을 듣고 발심하여 수행을 시작하는 순간부터 부처가 되기까지 만나게 되는 온갖 인연을 말한다. 곧 수행 과정에서 만나게 되는 부모님, 친척, 일가의 권속들, 급사, 친구, 원수의 집안들도 불보살들께서 수행자를 돕기 위해 차별연으로 나타난 것이며, 사섭법四攝法을 실천해 보이기도 하는 등 헤아릴 수 없이 많은 일들도 수행자를 위해 불보살님들께서 나타내 보이는 차별연이다. 불보살님들께서 대자비로 수행자를 훈습하는 것이다. 그 결과로 중생들의 선근이 증장되고, 보고 듣는 모든 것이 수행에 이득이 된다.

차별연에도 두 가지가 있다. 첫째는 '가까운 연〔近緣〕'으로 선근이 성숙한 수행자로 하여금 수행을 빨리 성취하게 하는 것이고, 둘째는 '먼 연〔遠緣〕'으로 선근이 성숙하지 못한 수행자로 하여금 오랜 수행 과정을 통해 수행을 성취하게 하는 것이다.

근연과 원연에도 각각 두 가지가 있다. 첫째는 덕행을 증장하게 하는 '증장행연增長行緣'이고, 둘째는 불도를 받아들이게 하는 '수도연受道緣'이다.

평등연平等緣이란 무엇인가? 불보살님들께서는 다 같이 모든 중생들이 괴로움에서 벗어나 해탈하기를 원하기 때문에 당신들 스스로 훈습의 연緣이 되는 것을 쉬지 않고 계속하신다. 이는 '중생과 연기緣起로서 한 몸〔同體〕'임을 잘 아는 지혜의 힘〔智力〕으로 중생의 견문각지見聞覺知에 따르는 활동이다. 그러므로 수행자가 삼매에 들어가게 되면 누구라도 똑같이〔平等〕 외연으로 나타나는 불보살님을 볼 수 있다. 그렇기 때문에 평등연이라고 한다.

· 자체상훈습과 용훈습에 상응한 수행자와
  상응하지 못한 수행자

51 진여 자체상훈습과 용훈습을 나누면 두 가지가 있다.

첫째는 '아직 상응하지 않는 훈습〔未相應〕'이다. 범부와 성문·연각과 처음으로 보살 수행에 마음을 낸 수행자들이 의意와 의식意識으로 의도적으로 하는 훈습을 말한다. 신심에 의지하여 수행하기는 하나 아직 분별이 없는 마음을 얻지 못해 진여 자체와 상응하지 못한 단계며, 스스로 자재하게 수행하는 힘을 얻지 못해 외연인 용훈습과 상응하지 못한 단계를 말한다.

둘째는 '이미 상응한 훈습〔已相應〕'이다. 초지 이상의 법신 보살을 이룬 수행 단계에서 무분별심을 얻어 모든 부처님의 지혜 작용과 상응하는 단계를 말한다. 이때는 오직 진여의 법력에 의지해서 자연적으로 수행이 이루어지고〔自體相熏習〕, 그와 같은 수행의 힘이 다시 진여를 훈습〔用熏習〕하여 무명을 없애기 때문에 '이미 상응한 훈습'이라고 한다.

3-3 오염된 마음에 의한 훈습〔染熏〕의 끝남과
　　청정한 마음에 의한 훈습〔淨熏〕의 끝나지 않음

52　망념에 물든 인식〔染法〕의 훈습은 시간이 시작되기 이전부터 계속되다가 부처가 되고 나면 끊어지나, 진여에 의한 청정한 인식〔淨法〕의 훈습은 언제까지나 계속된다.

정법의 훈습이 계속되는 까닭은 진여 정법이 항상 훈습하고 있기 때문이다. 곧 진여의 청정한 인식(淨法)에 의한 훈습으로 오염된 분별인 허망한 마음(妄心)이 없어지고 법신이 나타나며, 나타난 법신에 의해 용훈습이 일어나기 때문에 정법의 훈습은 끊어지지 않는다.

제2항 중생의 마음이 '큰(義)' 까닭에 대한 자세한 설명
제1목 진여 자체의 모습(체대體大와 상대相大)

53-1 '진여 자체가 구족하고 있는 공덕의 모습(德相)'은 모든 범부와 성문·연각과 불보살님에 이르기까지 늘어남도 없고 줄어듦도 없으며, 앞선 때에 생겨난 것도 아니고 뒤에 없어지는 것도 아니며, 절대적으로 항상한다. 원래부터 진여 본성이 모든 공덕을 만족하고 있는 것이다.

그러므로 진여 자체에 크나큰 지혜광명이 있다는 뜻이 있으며, 온 세상을 다 비춘다는 뜻이 있으며, 참되게 알아차린다는 뜻이 있으며, 자성이 청정한 마음이라는 뜻이 있으며, 상常·락樂·아我·정淨이라는 뜻이 있으며, 청량하고 변하지 않는다는 뜻이 있다고 한다.

진여 자체가 구족한 이와 같은 공덕, 곧 갠지스 강의 모래보다 많은 공덕이 진여 자체를 떠나 있는 것도 아니고, 진여 자체와 단절되는

것도 아니며, 진여 자체와 다른 것도 아니며, 언어 표현을 넘어선 부사의한 것이며, 부처님의 가르침이다. 그 밖에도 진여 자체가 모든 공덕을 만족하게 갖추고 있으므로 하나라도 부족한 것이 없다. 이런 뜻에서 진여 자체의 덕상을 여래장如來藏이라고 하며 여래법신如來法身이라고 한다.

가. 진여 자체(體大)에 있는 공덕(相)이 큰 까닭

53-2 문: 앞에서는 진여의 체體는 평등하여 모든 모습(相)을 떠났다고 했는데, 어찌 진여의 체에 이와 같은 갖가지 공덕이 있다고 하는가?

답: 실제로 이와 같은 공덕이 있다고 할지라도 차별을 갖는 모습이 아니다. 모두 평등하여 같은 맛이며, 오직 진여일 뿐이다. 이것은 분별이 없다는 것이며, 분별되는 모습을 떠났기에 둘이 아니다는 뜻이다.

그렇다면 무슨 뜻으로 거듭 차별을 이야기하는가? 그것은 업식에 의지해서 생멸하는 모습을 설명하는 것이다. 업식에 의해서 차별이 보인다는 것은 무슨 뜻인가? 모든 것(法)이 본래부터 마음뿐이므로, 실재로는 망념이 있을 수 없다. 그러나 인연이 만든 경계를 좇아 움직이는 허망한 마음(妄心)이 일어나고, 허망한 마음이 인연의 무자성을 자각하지 못하므로 인연이 만든 경계를 분별하여 기억하는 망념이 있게 되며, 그에 따라 가지가지 자성을 갖는 차별 경계를 보기 때문에 경계를 분별하여 보는 것을 무명이라고 한다.

그러나 연기의 각성인 마음의 본성은 망념을 일으키지 않는다. 그 자체가 온 삶을 지혜광명으로 밝게 아는 것이기 때문이다. 만약 마음에 '본다는 분별'이 일어나게 되면, 그것은 '보지 않는다'는 것과 상대하는 것이 된다. 그러므로 마음의 본성이 '본다는 사실을 떠나 있다는 것'이 온 세상을 두루 밝게 비춘다는 뜻이 된다.

그렇지만 마음이 평화롭지 못하고 들뜨게 되면 삶을 제대로 알 수 없어, 원래 들뜨지 않는 평정한 상태인 자신의 본성은 없는 것과 같다. 그렇게 되면 항상하지도 않고 즐겁지도 않으며, 자신의 정체성도 없고, 맑은 삶도 되지 못한다. 이에 따라 번뇌의 속박 속에서 늙어가니 자재하지 못한 삶이다. 나아가 고요하고 맑은 삶에 헤아릴 수 없이 많은 번뇌의 자국이 남게 된다.

이것과 상대한 고요하고 맑은 마음의 본성은 인연의 경계에 흔들리지 않고 들뜨지 않는다. 지혜로운 상태로 갠지스 강의 모래알보다 많은 청정한 공덕을 갖고 있으면서, 인연에 따라 그 공덕을 나타낸다. 만약 마음이 들떠 움직임이 일어나면 그에 따라 마음의 대상도 생겨나면서 한정된 마음의 소유물이 생기게 된다.

그것에 비해 들뜨지 않는 청정한 마음은 자신의 한정이 없으므로 공덕도 한이 없으며, 마음 하나에 다 갖추어져 있으니 다시 바랄 것이 없다. 이런 까닭에 모든 공덕을 만족하게 갖추고 있다고 한다. 이것을 법신여래가 갖추고 있는 공덕이라고 한다.

제2목 진여의 작용(용대用大)

54 진여의 작용이란 무엇인가? 모든 부처님들께서는 수행하실 때 항상 크나큰 자비심을 가지고 육바라밀을 닦으셨고, 중생들을 교화하여 그들 모두가 열반의 삶을 살 수 있도록 하겠다고 서원하셨다. 특정한 중생계가 대상이 되는 것이 아니라 모든 중생계를 다 껴안고자 하였으며, 세월을 한정하지 않고 모든 중생이 해탈될 때까지 교화하고자 하였다. 그것은 모든 중생이 연기로서 당신 몸과 한 몸이라 여기며, 중생 각자가 각기 다른 실체가 있다는 생각을 갖지 않기 때문이다. 어떻게 그렇게 할 수 있는가? 모든 중생이 부처님의 몸과 연기 각성에서 평등하며 차별이 없다는 것을 여실히 알기 때문이다.

중생을 교화하기 위한 광대한 방편과 지혜로써 무명을 없애고 본래의 법신을 보게 되므로 자연히 '생각을 넘어서는 활동〔不思議業〕'으로 갖가지 작용을 할 수 있다.

이와 같은 작용은 진여가 모든 곳에 평등하게 있는 것과 같이 어느 곳에서든지 이루어진다. 그렇다고 진여의 작용이라고 집착할 특정한 모습〔相〕은 없다. 왜냐하면 모든 부처님과 여래는 오직 연기 법신인 법계의 몸이며 연기각성인 지혜의 몸이기 때문이며, 차별을 떠난 하나 된 진리에 따른 것으로 세간의 차별 경계가 없기 때문이며, 베푼다는 생각을 떠나 오직 중생들이 보고 듣는 것에 따라 이익을 얻게 하기 때문이다. 이것을 진여의 작용이라고 한다.

가. 분별사식과 업식에 따른 응신과 보신

55-1 외연으로 나타나는 진여의 작용에 두 종류가 있다.

첫째는 분별사식分別事識 곧 의식에 상대하는 작용이다. 범부와 성문·연각 수행자의 마음에 나타나는 부처님으로 '응신應身'이다. 범부 등은 의식으로 아는 모든 경계가 업식을 이루고 있는 망념이 전식에 의해서 경계〔現識〕로 나타난 줄을 모르기 때문에 밖으로부터 왔다고 보며, 형색의 차별을 취착함으로 모든 경계가 공空한 줄을 모른다. 이와 같은 범부 등의 근기에 응應해서 몸〔身〕을 나타내기 때문에 응신應身이라고 한다.

두 번째는 업식業識에 상대하는 작용이다. 모든 보살 수행자 곧 처음 보살 수행에 마음을 낸 수행자와 보살 구경지에 이른 수행자의 마음에 나타나는 부처님으로 '보신報身'이다.

보신에는 한량없는 형색이 있고, 형색마다 갖가지 모양이 있으며, 모양마다 보기 좋은 온갖 특징이 있다. 또한 '보신이 사는 국토〔報土〕'도 온갖 장엄을 갖추고서 수행자의 마음에 따라 갖가지로 나타나 보이는데 끝도 없고 다함도 없으며 한계를 떠나 있다. 보신과 보토가 수행자의 마음 따라 항상 그렇게 있으면서 훼손되거나 소실되지 않는다.

이와 같은 보신과 국토의 공덕은 육바라밀 등을 닦아 번뇌가 없어진 수행의 훈습과, 그리고 진여의 내훈과 부처님께서 베푼 외훈인 생각을 넘어선 훈습에 의해서 성취된 것으로 헤아릴 수 없는 즐거움을 갖추고 받기 때문에 보신·보토라고 한다.

나. 수행자의 근기(범부·이승·보살)에 따른 응신과 보신

55-2 범부들의 외연이 된다는 것은 형색이 분명해야 하며, 육도의 중생들마다 보는 바가 같지 않으므로 갖가지 다른 모습으로 나타나야 하며, 아파하는 중생들을 위해서 즐거워하는 모습만도 아니어야

한다. 오직 중생들의 근기에 응해 외연으로 나타나야 하므로 응신應身이라 한다.

처음 보살 수행에 마음을 낸 수행자들로부터 보살구경지에 이른 수행자들까지가 보는 것은 보신報身이다. 초발의보살初發意菩薩들은 진여법에 대한 깊은 믿음이 있기에 수행에 따라 조금이나마 보신을 보며 부처님 몸의 장엄 등을 알아보고, 여래란 오고감이 없으며 한계를 떠난 것으로 모든 것은 마음이 나타난 것일 뿐이며 진여를 떠난 것이 아님을 안다.

그러나 이와 같은 보살 수행자도 아직은 스스로 분별하고 있다. 왜냐하면 초지 이상인 법신 보살의 지위에 들지 못했기 때문이다. 만약 초지인 정심지淨心地에 이르게 되면 보는 것이 미묘하고 그 작용도 갈수록 수승하게 되다가, 보살지菩薩地를 완성하고 나면 보는 것도 완성된다. 그리하여 업식이 없어지면 본다는 것조차 없다. 왜냐하면 모든 부처님의 법신은 나와 너를 가르는 형색을 가지고 서로의 모습을 보는 것이 아니기 때문이다.

다. 형색을 떠나 있는 법신이 형색으로 나타나는 까닭

55-3 문: 모든 부처님의 법신에 색상이 없다고 하면 어떻게 색상을

나타낼 수 있는가?

답:법신 그 자체가 색의 바탕〔體〕이기 때문에 색상〔相〕을 나타낼 수 있는 것이다. 그러므로 원래부터 색과 마음은 둘이 아니라고 하며, 색의 본성이 곧 지혜이기 때문에 색의 바탕은 형상이 있을 수 없어 법신을 '지혜의 몸〔智身〕'이라고 하며, 지혜의 본성이 곧 색이기 때문에 법신은 어느 곳에나 있다고 한다.
법신이 나타내는 색에 한계가 없으므로 마음에 따라 시방세계 어느 곳에서나 무량한 보살 수행자들에게 한없는 보신과 온갖 장엄을 각각 다르게 나타낼지라도 나타난 모습 모두가 경계 지어 나누어짐이 없다. 그러므로 함께 있더라도 서로에게 방해되지 않는다.

이것은 진여가 자재하게 작용하는 모습으로 범부의 마음과 인식으로는 분별하여 알 수 없다.

제3항 생멸문에서 진여문으로 들어감

56 생멸문으로부터 진여문으로 들어가는 것을 총괄하여 설명하겠다. 오음인 색과 마음, 그리고 육진 경계를 이리저리 온갖 방법으로 추구해 보아도 필경 망념은 없다. 왜냐하면 마음에는 형상이 없어 아무리 구하려 해도 결국 얻을 수 없기 때문이다.

비유컨대 사람이 길을 잃어 동쪽을 서쪽이라고 하더라도 실제로 방향 자체가 바뀌지 않는 것과 같다. 중생도 그와 같다. 무명에 의해서 연기각성을 자각하지 못했기 때문에 마음이 망념이 됐으나, 마음 그 자체는 언제나 앎으로 있으면서 들뜬 것이 아니다.

만약 이와 같은 것을 관찰하여 마음에 망념이 없다는 것을 알 수 있다면 곧바로 진여문에 들어간다.

제2절 대치사집: 잘못된 집착을 다스림

제1항 잘못된 집착을 다스린다는 뜻

57 잘못된 집착을 다스린다는 것은 아견我見을 다스리는 것이다. 모든 잘못된 집착은 '무상하지 않는 실체가 있다'는 아견에 의해서 생긴다. 그러므로 아견이 사라진다면 잘못된 집착도 없어진다.

58 아견我見에 두 가지가 있다.
첫째는 인아견人我見이고, 둘째는 법아견法我見이다.

제2항 잘못된 집착의 종류
제1목 인아견을 다스림

59 법신·여래장을 개체의 실체로 여기는 잘못된 견해인 인아견人我見은 모든 범부들이 갖고 있는 견해로 다섯 종류가 있다.

첫째는 경전에서 "여래의 법신은 절대적으로 적막하여 허공과 같다"라고 하는 뜻이 집착을 버리게 하려는 데 있는 줄 알지 못하고 허공이 여래의 본성이라는 견해를 갖는 것이다.

이와 같은 아견은 어떻게 다스려야 하는가? 허공의 모습이란 것 자체가 허망한 것으로 바탕이 없으며 실재하지 않는 것임을 밝혀 다스려야 한다. 형색에 상대한 대상으로 허공이라는 모습이 있고, 그 모습에 집착하여 마음에 허공이라는 생각이 일어나고 사라지는〔生滅〕것이다. 그러나 모든 색법은 본래 마음이 만든 것으로 마음 밖에 색으로 실재하는 것이 없다. 만약 밖에 색법이 없는 줄 안다면 허공의 모습도 없는 줄 알 것이다.

그렇기 때문에 모든 경계가 오직 허망하게 들뜬 마음 때문에 있는 것이지 허망하게 들뜬 마음이 사라진다면 모든 경계도 없어지며, 오직 연기의 각성으로 하나인 참된 마음이 어느 곳에서나 작용할 뿐이라고 이야기하는 것이다. 여래의 본성이 한없이 크고 지혜가 완성된 것을 허공에 비유하는 것일 뿐, 허공을 여래의 모습으로 취하는 것이 아니다.

둘째는 경전에서 "세간의 모든 법은 궁극적으로 그 바탕이 공하며, 열반과 진여법조차도 완전히 공하다. 원래부터 스스로 공空하여 모든 모양을 떠났다."라고 하는 것이 상相에 대한 집착을 없애기 위한 것인 줄 모르고, '진여와 열반의 본성도 공이다'라는 견해를 갖는 것이다.

이와 같은 아견은 어떻게 다스려야 하는가? 진여법신의 바탕은 공空

하지 않고 한량없는 공덕을 본래부터〔性〕 갖추고 있다는 것을 밝혀서 다스린다.

셋째는 경전에서 "여래장은 늘어남도 없고 줄어듦도 없으며, 바탕에 모든 공덕을 갖추고 있다."라고 하는 가르침을 듣고, 그 뜻을 제대로 알지 못하고 '여래장에 색법과 심법이 있으며, 그 모습에 차별이 있다'라는 견해를 갖는 것이다.

이와 같은 아견은 어떻게 다스려야 하는가? 오직 진여 그 자체가 무량한 공덕을 갖고 있다는 뜻으로 그렇게 이야기하는 것뿐이며, 생멸하는 물든 법을 상대해서 청정한 여래 공덕이라고 차별하여 이야기하고 있을 뿐임을 밝혀서 다스린다.

넷째는 경전에서 "모든 세간의 생사윤회하게 하는 번뇌에 물든 법도 다 여래장에 의지해서 있으며, 어떤 것〔法〕도 진여를 벗어나지 않는다."라고 설명하는 것을 듣고 그 뜻을 제대로 알지 못하고, '여래장 자체에 모든 세간의 생사윤회하게 하는 번뇌에 물든 법을 갖추고 있다'라는 견해를 갖는 것이다.

이와 같은 아견은 어떻게 다스려야 하는가? "여래장은 본래부터 갠지스 강의 모래보다 많은 청정한 공덕을 갖추고 있으며, 그 공덕이 진여를 벗어나지도 않고 진여와 단절되지도 않으며 진여와 다른 것도 아니다."라고 밝혀서 다스려야 한다. 왜냐하면 갠지스 강의 모래보다 많은 번뇌에 물든 법은 오직 허망한 마음에 의해서 있을 뿐, 여래 본성에서 보면 있을 수 없으며, 원래부터 번뇌에 물든 법은 여래장과 상응한 적이 없기 때문이다. 만약 여래장 자체에 허망한 번뇌법이 있다면 수행을 통해 열반을 증득할 때 망법妄法이 영원히 종식된다고 하는 것은 옳지 않게 된다.

다섯째는 경전에서 "여래장에 의지해서 생사가 있고, 여래장에 의지해서 열반을 얻는다."라고 하는 말을 듣고, 그 뜻을 제대로 알지 못하고 '중생의 시작이 있다'라고 여기며, 나아가 중생의 시작이 있기 때문에 '여래께서 열반을 성취하더라도 열반이 끝날 때 다시 중생이 된다'라는 견해를 갖는 것이다.

이와 같은 아견은 어떻게 다스려야 하는가? 여래장인 연기의 각성이란 과거의 어느 시점에서 시작된 것이 아니므로, 무명의 작용도 또한 시작이 없다. 무명의 시작이 없으므로 중생의 시작도 있을 수 없다. 만약 삼계 밖에 중생의 시작이 있다고 하면 그것은 불교의 가르침이 아니다. 또한 여래장인 연기각성은 미래의 어느 시기에 끝나는 것이 아니다. 모든 부처님께서 증득하신 열반도 여래장과 상응하므로 열반이 끝나는 미래도 없다. 이와 같이 밝혀서 다스려야 한다.

제2목 법아견을 다스림

60 오음五陰 등의 법에 실체가 있다고 집착하는 법아견法我見은 수행 근기가 둔한 이승이 갖는 견해이다. 부처님께서 '개체로서 실체는 없다'는 인무아人無我만을 설명하시고, '개체를 이루는 요소로서 오음 등의 법에도 실체가 없다'는 구경究竟의 가르침인 법무아法無我를 설명하지 않으셨기 때문에, 오음에 의해 생성[生]되고 소멸[死]되는 법이 있다고 보고 생사를 두려워하고 그릇되이 열반을 집착하는 것이다.

이것은 어떻게 다스려야 하는가? 오음법의 자성도 실재하지 않으므로[法無我] 생성되는 것이 아니며[不生] 생성되지 않으므로 없어지는 것도 아니며[不滅], 오음 그 자체가 본래 열반[不生不滅]인 것을 밝혀서 다스려야 한다.

제3목 허망한 집착을 완벽하게 다스림

61 허망한 집착을 완벽하게 떠난다는 것은 어떤 뜻인가? 번뇌에 오염된 법과 열반의 청정한 법이 다 상대적인 것일 뿐, 번뇌나 열반 그 자체로서 설할 것은 어느 것도 없다는 것을 아는 것이다. 그렇기 때문에 모든 법은 원래부터 형색도 아니고, 마음도 아니고, 지혜도 아니

고, 분별 인식도 아니고, 있는 것도 아니고, 없는 것도 아니며, 궁극적으로 무엇이라고 말할 수 없는 것이다.

그럼에도 불구하고 여러 가지 설명이 있는 것은 여래께서 중생을 위해 좋은 방편을 써서 임시로 설명하여 중생을 바른 법으로 인도하고자 하는 것임을 알아야 한다. 그 뜻하는 바는 모든 중생이 망념을 벗어나 진여에 들게 하고자 하는 것이다. '분별된 모든 법을 기억하는 망념'에 의해 마음이 생겨나고 없어지면서 참된 지혜를 증득하지 못하기 때문이다.

제3절 분별발취도상分別發趣道相: 불도를 향한 발심

제1항 발심의 뜻

62 불도를 향한 발심이란 무슨 뜻인가? 불도佛道란 모든 부처님들께서 증득하신 도를 말하고, 발심發心이란 모든 보살 수행자들께서 보리심을 내서 불도를 향해 수행하는 것을 말한다.

63 발심發心을 간단하게 설명하자면 세 종류가 있다. 첫째는 '믿음을 성취한 발심〔信成就發心〕'이고, 둘째는 '이해하고 실천하는 발심〔解行發心〕'이고, 셋째는 '증득한 발심〔證發心〕'이다.

제2항 발심의 종류
제1목 믿음을 성취한 발심〔信成就發心〕

64 '믿음을 성취한 발심〔信成就發心〕'을 해야 대승에 대한 믿음을 성취하고 대승을 향한 발심을 감당할 수 있게 된다. 이 발심을 성취해야 하는 사람은 '수행의 방향이 확실하게 정해지지 않는 중생〔不定聚衆生〕'들이며, 그들은 다음과 같은 수행을 해야 한다.

업의 과보를 믿고, 열 가지 착한 일을 하며, 생사를 싫어하고, '위없는 깨달음〔無上菩提〕'을 닦기를 바라며, 모든 부처님을 만나 직접 공양도 올리면서 신심을 닦아야 한다. 그들 가운데 불법에 의한 훈습력으로 수행의 양식이 되는 선근이 있는 사람이라면 일만 겁을 지나면서 믿음을 성취하게 된다.

믿음을 성취했기 때문에 여러 부처님과 보살님들의 가르침을 받고 발심하기도 하며, 대비심이 쌓였기에 스스로 발심하기도 하고, 바른 법이 없어지려는 시대에는 바른 법을 유지 발전시키기 위해서 스스로 발심하기도 한다.

이와 같이 하여 신심을 성취하고 발심하게 된 수행자는 수행의 성취가 담보되는 바른 길에 결정적으로 들어선 것이다. 이들이 '정정취중생正定聚衆生'이다. 이들은 결코 수행에서 퇴보되지 않고, 여래가 될 수 있는 바른 인연〔正因〕과 상응한다.

그러나 수행의 양식인 선근이 얼마 되지 않는 중생은 오랜 세월 동안 쌓인 번뇌가 깊고 두텁기 때문에, 부처님들을 만나 직접 공양하고 가르침을 받더라도 다음 세상에 사람이 될 수 있는 인연이나 천상에 태어날 수 있는 인연만을 짓거나, 성문승과 연각승의 종자를 기를 뿐이다. 설사 대승에 대한 가르침을 구할지라도 근기가 일정치 않아 대승 수행을 위해 정진을 하다 말다 한다.

혹은 여러 부처님을 만나 공양했을지라도 그 기간이 일만 겁의 세월이 지나지 않았는데도 인연을 만나 대승을 향한 발심을 한 경우, 곧 부처님의 수승한 모습을 보고 발심하는 경우, 혹은 여러 수행자를 공양한 것이 인연이 되어 발심하는 경우, 혹은 성문과 연각의 수행자들의 가르침을 받고 발심한 경우, 혹은 다른 사람들의 가르침을 통해서 발심한 경우라면 정정취正定聚에 들기 어렵다. 이와 같은 인연으로 발심한 사람들은 대승의 가르침에 대한 믿음이 확실하게 결정되지 않았으므로 수행 도중에 좋지 않는 인연을 만나 퇴보하기도 하고 성문·연각의 수행을 좇기도 한다.

가. 믿음을 성취한 세 종류의 발심

65-1 믿음을 성취한 발심에서 '마음을 낸다〔發心〕'는 것은 무슨 마음을 낸다는 것인가? 세 종류의 마음이 있다.

첫째는 '곧은 마음〔直心〕'이다. 진여를 잊지 않는 바른 기억이다.
둘째는 '깊은 마음〔深心〕'이다. 즐거이 모든 선행을 하는 마음이다.
셋째는 '대비심大悲心'이다. 모든 중생들의 아픔을 덜고자 하는 마음이다.

나. 학습과 선행을 해야 하는 까닭

65-2 문: 앞에서는 "법계는 한 모습이고 부처의 근본은 둘이 아니다."라고 하였다. 그런데 여기서는 무슨 까닭으로 진여만을 생각생각에 잊지 않는 수행을 해야 하는 것이 아니라 여러 가지 학습과 갖가지 선행을 해야 한다고 하는가?

답: 비유하자면, 크나큰 보배인 여의주의 본바탕이 밝고 깨끗하다고 해도 원광석으로 있을 때는 밝고 깨끗하지 않는 것과 같다. 비록 사람이 보배의 귀중함을 알지라도 갖가지 방법으로 잘 연마하지 않는다면 보배의 밝고 깨끗함을 드러낼 수 없을 것이다.

마찬가지로 중생에게 있는 진여라는 법도 본바탕은 공하고 깨끗하나 헤아릴 수 없이 많은 번뇌에 의해서 물들어 있다. 그러므로 수행자가 진여를 생각생각 잊지 않는다고 해도 방편을 이용하여 대승에 대한 학습과 선행을 닦지 않는다면 자성의 청정을 회복하지 못한다. 온갖 번뇌의 허물이 모든 법에 남아 있기 때문에 갖가지 선행으로 다스려야 하는 것이다. 갖가지 선행을 실천한다면 저절로 진여법에 들어갈 것이다.

다. 발심을 위한 네 가지 방편

65-3 진여법에 들어가는 방편에 네 가지가 있다.

첫째는 '근본을 실천하는 방편〔行根本方便〕'이다. 모든 법의 자성이 생겨남이 없다는 것, 곧 '생겨남이 없다는 것〔無生〕'이 모든 것〔法〕의 본성〔自性〕임을 꿰뚫어 알고 잘못된 견해를 떠나 생사에 머물지 않는 것이며, 모든 법이 인연화합으로 업의 과보가 없어지지 않는다는 것을 꿰뚫어 알고 대비심을 일으켜 갖가지 복덕행을 닦아 중생을 교화하기 위하여 열반에 머무르지 않는 것이다. 이것은 법의 성품〔法性〕이 본래부터 생사와 열반에 머물지 않는 것을 따르는 방편이다.

둘째는 '능동적으로 악업을 그치는 방편〔能止方便〕'이다. 지나온 날의 잘못에 대하여 뉘우치고 부끄러워하면서 스스로 좋지 않는 모든 일을 그쳐 다시는 악업의 과보가 늘어나지 않게 하는 것이다. 이것은 법성이 본래부터 모든 허물로부터 떠나 있는 것을 따르는 방편이다.

셋째는 '선근을 생기게 하고 늘리는 방편〔發起善根增長方便〕'이다. 부지런히 삼보를 공양하고 예배하며, 찬탄하고 함께 기뻐하면서, 부처님께 설법을 청하고 오랫동안 세상에 계실 것을 청하는 것이다. 삼보를 좋아하며 공경하는 순수하고 깊은 마음 때문에 신심이 늘어나고 위없는 바른 가르침을 얻으려는 의지가 발생하며, 또한 삼보의 보호를 받게 되기 때문에 업장을 소멸할 수 있어 선근이 퇴보되지 않는다. 이것은 법성이 본래부터 어리석은 장애로부터 떠나 있는 것을 따르는 방편이다.

넷째는 '크나큰 원으로 모든 중생들을 평등하게 열반에 들게 하는 방편〔大願平等方便〕'이다. 미래의 세상이 다할 때까지 모든 중생을 교화하여 그들 모두가 궁극의 무여열반無餘涅槃을 성취하기를 원하는 것이다. 이것은 법성인 연기각성이 항상하는 것을 따르는 방편이다. 법성인 연기각성은 넓고 크며 중생 모두에게 갖추어져 있고, 평등하며 둘이 아니므로 이것과 저것을 차별하여 분별하지 않는 것으로 궁극의 열반이기 때문이다.

라. 발심의 수승한 공덕

66 신심을 성취한 보살 수행자는 이와 같은 마음을 내기 때문에 적게나마 법신을 볼 수 있고, 법신을 보기 때문에 원력에 따라 여덟 가지로 중생을 이롭게 하는 방편을 보일 수 있다. 여덟 가지는 도솔천에서 내려와, 어머님의 태속에 들어가서 머물다, 출생하고, 성장하여, 출가하며, 불도를 이루고, 법을 설하다, 열반에 드는 것이다.

그렇다고 해도 이들을 법신 보살이라고 할 수 없다. 왜냐하면 과거

무량한 세월 동안 지은 번뇌, 곧 유루有漏의 업을 다 떨쳐내지 못했기에 탄생에 따른 미미한 고통이 있기 때문이다. 그렇지만 업에 매인 것은 아니다. 크나큰 원력을 자재하게 실천할 수 있는 힘에 의해서 태어나는 것이다.

그러므로 경전에서 보살 수행자가 악취에 떨어졌다고 말하는 것은 참으로 악취에 떨어진 것을 뜻하는 것이 아니다. 다만 처음으로 보살 수행을 시작했으나 아직 바른 길인 정정취의 단계에 확실하게 들어서지 못하고 게으름 피우는 수행자들에게 과보의 무서움을 보여 그들로 하여금 용맹정진하게 하고자 일부러 그렇게 말한 것이다.

또한 보살 수행자는 한번 발심한 연후에는 약한 마음을 떨쳐 버리므로 결코 성문·연각의 경지에 떨어지는 것을 두려워하지 않으며, 한없는 세월 동안 힘들고 어려운 수행을 부지런히 해야 열반을 이룰 수 있다는 가르침을 듣더라도 약한 마음을 내지 않는다. 왜냐하면 모든 것이 원래부터 그 자체로 열반이라는 사실을 확실하게 믿기 때문이다.

제2목 이해하고 실천하는 발심〔解行發心〕

67 '이해하고 실천하는 발심〔解行發心〕'은 신성취발심을 이루고 나

서 수행이 깊어져 이해와 실천이 더욱 뛰어나게 된 발심 단계다. 왜냐하면 해행발심의 단계에 있는 보살은 바른 믿음[正信]을 성취한 이래 제1 아승지겁이라는 수행기간을 거의 다 채웠기 때문이다. 이 단계에서는 진여법에 대한 깊은 이해가 현전하고, 이와 같은 이해를 바탕으로 한 수행에 의해서 집착을 떠나게 된다.

여기에 이르게 되면 법성의 바탕에는 탐욕과 인색함이 없는 것을 알기 때문에 이와 같은 법의 성품[法性]에 수순하여 보시바라밀을 닦고,

법의 본성이 번뇌에 물들지 않고 오욕의 허물을 떠난 줄을 알기 때문에 이와 같은 법의 성품에 수순하여 지계바라밀을 닦고,

법성에는 불만족이 없고 성냄을 떠난 줄을 알기 때문에 이와 같은 법의 성품에 수순하여 인욕바라밀을 닦고,

법성에는 몸과 마음의 상이 없고 게으름을 떠난 줄을 알기 때문에 이와 같은 법의 성품에 수순하여 정진바라밀을 닦고,

법성이 항상 고요하고 어지러움이 없는 줄을 알기 때문에 이와 같은 법의 성품에 수순하여 선정바라밀을 닦고,

법성의 바탕이 밝고 무명을 떠난 줄을 알기 때문에 이와 같은 법의 성품에 수순하여 반야바라밀을 닦는다.

제3목 증득한 발심〔證發心〕
가. 증득한 발심

68 '증득한 발심〔證發心〕'은 초지인 정심지부터 보살구경지인 제10지에 이르러 증득한 발심이다. 이때 어떤 경계를 증득하는 것인가? 진여를 체득하는 것이다. 전식轉識에 의해서 경계가 펼쳐지나, 진여를 증득한 수행자는 능소能所의 분별을 떠나기에 전식에 의해서 펼쳐지는 경계가 없다. 오직 진여의 지혜 활동이 있을 뿐이다. 이를 법신이라고 한다.

초지 이상의 법신 보살은 한 생각에 시방十方 세계 모든 곳에 이르러 모든 부처님을 공양하고 법을 설해 주실 것을 청하는데, 오직 중생들을 깨달음으로 인도하여 이롭게 하고자 하는 것일 뿐, 문자에 의지하는 것이 아니다. 혹은 오랜 세월 수행하는 것을 두려워하는 중생을 위해서 수행 단계를 건너 뛰어 속히 정각을 이루는 것을 보이기도 하고, 게으른 중생을 위해서는 스스로 무량한 아승지겁 동안 수행하여 불도를 이루게 됐다고 이야기하기도 한다. 이와 같은 갖가지 방편과 불가사의한 일을 인연 따라 보일 수 있다.

그러나 실제에서 보면 보살 수행자의 품성을 갖는 자는 근기도 같고 발심도 같으며 증득한 법 또한 같다. 이것을 넘어서는 법은 없다. 왜냐하면 모든 보살 수행자는 누구나 세 번의 아승지겁 수행 기간을 지나기 때문이다. 다만 중생 세계가 같지 않고, 보고 듣는 바가 다르며, 근기와 의지의 성향이 다르기 때문에 그에 따라 보살 수행자의 수행과 자비행에 차별이 있는 것처럼 보일 뿐이다.

나. 증득한 발심의 세 가지 모습

초지 이상의 보살 수행자가 증득한 발심의 모습에도 세 가지 '미세한 모습의 마음〔心微細之相〕'이 있다. 첫째는 '진심眞心'이다. 분별이 없기 때문이다. 둘째는 '방편심方便心'이다. 자연스럽게 중생의 이익을 위해서 여러 가지 방편을 실행하는 마음이기 때문이다. 셋째는 '업식심業識心'이다. 의식의 분명한 생멸과는 다르지만 업식 종자들과 보살의 원력으로 생사를 계속하는 변역생사의 미세한 생멸〔微細生滅〕이 있기 때문이다.

다. 발심 공덕의 원만한 성취

69 또한 법신 보살이 제10지에 이르러 공덕을 만족하게 이루면 색계

천 가운데 최고의 하늘인 색구경처에서 모든 세간 가운데서 최고로 큰 몸을 나타내 보인다.

이는 '시각을 이루는 순간의 마음〔一念〕'이 연기의 각성과 상응相應하여 진여를 자각〔慧〕한 일념상응의 지혜로써 무명을 일시에 없애고 '모든 것을 통달한 지혜' 곧 일체종지一切種智를 얻으며, 자연스럽게 생각을 뛰어넘는 불가사의한 활동으로 모든 중생들의 이익을 위해 시방의 어느 곳에나 나타날 수 있다는 것을 말한다.

라. 증득한 지혜를 '모든 것을 아는 지혜〔一切種智〕'라고 하는 까닭

70 문: 허공이 끝이 없기 때문에 세계도 끝이 없고, 세계가 끝이 없기 때문에 중생도 끝이 없고, 중생이 끝이 없기 때문에 마음작용 또한 끝이 없다. 경계가 한계가 없으니 알기 어렵다. 만약 무명이 끊어진다면 마음의 표상작용도 없어지거늘 한계가 없는 경계를 어찌 알 수 있기에 '모든 것을 통달한 지혜〔一切種智〕'라고 하는가?

답: 모든 경계가 본래부터 마음 하나로, 형상과 개념으로 한계를 짓는 상념想念을 떠나 있다. 단지 중생이 허망한 상념으로 경계를 보는 까닭에 마음에 한계가 있고, 허망하게 상념을 일으키므로 법의 성품〔法性〕에 부합되지 못한다. 그러므로 제대로 알 수 없는 것이다. 모든

부처님들은 상념으로 보는 것이 없으므로 언제 어느 때나 치우침 없이 지혜로 알아차린다. 여래의 마음이 진실하기 때문이다.

이것이 모든 법의 본성이다. 법의 성품 자체에 허망한 모든 법을 밝게 비추어 허망함을 알 수 있게 하는 큰 지혜의 작용과 무량한 방편이 있다. 이와 같은 법성의 지혜로 중생들의 능력에 맞게 가지가지 법의 뜻을 설명할 수 있다. 그러므로 일체종지一切種智라고 한다.

마. 부처님의 지혜 작용이 잘 보이지 않는 까닭

문: 만약 모든 부처님께서 자연스런 활동으로 모든 곳에 나타나 중생들에게 이익을 줄 수 있다고 한다면, 모든 중생들이 부처님의 몸을 보거나 신통변화를 목격하거나 법문을 듣고서 이익을 얻어야 하거늘 어찌 세간에서는 그와 같은 일들을 볼 수 없는가?

답: 모든 부처님과 여래의 법신은 평등하여 모든 곳에 있으나 의도한 바가 없기 때문에 자연自然이라고 한다. 나타나고 나타나지 않는 것은 중생의 마음에 달렸다. 중생의 마음을 거울에 비유할 수 있다. 거울에 먼지가 있다면 형색이 나타나지 않는 것처럼 중생의 마음에 허물이 있다면 법신이 나타나지 않기 때문이다.

제4장 수행신심분

제1절 대승에 대한 믿음이 결정되지 않는 사람을 위해
　　　신심을 닦는 방법을 설명함

71 해석분의 설명을 마쳤다. 다음은 신심을 닦는 것을 말하는 수행신심분修行信心分이다. 이 장에서는 아직 정정취에 들지 못한 중생을 위해서 신심을 닦는 방법을 이야기한다.

제2절 닦아야 할 네 가지 신심

72 어떤 신심을 어떻게 닦는 것인가?

신심을 간략히 말하면 네 종류가 있다.

첫째는 근본을 믿는 마음이니, 즐거이 진여법을 생각하는 것이다.

둘째는 부처님께는 무량한 공덕이 있다는 것을 믿는 마음이니, 항상 부처님을 가까이 모시고 공양을 올리며 공경하는 마음으로 선근을 드러내고〔發〕생기게 하여〔起〕일체지一切智를 구하고자 하는 것이다.

셋째는 부처님의 가르침에 큰 이익이 있다는 것을 믿는 마음이니, 항상 모든 바라밀법에 대한 수행을 생각하는 것이다.

넷째는 스님들께서 바른 수행으로 자신과 다른 이를 이롭게 한다는 것을 믿는 마음이니, 늘 즐거운 마음으로 보살 수행자를 가까이하면서 여실한 실천 수행을 구하는 것이다.

제3절 신심을 성취하게 하는 다섯 가지 수행

73.74 신심을 수행하는 데는 보시·지계·인욕·정진·지관의 다섯 가지 수행이 있고, 이와 같은 수행으로 대승에 대한 믿음을 이룰 수 있다.

제1항 보시·지계·인욕·정진

75 보시布施는 어떻게 닦는 것인가? 구하는 자를 볼 때마다 가지고 있는 재물을 자기의 능력에 따라 베푸는 것이다. 스스로에게는 인색함과 탐욕을 버리는 것이고 구하는 자에게는 기쁨이 생긴다. 어렵고 두렵거나 위급한 상황에 처한 사람을 보면 자신이 감당할 수 있는 능력대로 베풀어 그들에게 두려움이 없도록 해야 한다. 또한 부처님의 가르침에 대해서 묻는 사람이 있거든 자신이 아는 대로 방편을 가지고 설명해야 한다.

이와 같이 보시바라밀을 닦되 이름과 이익과 공경을 바라서는 안 되고, 오직 스스로와 다른 사람에게 이익이 되는 것만을 생각하며, 그 공덕을 깨달음으로 회향해야 한다.

지계持戒는 어떻게 닦는 것인가? 살생하지 않고, 도둑질하지 않고, 음행하지 않고, 이간질하지 않고, 험한 말을 하지 않고, 잡스런 말을 하지 않고, 꾸미는 말을 하지 않고, 욕심내지 않고, 질투하지 않으며, 속이지 않고, 왜곡하지 않으며, 성내지 않고, 잘못된 견해에 집착하지 않는 것이다.

출가 수행자라면 번뇌를 다 끊어야 하기 때문에 번잡스럽고 시끄러운 곳을 떠나 언제나 고요한 곳에 머물면서 수행이 습관이 되도록 해야 하며, 필요한 만큼만 갖는 것으로 만족할 줄 알고, 두타행 등을 닦아야 한다. 그리고 작은 허물일지라도 가벼이 여기지 않고 안팎으로 뉘우치고 부끄러워할 줄 알아야 하고 고쳐야 한다.

부처님께서 말씀하신 수행자가 지켜야 할 계율을 가벼이 여기지 말아야 한다. 그리하여 수행자라는 모습을 잘 지켜 다른 사람들로부터 비난받지 않아야 한다. 수행자라면 다른 사람들로 하여금 비난 등의 허물을 짓게 해서는 안 되기 때문이다.

인욕忍辱은 어떻게 닦는 것인가? 다른 사람이 괴롭혔을지라도 앙갚음할 생각을 품지 않으며, 이익과 손해, 명예와 불명예, 칭찬과 비난, 즐거움과 괴로움 등의 여덟 가지 바람〔八風〕에 흔들리지 않고 참는 것이다.

정진精進은 어떻게 하는 것인가? 착한 일을 부지런히 하고, 뜻을 견고히 하여 약한 마음을 내지 않으며, 과거 무수한 세월 동안 몸과 마음으로 큰 고통을 헛되이 받았으나 아무런 이익이 없었다는 것을 생각하고, 모든 공덕을 부지런히 닦아 자신과 이웃을 이롭게 하며, 갖가지 고통에서 벗어나는 것이다.

또한 대승에 대한 믿음을 닦는다고 할지라도 과거에 지었던 무거운 허물과 좋지 않는 행동으로 말미암아 삿된 마구니와 귀신들에 의해서 번뇌롭고 혼란스러울 수도 있을 것이고, 혹은 세간의 이런 저런 일에 이끌릴 수도 있을 것이며, 혹은 병 등에 의해서 괴롭게 되기도 하는 등 많은 장애가 있을 것이다.

이런 때일수록 더욱 용맹스럽게 정진하며, 밤낮으로 부처님들께 예배하고, 진실한 마음으로 참회하며, 부지런히 법문을 청해 듣고, 기쁜 마음으로 따라 익혀, 깨달음에 마음을 두어 쉬지 않고 공부한다면 장애를 떨치고 선근이 늘어나게 될 것이다.

제2항 지관

제1목 지관 수행에 대한 개설

76 지관止觀은 어떻게 닦는 것인가? 지止란 모든 경계에 대한 분별을 그치는 것으로 사마타 관법을 따라 닦는 것을 뜻하고, 관觀이란 인연 따라 생겨나고 없어지는 것을 잘 분별하는 것으로 위빠사나 관법을 따라 닦는 것을 뜻한다.

어떻게 하는 것이 '따라 닦는 것'인가? 사마타관과 위빠사나관을 차차로 닦고〔修〕익혀서〔習〕두 가지가 서로 떨어지지 않고 함께 분명하게 드러나도록 하는 것이다.

제2목 지수행

가. 지수행

77 지止수행을 하는 수행자는 고요한 곳에 머물면서 단정히 앉아 뜻을 바르게 해야 한다. 호흡에 의지하지도 말고, 부처님 등의 형색에 의지하지도 말고, 공空의 이치에 의지하지도 말고, 지수화풍地水火風 또는 견문각지見聞覺知에 의지하지도 말아야 한다. 그러면서 모든 경계는 생각이 만든 것일 뿐 실재하지 않는다고 알아차려 제거하되, 제거한다는 생각조차 없어야 한다. 왜냐하면 모든 것〔法〕은 본래

부터 그 자체의 모습이 없으며, 생각들도 생겨나는 것도 없고 없어지는 것도 없기 때문이다.

또한 마음이 밖을 좇아서 마음 밖의 경계를 생각하도록 해서는 안 된다. 바깥 경계를 생각하지 않도록 해야 할 뿐만 아니라 뒤따르는 알아차리는 마음으로 바깥 경계를 따르고자 하는 마음까지도 제거해야 한다. 그렇더라도 마음이 만약 바깥 경계를 따라 이곳저곳으로 흩어진다면 곧바로 알아차려 정념에 머물도록 해야 한다.

정념正念이란 오직 마음 뿐 바깥 경계가 실재하지 않는다는 것을 아는 마음이며, 마음조차 마음 스스로의 모습이 없으며 생각들도 실재하지 않으므로 얻을 수 없는 것인 줄 아는 마음이다.
자리에서 일어나 움직이거나 일을 할 때에도 마음 뿐 경계가 없다는 방편을 생각하면서 사마타의 관찰 수행을 한다. 오랫동안 하다 보면 경계를 좇지 않고 정념에 머문다. 정념에 머물고 나면 점점 용맹스럽고 치밀한 관찰로 '마음뿐'이라는 하나의 경계에 수순隨順하게 되어 진여삼매에 들어간다.

이 상태에서 번뇌를 완전히 끊지는 못하더라도 번뇌의 현행을 다스리게 되어 대승에 대한 신심이 커지고 깨달음을 향한 마음에서 물러서지 않는 단계를 신속하게 성취한다. 다만 의심하고, 믿지 않으며, 비방하고, 큰 허물을 지은 업이 있거나, 아만심이 있고, 게으른 사람들은 진여삼매眞如三昧에 들어갈 수 없다.

나. 지수행으로 얻게 되는 진여삼매

78 진여삼매에 의해서 법계가 한 모습임을 안다. 부처님들의 법신과 중생의 몸이 평등하여 한 모습〔一相〕으로 차별상이 없어〔無相〕둘이 아닌 것을 아는 것이다. 이를 일행삼매一行三昧라고 한다. 진여삼매가 삼매의 근본이므로 진여삼매를 수행하게 되면 점차 무량無量한 삼매를 증득할 수 있다.

다. 지수행시 겪게 되는 마장

79 어떤 수행자는 선근의 힘이 없으므로 수행 도중에 마구니와 외도와 귀신들에 의해서 미혹될 수도 있고, 앉아 있는 동안 공포스런 형상이 나타나기도 하고, 잘생긴 남녀가 나타나 유혹하기도 할 것이다. 이때도 그 모두가 오직 마음이 만든 것인 줄 알아차리면 그런 경계는 다 없어지고 결국에는 번뇌가 되지 않을 것이다.

80 어떤 때는 하늘 사람들의 모습과 보살님들의 모습이 나타나기도 하고 또는 상호를 구족한 부처님들의 모습이 나타나기도 할 것이다.

그렇게 나타나서 다라니를 설하고 육바라밀을 이야기하고 평등과 공·무상·무원삼매와 원수와 친구도 없고 인과도 없으며, 궁극적으로 공적한 것이 참된 열반이라고 설하기도 할 것이다.

때로는 숙명통을 얻게 해 과거의 일을 알게도 하고, 천안통을 얻게 해 미래의 일을 알게도 하며, 타심통을 얻게 하기도 하고, 걸림 없는 말솜씨로 수행자들로 하여금 세간의 명예와 이익을 탐착하게 하기도 한다. 또는 금방 성내고 금방 기뻐하게도 하여 성격을 종잡을 수 없게도 한다. 어떤 때는 너무나 자애스럽게도 하고, 잠을 많이 자게도 하며, 병이 들게도 하며, 수행자의 마음을 게으르게 만들기도 한다.

혹은 갑자기 정진하다가 곧 그만두게 하고, 믿지 않게 하여 의심과 생각이 많게도 한다. 혹은 본래의 수승한 수행을 그만두고 잡된 일을 닦아 세상사에 집착하여 이런저런 일에 끄달려 얽히게 한다. 여러 가지 삼매를 악간은 비슷하게 얻게도 하는데, 이 모두는 외도가 얻는 것으로 진짜 삼매가 아니다.
혹은 하루 종일이나 이틀, 삼일씩 또는 일주일 동안 선정 가운데 머물게도 하며, 자연의 향미와 음식을 얻게 하고 신심을 쾌적하고 기쁘게 하여 배고프지도 않고 목마르지도 않게 하여 애착하게 하기도 한다. 혹은 음식에 대한 적당한 양이 없이 지나치게 많이 먹거나 적게 먹게도 하며, 안색이 좋게도 하고 나쁘게도 한다.

이렇기 때문에 수행자는 항상 지혜로 관찰하여 마음이 잘못된 경계에 떨어지지 않게 해야 하며, 부지런히 '마음이 만든 것일 뿐 경계가 없다'는 정념 수행을 해서 모든 경계에 대한 취착심을 없애야 한다. 그래야 위와 같은 업장에서 벗어날 수 있다.

라. 외도삼매外道三昧

외도가 얻은 삼매는 아견과 애착과 아만심을 벗어나지 못하고 세간의 명예와 이익 그리고 공경받기를 바라는 것임을 알아야 한다. 그러나 진여삼매는 아견 따위에 머물지 않고 명리 등을 얻는다는 것에도 머물지 않으며, 선정에서 나와도 게으르지 않고 아만심도 없으므로 모든 번뇌가 점점 가벼워진다.

그러므로 범부가 진여삼매를 닦아 익히지 않고서도 여래가 될 수 있는 바탕을 형성할 수 있다는 것은 옳지 않다. 세간에서 닦고 있는 모든 삼매는 다분히 선정의 맛에 집착하는 것으로 아견에 의지한 것이며, 삼계에 계박된 것으로 외도가 닦는 선禪과 같다. 선지식의 보호가 없다면 외도의 견해를 갖기 때문이다.

마. 진여삼매의 열 가지 이익

81 진여삼매의 수행에 온 마음을 기울여 부지런히 정진하면 현세에 열 가지 이익을 얻는다.

첫째, 항상 모든 부처님과 보살님들의 보호를 받는다.

둘째, 모든 마구니와 귀신들에 의해서 공포스런 일을 당하지 않는다.

셋째, 아흔 다섯 가지 외도의 가르침에 의해서 미혹되거나 혼란스럽게 되지 않는다.

넷째, 진여삼매의 심오한 법을 비방하지 않게 되고 무거운 허물이 점차 가벼워진다.

다섯째, 모든 의심과 잘못된 마음 살핌이 없어진다.

여섯째, 여래의 경계에 대한 믿음이 증장된다.

일곱째, 근심과 걱정이 없어지고 생사 가운데서 용맹정진하며 생사에 대해서 겁내지 않는다.

여덟째, 마음이 부드럽고 평온하며 교만심을 버리게 되어 다른 사람에 의해서 번민하게 되는 일이 생기지 않는다.

아홉째, 비록 선정을 얻지 못할지라도 언제 어떤 경계에서나 번뇌를 떨치고 세간의 즐거움을 취하지 않는다.

열째, 삼매를 얻은 경우에는 바깥에서 일어나는 소리에 의해서 놀라거나 들뜨지 않게 된다.

제3목 관수행
가. 관수행을 해야 하는 까닭

82 지止수행만을 한다면 마음이 침울해지거나 게을러지고 좋은 일을 하지 않게 되어 대비심이 일어나지 않을 수 있다. 그러므로 관觀수행을 해야 된다.

나. 관의 방법

관觀수행은 어떻게 하는 것인가? 세간에서 일어나는 모든 인연법을 보면 잠시도 머물지 않고 잠깐 사이에 변하여 없어지며 모든 마음작용 또한 쉬지 않고 일어나고 사라지기 때문에 만족스럽지 않다고 관상觀想하는 것이다.

또한 과거의 기억들도 어렴풋한 것이 꿈과 같고 현재의 모든 생각들도 번개와 같고 미래의 모든 생각 역시 구름이 홀연히 일어나는 것과 같다고 관상하는 것이다. 나아가 세간의 육신은 깨끗하지 못한 번뇌의 오염 덩어리로 하나도 좋아할 것이 없다고 관상해야 한다.

다. 대비심관

그리고 모든 중생들이 원래부터 인연의 진여공성을 자각하지 못한 무명의 훈습 때문에 마음이 번뇌에 들떠 생멸하게 되면서 몸과 마음으로 큰 고통을 받았으며, 지금도 무량한 핍박을 받고 있고, 미래에 받을 고통도 한이 없어 참으로 고통으로부터 벗어나기 어려운데도, 그것을 제대로 알지 못하고 있는 상황에 대해 참으로 안타까운 마음을 내야 한다.

라. 대원관

이 마음을 굳건히 하여 용맹정진하고 큰 서원誓願을 세워야 한다.

스스로의 마음에서 모든 분별심이 사라지고 언제 어느 곳에서든지 온갖 착한 일을 닦되 금생에 한하지 않고 미래 세상에서도 닦기를 원하며, 한없는 방편으로 고통 받고 있는 모든 중생들을 고통에서 벗어나게 하여 열반의 으뜸가는 즐거움을 얻게 해 주겠다는 원願을 세우는 것이다.

이와 같은 소원을 가졌기에 언제 어느 곳에서든지 착한 일을 자신의 힘 따라 실천하고 수행을 멈추지 않으며 게으른 마음을 먹지 않는다.

마. 관수행을 해야 하는 시간

좌선 수행할 때는 오직 지止수행에만 전념하고, 그 밖의 다른 시간에는 해야 할 일과 하지 않아야 할 일을 잘 관찰하여 관觀수행을 닦아야 한다.

제4목 지止와 관觀을 함께 닦음

83 지止수행에 전념하는 좌선할 때를 제외하고는 언제나 지止와 관觀을 함께 닦아야 한다. 곧 "모든 것〔法〕은 자성에서 보면 생겨남이 없으나〔止〕" "인연화합으로 인하여 착한 일과 나쁜 일을 하게 되

고 괴롭거나 즐거운 과보를 받게 되니 인因과 과果가 없어지지 않는다〔觀〕."라고 생각하며, "인연과 선악의 업에 대해서 생각할지라도〔觀〕" "그것들의 자성은 있을 수 없다〔止〕."라고 생각하는 것이다.

대승에 대한 믿음을 닦는 수행자는 지止수행을 통해서 세간에 대해 탐착하는 범부의 마음을 다스리고 '보살 수행을 할 수 없다고 생각하는 성문·연각의 약한 마음을 버리게 되며, 관觀수행을 통해서 대비심을 일으키지 않는 성문·연각 수행자들의 협소한 마음을 다스리며 선근을 닦지 않는 범부들의 마음을 버릴 수 있게 된다.

이와 같은 뜻이 있기 때문에 지止수행과 관觀수행은 서로를 돕는 것으로 따로 떨어질 수 없다. 그러므로 지止와 관觀을 갖추지 못하면 깨달음의 길에 들어갈 수 없다.

제4절 신심을 성취하게 하는 염불 수행

84 어떤 사람들은 대승법을 처음으로 배워 대승에 대한 바른 신심을 구하고자 하나, 겁이 많고 나약해 앞서의 다섯 가지 수행을 감당하지 못한다. 왜냐하면 그들은 사바세계에 살기 때문에 언제든지 부처님께 직접 공양을 올리지 못하고 가르침도 배우지 못해 윤회할 것이라고 두려워하기 때문이다.

이와 같이 신심을 이루기란 참으로 어렵다고 두려워하면서, 대승에 대한 신심을 닦으려는 의욕이 퇴보한 수행자는 여래께서 대승에 대한 신심이 퇴보하지 않도록 포용하고 보호하는 수승한 방편을 설해 놓은 줄을 알아야 한다.

그것은 오로지 염불念佛만을 하는 것이다. 염불하는 인연으로 원력에 따라 서방 아미타불 국토에 태어나 항상 부처님을 뵈옵고, 악도에는 결단코 떨어지지 않는다.

이것은 경전에서 "만약 수행자가 오로지 서방 극락세계에 계시는 아미타부처님만을 생각하고, 닦아온 선근을 회향하여 극락세계에 태어나고자 원한다면 반드시 그곳에 태어난다."라고 한 것과 같다. 그렇게 되면 항상 부처님을 뵐 것이므로 결단코 퇴보하지 않을 것이다. 아미타부처님의 진여법신을 관觀하는 염불念佛을 부지런히 수행 정진한다면 반드시 서방 극락세계에 태어나 정정취正定聚에 머물 것이기 때문이다.

제5장 권수이익분

제1절 대승에 대한 신심을 닦으면 반드시 부처가 됨

85 '수행신심분'을 해설해 마쳤다. 다음은 수행의 이익을 이야기하여 수행하기를 권하는 부분인 '권수이익분勸修利益分'이다. 여기까지 부처님들의 알려지지 않은 귀한 가르침인 대승에 대한 이야기를 모두 마쳤다.

86 만약 이 이야기를 듣고서 여래의 깊고 깊은 경계에 대하여 바른 믿음이 생기고, 비방을 하지 않으며, 대승의 가르침에 들어가고자 하는 사람이 있다면, 마땅히 이 논을 가지고 잘 생각하며 닦고 익혀야 하리라. 그러면 마침내 위없는 부처님의 도道에 이를 것이다.

또한 이 법을 듣고서도 겁내거나 약한 생각이 들지 않는 사람이라면, 결정코 부처될 종자를 이어갈 사람이리니, 반드시 부처님들께서 미래에 부처가 될 것이라고 예언할 것이다.

제2절 대승을 믿는 공덕은 헤아릴 수 없음

87 설사 삼천대천세계에 있는 모든 중생을 교화하여 그들로 하여금 열 가지 좋은 일을 하게 했을지라도 밥 한 끼 먹을 짧은 시간 동안이라도 이 법을 바르게 생각한 공덕에는 미치지 못하며, 비유할 수도 없다.

하루 밤낮일지라도 이 논을 수지하여 관찰하고 수행한다면 그 공덕은 무량무변하여 다 이야기할 수 없다. 설령 시방에 계신 모든 부처님 한 분 한 분께서 무량아승지겁 동안 이 공덕을 찬탄하더라도 다 할 수 없다. 왜냐하면 법성의 공덕이 끝이 없듯 이 논을 수행하는 사람의 공덕 또한 법성과 같아 한계가 없기 때문이다.

제3절 믿지 않거나 훼방한 허물로 받게 되는 과보

88 만약 이 논에 대해서 훼방하거나 믿지 않는다면 그 허물의 과보로 무량한 세월 동안 큰 괴로움을 받게 되리라. 이런 까닭에 중생들은 받들어 믿고 비방해서는 안 된다. 비방한다면 스스로를 해칠 뿐 아니라 다른 사람까지 해치게 되며 모든 삼보의 종자를 끊는다.

왜냐하면 모든 부처님께서도 이 법에 의지해서 열반을 얻었으며, 모든 보살들께서도 이 법을 수행하여 부처님의 지혜에 들어가기 때문이다.

제4절 대승에 대한 신심을 배우고 닦기를 간절히 권함

89 과거의 보살들도 이 법에 의해서 청정한 믿음을 성취하였으며, 현재의 보살들도 이 법에 의지하여 청정한 신심을 성취하며, 미래의 보살들도 이 법에 의지하여 청정한 믿음을 성취할 것이다. 이것을 잘 알아야 한다.

90 이런 까닭에 중생들에게 이 법을 닦고 배울 것을 권하는 것이다.

3. 회향게 : 공덕을 회향하며

91 모든 부처님께서 말씀하신 깊고 광대한 뜻을
제가 지금 능력 따라 요약하여 설했습니다.

이로 인해 얻게 되는 공덕 있다면
제가 이제 그 공덕을 회향하노니
법성이 중생계를 이롭게 하듯
널리 모든 중생계가 이로웁기를.

| 2부 |

대승기신론 강설

1장. 우리 삶은 이미 만족되어 있는 대승

01 언제 어디서나 가장 뛰어난 활동을 하시며
　　지혜를 갖추시고 걸림 없는 삶을 사시면서
　　뭇 생명들을 열반으로 인도하시는 부처님〔佛〕과

　　부처님의 덕상을 이루며
　　삶의 근본인 있는 그대로의 모습에
　　무량한 공덕을 갖춘 법성〔法〕과

　　바르게 수행하시는 수행자〔僧〕들께
　　귀의합니다.

　　歸命盡十方　最勝業遍知　色無礙自在　救世大悲者
　　及彼身體相　法性眞如海　無量功德藏　如實修行等

02 이 논을 쓰는 것은 중생이 의심과 그릇된 집착을 버리고 대승에 대한 바른 믿음을 얻어 부처님의 가르침이 계속되기를 바라는 마음 때문이다.

爲欲令衆生 除疑捨邪執 起大乘正信 佛種不斷故

대승기신론을 쓴 까닭은

『대승기신론』은 '어떻게 하면 우리 모두가 연기각성緣起覺性에서 한 생명이며 낱낱 생명 그대로가 우주의 생명이라는 믿음, 곧 대승大乘을 믿는 마음이 생기게 할 수 있을까'에 대한 마명 스님의 마음을 글로 옮겨 놓은 것이라고 할 수 있습니다.

마명 스님은 대승에 대한 가르침을 이해하고 믿으며 실천한다면 우리를 고통스럽게 하는 모든 불만족이 사라질 수 있다는 확신을 가졌겠지요. 우리 삶이 이미 만족돼 있는 대승이라는 것을 봤기 때문일 것입니다. 이를 믿게 하고자 하는 것이 마명 스님의 마음입니다. 모든 생명들은 생명 그 자체로 위대한 만족이며, 꾸미지 않아도 더없이 아름답다는 것을 깨닫게 하고자 하신 것이겠지요.

우리의 삶은 만족하다고 생각하면 만족하게 되는 것 같고 부족하다고 여기면 부족하게 되는 것 같지만, 마음이 만족과 부족함을 만들어 그렇게 인식할 뿐입니다. 우리 삶의 본래 모습인 대승의 삶은 그와 같은 비교를 떠난 곳에서 연기緣起로서 온갖 공덕을 갖춘 삶입니다.

연기각성으로 하나 된 삶인 대승은 대승·소승의 비교까지도 떠나 있습니다.

비교를 떠날 때 부족함이 없는 넓고 크며 깊고 그윽한 대승의 삶이 마음 씀 하나에 다 드러납니다. 그러므로 대승의 삶을 사는 것은 우리들의 마음을 이해하는 것이며, 비교하여 생기는 불만족이 근거가 없다는 것을 체득하여 사는 것입니다. 마음 하나 알고 보는 것이 대승의 삶을 사는 것이면서 부처가 되는 것이지요.

마음 씀 하나에 다 들어 있는 삼보

마음 살핌에 들어가기 전에 먼저 '부처님'과 부처님의 말씀으로 드러난 생명들의 본성인 '진여 법성'과 여실하게 수행하는 '수행자들', 곧 삼보三寶에 귀의하고, 『대승기신론』을 쓰는 이유가 대승에 대한 바른 믿음이 생겨〔起大乘正信〕부처님의 가르침이 계속되기〔佛種不斷〕를 바라기 때문이라고 이야기하고 있습니다.

마명 스님의 시대는 부처님의 가르침인 연기緣起의 어울림을 부처로 형상화한 법신부처님〔法身佛〕을 언제 어디서나 법을 설하는 근본 부처님으로 여겼으며, 모든 번뇌 망상을 여읜 알아차리는 마음 하나하나가 바로 법신부처님의 나타남이라고 보았습니다. 이 마음을 진여眞如, 또는 여래장如來藏이라고 합니다.

"시방에 계신 삼보, 곧 모든 부처님과 법성과 수행자들께 귀의한다."라고 할 때 일반적으로는 '석가모니 부처님'과 가르침에 의해서 밝혀진 '법'과 올곧은 '수행자'를 가리킵니다만, 마음 하나에 '법신부처님인 연기〔佛〕'와 '인연으로 나타나는 모든 법의 공덕〔法〕'과 '올곧은 수행자〔僧〕'가 다 들어 있다고 보는 삼보三寶에 대한 정의도 있습니다. 수행자 싣달다가 석가모니 부처님이 되는 순간 법계 전체가 깨달음이 되면서, 존재적 실체가 아니라 연기적 실체인 빈 마음이 삼보를 드러내는 마음이면서 법계가 된 것이지요. 그러므로 마음 하나 깨닫는 것이 법계를 깨닫는 것이 되고, 법계 또한 마음이 되어 깨달은 법계가 됩니다.

형상에 걸림 없는 자재한 삶

법계法界가 깨달음이 됐기 때문에 법계에서 일어나는 모든 일들이 그 자체로 깨달음을 나타내는 수승한 활동이 되므로 부처님의 활동을 '가장 뛰어난 활동〔最勝業〕'이라고 하며, 깨달음이 된 법계 인연이 항상 바른 지혜의 활동이므로 활동마다 '모르는 것이 없이 다 아는 것〔遍知〕'이 됩니다. 어느 인연이든 그 자체가 깨달음의 작용이면서 법계가 되기 때문입니다.

법계를 나타내는 마음이 '독자적인 실체를 갖는 존재로서 존재하지 않는다'는 데서 보면 무아無我이지만, '자신이 없는 자리가 법계法界의 공덕이 충만한 자리'라고 보면 무아와 법계는 같은 뜻이 됩니다.

무아이면서 법계가 되어 연기의 각성으로 하나 된 생명계의 활동이 부처님의 지혜〔遍知〕가 되는 까닭입니다.

그렇기에 깨달음으로 부처의 눈이 된 순간 모두가 부처임을 아는 눈을 갖게 되고, 누구와도 친구가 되는 삶을 살 수 있으며, 가는 곳마다 생명을 나누는 이웃이 됩니다. '형상에 걸림 없는 자재한 삶〔色無礙自在〕'입니다. 모두가 깨달음의 연기 관계에서 동지가 됐다고 할 수 있습니다. 함께 어울린 걸림 없는 춤과 노래로 일체가 된 삶의 모습이지요.

그렇기 때문에 깨달은 분은 누구나 모든 생명의 구원자가 될 수 있습니다. 깨달음으로 신통한 힘을 얻어 그 힘으로 세상을 구원하는 것이 아닙니다. 모든 삶들의 연기 관계가 그 자체로 깨달음이며 구원이며, 지금 여기의 이 삶 밖에 다른 구원이 없으므로 깨달음으로 세상을 구원한다고 말할 수 있습니다.

누구에 의해서 다가오는 미래에 좋은 세상에 태어나 구원되는 것이 아닙니다. 스스로가 이미 법계의 연기적 앎 속에서 깨달음으로 있는 존재자입니다. 이것이 부처님의 본성이며 우리 삶의 본질이기에 스스로 구원자로서 부처가 되어 세상을 구할 수 있습니다〔救世大悲者〕.

허망한 욕망의 번뇌가 법신의 작용을 감추기도 하지만 욕망의 앎에도 깨달음이 있기 때문에 번뇌 속에서도 법신이 드러날 수 있으며, 청정한 것과 상대하는 번뇌에 물든 생멸이 있으나, 생멸生滅 그 자체가 법신을 담고 있는 생멸이 되면서 생멸이라는 말을 떠난 생멸이 되므로 모든 모습들이 그 모습 그대로 법신法身이 됩니다. 무엇 하나 부족할 수 없는 만족된 삶, 열반의 세계가 갖가지 모습 속에 다 드러나 있습니다. 구원될 존재자가 아니라 본래부터 구원된 존재자입니다.

한 생각 한 걸음이 충만한 법신의 모습

낱낱 모습 그대로 법신의 공덕을 드러낸 부처님들이니 머리 숙여 예배하지 않을 수 없겠지요〔及披身體相〕. 법성의 공덕이 부처님의 모습으로 나타난 것을 알고 드리는 예배입니다. 형상 속에서 형상을 넘어선 것이 법의 성품이기에 특별한 모습만이 부처님의 모습이 아닙니다.

특별한 모습으로 드러나는 부처님이기 때문에 예배드린다면 만족한 깨달음이 아닙니다. 일체 모든 생명들이 부처님의 모습이며 법신임을 알 때가 진실로 부처님의 몸에 예를 드리는 것이며, 그때에야 자신이 서 있는 자리가 완전한 귀의처가 될 수 있습니다.

자신의 자리를 떠나 다른 곳에 귀의처가 있다고 생각하거나 그곳이 보인다고 할 때는 아직도 분별된 세계에 삽니다. 모양에 따른 분별을 벗어나지 못한 것이지요. 삶과 죽음이 있으며 탐욕과 번뇌가 뿌리 뽑힌 것이 아닙니다.

모든 생명들은 그 모습 그대로 열반인 법성法性이 드러난 것이며, 참으로 고요하고 만족한 진여의 삶을 사는 것임을 알게 될 때, 곧 생사 그대로가 열반이며 법신인 줄 체득할 때가 번뇌의 뿌리가 뽑힌 삶이며 진여에 수순한 삶입니다. 진여에 수순한 삶에서 보면 하나의 사건이 무량한 진여의 바다가 되며, 우주 모든 생명들의 노래나 춤을 완벽하게 보여주는 공덕功德이 됩니다. 무엇 하나 부족함이 없는 공덕의 어울림이 낱낱 사건과 사물이 된 것이지요. '법성인 진여의 바다〔法性眞如海〕'에 '한없는 공덕을 다 갖추고서 인연마다 공덕의 빛〔無量功德藏〕'을 보이는 것입니다.

그렇기 때문에 수행자가 자신의 걸음걸음마다 참다운 수행자로 설 수 있으며 수행하는 모습이 법계의 빛이 될 수 있습니다. 올곧은 수행이 법계의 몸인 법신을 드러내는 작용이 되므로 공경받게 됩니다〔如實修行等〕. 수행은 한 생각 일어나는 것이 법계의 몸인 법신부처님이 나타난 것인 줄 알아차리는 것이며, 생명의 활동 하나하나마다 만족된 지혜 공덕이 나타나 부족함이 없다는 것을 아는 것이며, 한 걸음 한 걸음 움직임이 법신의 춤이 되어 모든 분별을 떠나 하나 된 인연의 모습을 드러내니 움직임 그 자체가 지극한 고요함이 되는 것을 아는 것이며, 앎 하나하나가 그대로 부처님의 지혜가 드러난 것을 아는 것이기 때문입니다.

한 생각 한 걸음이 충만한 법신의 모습임을 사무치게 느껴 알고 생각하고 걷고 있는 모습이 수행자의 출발이면서 완성된 모습이기에 그곳이 귀의처가 되지요.

수행자의 걸음걸음이 삼보가 됐을 때 삼보도 진정한 삼보가 됩니다. 삼보가 밖에 있는 줄 알 때는 자신의 삶이 만족한 삶이 못 되며, 자신의 깨달음이 자신만의 삼보로 있을 때는 밖이 만족한 세계가 못 됩니다. 안팎이 삼보가 될 때 걸음마다 삼보가 되니 부처님의 세계요, 부처님들의 삶입니다.

서로 다른 모습 그대로 삼보가 됩니다. 그렇기 때문에 삼보에 예를 올리는 것은 자신의 삼보를 드러내 함께 삼보에 귀의하는 것입니다. 진정한 귀의歸依입니다.

만일 안팎으로 가득한 삼보를 보지 못한다면 스스로가 삼보임을 믿지도 않고 스스로 부족한 삶을 산다고 여기겠지요. 이와 같은 잘못된 이해를 바로잡아 생명계 전체가 깨달음인 법신부처님의 세계임을 알고 믿게 하고자 이 논을 쓴다고 마명 스님은 이야기하고 있습니다〔爲欲令衆生 除疑捨邪執〕.

스스로의 명예나 이익을 바라고서 쓴 글이 아니고 대승에 대한 바른 믿음이 생겨〔起大乘正信〕 부처님의 삶이 끊어지지 않고 시대마다 계속되기를 바라는 마음으로 쓴 글이겠지요〔佛種不斷〕.

2장. 대승에 대한 믿음을 일으키게 하는 법

03 이 논은 대승에 대한 믿음을 일으키게 하는 법을 설명하는 글로 다섯 부분으로 이루어져 있다.

論曰 有法能起摩訶衍信根 是故應說

04 첫 번째 부분은 이 글을 쓰게 된 인연을 말하는 인연분因緣分이며, 두 번째 부분은 이 글의 대의를 제시하는 입의분立義分이며, 세 번째 부분은 대의를 자세히 설명하는 해석분解釋分이며, 네 번째 부분은 대승에 대한 신심을 닦는 방법을 설명하는 수행신심분修行信心分이며, 다섯 번째 부분은 수행과 믿음으로 얻게 되는 이익을 설명하는 권수이익분勸修利益分이다.

說有五分 云何爲五 一者因緣分 二者立義分 三者解釋分 四者修行信心分 五者勸修利益分

05 첫 번째, 인연분因緣分이다.

初說因緣分

06 문: 이 논을 쓰게 된 인연은 무엇인가?

問曰 有何因緣而造此論

답: 이 논을 쓰게 된 인연에는 다음과 같은 여덟 가지 이유가 있다.

答曰 是因緣有八種 云何爲八

첫 번째는 이 글을 쓰게 된 근본 이유로, 세간의 명성과 이익, 공경을 구하는 것이 아니라 중생들이 모든 고난으로부터 벗어나 깨달음의 즐거움을 얻기 바란 것이다.

　一者 因緣總相 所謂爲令衆生 離一切苦 得究竟樂 非求世間名利恭敬故

두 번째는 부처님의 근본 가르침을 해석하여, 중생들이 불법을 바르게 이해하여 오류를 범하지 않기를 바란 것이다.

二者爲欲解釋如來根本之義 令諸衆生正解不謬故

세 번째는 선근이 성숙한 중생들로 하여금 대승법을 감당하고 맡아서 대승에 대한 신심이 퇴보하지 않게 하기 위함이다.

三者爲令善根成熟衆生 於摩訶衍法 堪任不退信故

네 번째는 선근이 적은 중생들로 하여금 신심을 닦고 익히게 하기 위함이다.

四者爲令善根微少衆生 修習信心故

다섯 번째는 방편을 보여 나쁜 업장을 녹이고 마음을 잘 지켜 어리석음과 오만을 여의고 삿된 관계를 끊게 하기 위함이다.

五者爲示方便 消惡業障善護其心 遠離癡慢 出邪綱故

여섯 번째는 지止와 관觀을 닦고 익히는 방편을 보여 범부와 성문·연각의 마음에 있는 허물을 다스리게 하기 위함이다.

六者爲示修習止觀 對治凡夫二乘心過故

일곱 번째는 오로지 부처님만을 생각하는 염불念佛 방편을 제시하여 부처님 회상에 태어나 마음이 안정되고 신심이 떨어지지 않게 하기 위함이다.

七者爲示專念方便 生於佛前 必定不退信心故

여덟 번째는 수행으로 얻게 되는 이익을 말해 수행을 장려하기 위함이다.

八者爲示利益勸修行故 有如是等因緣 所以造論

함께 어울려 즐겁게 살기를 바라며 쓴 글

이 논은 대승에 대한 믿음을 일으킬 수 있는 법을 설명하는 글입니다. 모두가 함께 어울려 즐겁고 기쁘게 살기를 바라는 마음으로 쓴 것이겠지요.

불교 수행을 통해 처음으로 도道를 제대로 보는 단계에서 발생하는 인식은 '나'라는 견해가 사라지는 순간에 경험하는 앎입니다. 이때 우리의 감성 영역에서는 환희로 가득 찬 느낌이 나타납니다. 그래서 이 단계를 '환희지歡喜地'라고 합니다. 또는 '깨끗한 마음을 보는 단계〔淨心地〕'라고도 합니다. 번뇌 없는 깨끗한 마음은 기뻐하고 즐거운 마음이 가득한 마음이며, 혼자만이 아니라 함께 사는 이웃들까지 기쁘고 즐겁게 하는 힘이 있는 마음입니다.

이와 같은 경험을 넘어서면서 고요하고 평화로운 삶을 살게 됩니다. 기쁨이 근본적인 평화를 불러오는 마음의 전제가 된다고 하겠습니다. 모든 번뇌가 작용하지 않게 될 때 기쁨이 발생하고, 기쁨이 우리의 내적인 평온을 이루는 바탕이 된다는 뜻입니다. 대승의 삶은 기쁨과 평화를 이웃들과 나누는 실천이라고 할 수 있습니다.

마명 스님은 부처님들께서 남기신 많은 가르침을 짧은 글 속에 다시 담아내서 인연 있는 수행자로 하여금 대승에 대한 믿음과 어울림 속에서 기쁨과 평화로운 삶을 살 수 있게 하는 데 조금이나마 도움이 되고자 한 것 같습니다. 그래서 이 글을 쓰지 않을 수 없었다고 하지요〔應說〕.

이 글은 다섯 부분으로 이루어져 있습니다. 첫 번째는 이 글을 쓰게 된 인연을 말하는 부분〔因緣分〕이며, 두 번째는 이 글에서 말하고자 하는 대의를 제시하는 부분〔立義分〕이며, 세 번째는 대의에 대해 자세히 해석하는 부분〔解釋分〕이며, 네 번째는 대승에 대한 신심을 닦아가는 수행 방법을 말하는 부분〔修行信心分〕이며, 다섯 번째는 수행으로 얻게 되는 이익을 말하는 부분〔勸修利益分〕입니다.

이 글을 쓰게 된 여덟 가지 이유

인연분因緣分은 이 글을 쓰게 된 인연에 대해서 스스로 묻고 답하고 있는 부분으로, 다음과 같은 여덟 가지 이유를 들고 있습니다.

첫 번째는 이 글을 쓰게 된 근본 이유입니다. 명성과 이익 등을 바라는 것이 아니고, 수행자들이 깨달음을 얻는 데 도움이 되고자 하는 바람입니다. 부처님의 가르침은 수행자로 하여금 불만족에서 비롯되는 모든 괴로움을 떠나서 열반의 만족한 삶을 살게 하고자 하는 것입니다. 당신의 가르침을 수행자가 믿고 따르게 하는 것이 아니라, 그 가르침이 수행자의 삶에서 녹아나 온갖 번뇌로부터 벗어나게 하는 것이 가르침의 본질입니다. 당신의 가르침을 인류에게 선양하기 위한 것이 아닙니다.

그렇기 때문에 수행자들도 편안한 마음으로 부처님의 가르침에 귀 기울이고 실천할 뿐입니다. 다른 가르침과 비교해서 더 좋다든가 부족하다든가 하는 것은 처음부터 어긋난 것입니다. 스스로의 삶이 기쁘고 평화로워야 하며, 그 마음을 이웃과 나눌 뿐입니다. 이것은 부처님과 부처님의 가르침을 통해서 깨달음을 얻은 모든 선지식들의 공통된 선언이라고 할 수 있습니다.

기쁜 마음과 평화로운 삶으로 함께 부처의 길을 걷자는 것일 뿐, 가르침을 베풀어 그로부터 명예나 이익을 얻고자 하는 뜻은 조금도 없습니다. 수행자 한 사람 한 사람의 기쁨이 부처님의 기쁨이 되고 평화로운 걸음걸이가 부처님의 모습이 되기에, 수행 그 자체가 기쁨이 될 뿐입니다. 그 밖에 다른 것이 부처님의 기쁨이나 명예나 이익이 되는 것이 아닙니다.

수행자의 무소유가 부처님의 기쁨이 될 수 있는 것도 부처님의 삶이 무소유의 삶이기 때문입니다. 어느 것 하나 넘치게 갖지 않는 소박한 삶이지만, 그와 같은 삶에 부처님이나 올곧은 수행자 모두가 똑같이 만족합니다.

올곧은 수행자라고 한다면 어느 누구라도 명상 체험과 가르침으로 이름과 공경을 구해서는 안 됩니다. 오직 아파하는 이웃들의 아픔을 치유하고, 그것이 자신의 삶까지 넉넉하게 하는 지름길임을 사무치게 느껴 알고, 함께 만족된 삶을 열어가는 것이 수행의 내용이 되어야 합니다.

이는 마명 스님의 뜻일 뿐만 아니라 여래의 삶에 담겨 있는 본질이겠지요. 여래께서는 당신의 사상이나 이념을 전파하는 것이 아니라 오직 함께 살아가는 많은 이웃들이 평화로운 삶을 살기 바라셨고 그렇게 살아가는 방법을 말씀하셨을 뿐입니다.

두 번째는 부처님의 가르침을 잘 해석하여 수행자들의 이해를 돕고자 하는 것입니다. (본문 가운데 '대의를 제시하는 부분〔立義分〕', 대의를 해석한 부분〔解釋分〕 가운데 '바른 뜻을 설명하는 부분〔顯示正義〕', 그리고 '잘못된 집착을 다스리는 방법을 설명하는 부분〔對治邪執〕'이 여기에 해당됩니다.)

마명 스님의 시대는 부처님의 말씀이 처음 전해진 시대로부터 천여 년의 세월이 흘렀습니다. 그렇기 때문에 시대 상황과 사람들의 근기에 따라 부처님의 말씀을 재정립하여 설명해야 될 필요가 있었을 것입니다. 부처님의 말씀에 대해 여러 가지 다른 해석을 하면서 부처님의 가르침을 다르게 받아들이거나, 강조하고자 하는 초점이 다른 경우가 있었기 때문입니다. 예를 들면, 모든 생명체는 연기 실상인 공성空性에서 보면 청정淸淨하다고 강조하는 가르침과, 망념에 의한 번뇌煩惱의 생성과 소멸을 강조하는 가르침 등입니다.

마명 스님께서는 청정한 상태와 번뇌에 물든 상태가 결국은 수행자 한 사람마다의 실존적인 상황이므로 함께 이야기되어야 한다고 생각했던 것으로 보여집니다. 번뇌의 '오염'과 열반의 '청정'에 대한 바른 이해로 중생이 부처로 살 수 있는 근거에 대한 명확한 설명이 다른 어떤 것보다 필요하다고 생각됐던 것이겠지요.

그리고 장황한 설명보다는 간결한 문체를 선호하는 사람들을 위해서 글을 써야겠다고 생각한 것입니다. '청정'과 '오염'이 함께하는 것에 대해 자세히 설명하고 있는 경론은 있으므로 간결하고 핵심적으로 정리하여 이야기해야 할 필요성도 있었을 것입니다.

　세 번째는 수행의 양식이 되는 선근善根이 증장되기를 바라는 마음입니다. 선근은 수행의 양식이 되기 때문에 수행의 성취와 직접적인 연관이 있다고 할 수 있을 정도로 중요하다고 하겠습니다. (본문 가운데서는 '잘 분별하여 불도에 나아가는 발심을 설명하는 부분〔分別發趣道相〕'에서 이야기하고 있습니다.)
　집중과 주시의 수행이 잘 이루어지지 않는 경우는 자비 수행 등으로 선근을 닦아 수행의 양식을 갖추어야 합니다. 마명 스님께서 이 글을 쓰는 이유 중의 하나가 선근의 증장에 도움이 되기를 원하기 때문이라고 하신 것은 수행에서 선근이 차지하는 비중이 크다는 것을 다시 한 번 강조한다고 할 수 있습니다.
　이 글을 읽고 깊이 사유하여 수행의 지표로 삼는다면 그 자체가 수행이 되면서 완성된 깨달음을 이룰 수 있는 선근이 증장하게 될 것입니다. 왜냐하면 이 글은 우리의 삶이 본래부터 무한한 공덕으로 가득한 법계 그 자체임을 분명하게 알아차리게 하여 갖지 못해 부족하다고 여기는 생각을 사라지게 하기 때문입니다. 선근이 증장되면 스스로가 법계의 몸인 법신임을 깊이 믿게 되고, 그것이 자신의 온전한 삶임을 감당하게 되어, 욕심내고 성낼 이유가 근본적으로 없다는 것을 알게 됩니다. 선근이 이미 성숙된 중생이라면 이 글을 읽고 의심 없이 스스로가 법신의 삶임을 믿게 되겠지요.

네 번째는 선근이 약한 수행자들로 하여금 신심을 닦게 하고자 함입니다. (본문에서 보시·지계·인욕·정진의 네 가지 수행 방편을 말하는 부분입니다.) 선근이 부족한 수행자라고 하더라도 마명 스님의 글을 생각생각에 잊지 않고 기억하면서, 보시 등의 네 가지 방편을 일심으로 정진하여 수행한다면 신심을 성취하여 틀림없이 대승의 삶을 살게 됩니다.

다섯 번째는 예불·참회·공양·찬불 등을 닦아 악업을 면하고 선근을 증장시키고자 함입니다. (본문 가운데 정진 수행의 뒷부분에 해당됩니다.) 비록 연기의 각성을 자각하지 못한 무명에 의해서 욕심내고 성내는 업이 많을지라도 맑고 평화로운 마음으로 자신의 현재를 잘 지켜가면서 예불과 찬불, 참회와 공양을 성심으로 하며, 그 공덕을 깨달음을 위해 회향한다면 틀림없이 바른 길에 대한 안목이 열리고 선근이 증장하게 됩니다. 곧 예불·참회 등을 일심으로 정진한다면, 신심을 성취하여 욕심내고 성내는 사건을 만들고 있는 허망성을 보게 되면서 어리석음을 다스리게 되고, 자신의 삶을 괴롭게 만드는 그릇된 습관으로부터 벗어나게 된다는 것입니다.

여섯 번째는 '마음 그침〔止〕'과 '마음 나눔〔觀〕'의 수행 방법을 이야기하여 대승보살 수행을 하게 하고자 함입니다. 이 방편을 통해 범부와 성문·연각의 마음을 벗어나 대승의 마음을 알게 될 때 허물 깃든 마음이 본래부터 없는 줄 알고, 스스로 법신부처님으로 있는 삶을 보게 됩니다.

일곱 번째는 염불念佛 방편을 이야기하고자 함입니다. 염불 수행에 전념하게 되면 아미타부처님이 계신 서방정토에 태어나 대승에 대한 신심에서 물러나지 않고 반드시 부처가 될 수 있기 때문입니다.

여덟 번째는 수행을 권하기 위함입니다. 수행으로 만족된 삶인 열반을 성취하게 되는 이익이 있기 때문입니다.

3장. 인연 있는 수행자들의 안목을 열고자

07 문:경전에 이미 그와 같은 가르침이 있는데 다시 천명하는 까닭은 무엇인가?

問曰 修多羅中具有此法 何須重說

답:경전에 이와 같은 가르침이 있다고는 하나 중생들의 근기와 실천이 같지 않고, 듣고서 이해하는 정도가 다르기 때문이다. 부처님께서 세상에 계실 때는 중생의 근기도 뛰어났고, 부처님의 모습과 마음도 수승하여 가르칠 내용을 한 번만 설명하여도 잘 알아차렸기 때문에 논서가 필요하지 않았다.

答曰 修多羅中雖有此法 以衆生根行不等 受解緣別 所謂如來在 世 衆生利根 能說之人色心業勝 圓音一演 異類等解 則不須論

그러나 부처님께서 돌아가신 후에는 사정이 달라졌다. 어떤 사람은 많이 들어야 이해하고, 어떤 사람은 적게 듣고도 많이 이해하고, 어떤 사람은 혼자 힘으로 경전을 이해하는 힘이 부족해 자세히 설명한 논서에 의지해야 이해할 수 있고 어떤 사람은 자세한 설명을 번거롭게 여기고 뜻을 함축하여 설명한 총지總持를 좋아해서 간단한 문장에 많은 뜻이 담겨 있더라도 이해할 수 있다.

若如來滅後 或有衆生能以自力廣聞而取解者 或有衆生亦以自力少聞而多解者 或有衆生無自心力 因於廣論而得解者 亦有衆生復以廣論文多爲煩 心樂總持少文而攝多義能取解者

이와 같이 경전을 듣고 이해하는 다양한 근기의 사람들이 있는데, 이 논은 '부처님께서 말씀하신 넓고 깊은 법의 한량없는 뜻'을 간략한 문장에 전부 담아낸 글을 좋아하는 사람들을 위해 쓴 것이다. 이것이 이 글을 쓰게 된 인연이다.

如是此論 爲欲總攝如來廣大深法無邊義故 應說此論

인연 있는 수행자들의 안목을 열고자

여러 경전에서 앞으로 말하고자 하는 내용들을 이미 이야기하고 있지만 다시 이야기하는 것은 수행자들의 근기가 다르기 때문이라고 합니다.

여기서 잠깐 근기에 대해서 말씀드리고자 합니다. 흔히 상근기, 하근기 등으로 수행자의 품성을 나누고 있는데, 실상에서 보면 근기가 있는 것이 아닙니다. 다만 어떤 습관을 익혀서 살고 있는가를 이야기할 뿐입니다. 경전을 읽는 습관이 강하다고 하면 경전 읽기와 연구에서는 상근기라고 할 수 있지만 참선 등에서는 아닐 수도 있고, 참선의 습관이 강하다면 그 밖의 다른 것은 약할 수 있습니다.

간경看經이나 참선參禪 등을 서로 비교해서 어느 것이 더 뛰어난 수행이라고 말할 수 없습니다. 간경의 내용을 생각생각에 잊지 않고 관찰한다면 간경이 곧 정념正念 수행이 되는 것이고, 선禪 수행의 내용도 마찬가지입니다. 이 글과 인연이 깊다고 생각되는 사람은 이 글에 대해서는 상근기라고 말할 수 있습니다.

모든 수행자는 비슷한 품성에서 각기 다른 힘의 양상이 있기 때문에 단순 비교로서 더 뛰어난 근기가 있을 수 없습니다. 모든 생명들은 그 자체로 자신의 우주를 만들어 살고 있기 때문에 애초부터 비교를 떠나 있다고 이야기해야 할 것 같습니다. 어떤 것을 잘하고 못하는 등의 차이로 차별을 받아서는 안 됩니다.

마명 스님께서 이 글을 쓰는 것도 당신의 논리 전개와 인연이 깊은 수행자를 위한 것이라고 생각하면 됩니다. 이 글이 어렵고 잘 이해되지 않는다고 해서 자신을 하근기라고 생각할 필요가 없습니다. 비록 이 글과의 인연이 얇기 때문에 이 부분에 대해서는 하근기라고 수긍할지라도 다른 감추어진 근기에서 보면 상근기의 특성이 많을 것이기 때문입니다.

자신이 가지고 있는 상근기의 수행 습관과 인연을 짓는 것도 쉬운 일은 아닙니다. 옛 스님들께서 수행의 양식이 되는 자량을 갖추고자 기도와 자비행 등을 면밀하게 실천했던 이유도 여기에 있습니다. 향엄 스님께서 돌과 대나무가 부딪치는 소리를 듣고서 깨달았던 것도 그와 같은 힘이 충분히 익어졌던 결과였다고 할 수 있습니다.

경전을 읽을 때 부처님의 말씀을 될 수 있는 한 많이 읽고 부처님의 뜻을 이해하는 경우도 있고, 간단한 말 몇 마디로도 많은 뜻을 얻는 경우도 있으며, 부처님의 뜻을 잘 이해하지 못한 경우에는 선배 스님들의 논장을 통해서 이해하기도 합니다. 논장을 통해서 이해하는 경우에도 많은 논장의 해설을 듣고서 부처님의 뜻을 이해하는 경우도 있고, 길고 자세한 설명을 번거롭게 여기고 오히려 간단한 문장 속에 많은 뜻을 담고 있는 논서를 좋아하는 경우도 있습니다. 마명 스님은 짧은 글에 많은 뜻이 담겨 있는 글을 좋아하는 수행자에게 도움이 되고자 이 글을 썼다고 말씀하십니다.

여기에서 부처님의 직접적인 가르침인 경장經藏과 그 가르침을 통해 깨달음을 얻고 경장을 해설한 논장論藏도 인연이 있는 곳에서만 마음을 여는 작용을 할 수 있다는 것을 알 수 있습니다. 하나의 가르침이 만인에게 다 통할 수 없습니다. 불교의 경전과 논서가 많을 수밖에 없는 까닭이며, 시대와 환경에 따라 깨달은 분들께서 새롭게 경전과 논서를 편찬했던 까닭입니다. 자신의 명예와 이익과 다른 이들의 공경을 바라고 했던 일이 아닙니다. 오직 인연 있는 수행자들의 안목을 열고자 수많은 경전과 논장이 전해지고 새롭게 만들어진 것입니다. 깨달은 보살님들의 자비심이 녹아 있는 글들입니다.

그렇다고 해도 경전과 논장과의 인연이 성숙되지 않으면 가르침이 없는 것과 같습니다. 이것은 경전과 논장만이 아니라 선가에서도 마찬가지입니다. 선가에서 마음을 여는 기연이 많이 있었지만 하나하나의 기연은 오직 그 인연과 맥이 닿는 수행자의 눈을 열게 할 뿐입니다. 인연이 있는 것에서 보면 어떤 것이든 스승으로서의 역할이 가능하지만 인연이 닿지 않는다고 하면 어느 것도 스승이 될 수 없는 묘한 이중성이 겹쳐 있는 가운데 인연이 흘러간다고 할 수 있습니다.

마음을 보면 부처를 본다

부처님께서는 깨달음의 내용으로 '연기법緣起法'을 말씀하셨는데, 『대승기신론』에서는 "모든 법을 중생의 마음이 다 갖추고 있기 때문에 '마음법[心法]'을 아는 것이 깨달음에 이르는 것이다."라고 이야기하고 있습니다. 연기법이 마음법으로 대체됐습니다. 초기 경전에서 "연기법을 보면 나를 본다."라고 말했던 것을 『대승기신론』에서는 "마음을 보면 부처를 본다."라고 말했다고 할 수 있습니다.

이 글을 쓴 뜻이 드러난 대목이라고 할 수 있지요. 여기서 말하는 '마음'이란 깨달음을 이룬 부처님의 마음만을 가리키는 것이 아니라 수행자 한 사람 한 사람의 마음을 이야기합니다. 그러므로 '뭇 생명들의 마음[衆生心]'이라고 하였습니다. 뭇 생명의 마음 씀 하나하나에서 부처가 나오게 된 것입니다.

연기법이 우주 법계의 법칙이듯 마음작용 하나하나가 우주의 법칙이 되고 우주가 된 것입니다. 그렇기 때문에 마음 하나 아는 것이 단지 마음이라는 하나의 법을 아는 것이 아니라 일체를 다 아는 것이 됩니다. 모든 생명들의 마음이 연기법의 작용을 구체적으로 나타내고 있기 때문입니다.

연기법緣起法이 마음법[心法]으로 확실하게 바뀌게 된 것입니다. 연기의 무상성이 법신의 무상성이면서 그 자체가 우주가 되므로 마음도 광대무변합니다. 이제 마음 하나 아는 것이 깨달음의 핵심이 됩니다. 마음 밖에 깨달아야 할 법이 따로 있는 것이 아닙니다. 연기법계가 마음을 통해 자신을 드러내므로 마음이 부처도 되고 중생도 되고 법계도 되고 무상한 생명의 활동도 되면서 동시에 변함없는 전체가 됩니다.

전체가 된 마음이 온갖 변화를 담고 있다고 할지라도 전체 속에서의 변화이므로, 변하는 마음마다가 변함없는 전체라고 말할 수 있습니다. 전체에서 보면 자신의 표정을 갖지 않는 마음이라고 할 수 있고, 변한다는 데서 보면 온갖 표정이 마음이 됩니다. 전체로서의 자신의 모습을 비우는 것과 변화마다 자신의 모습을 갖는 것이 연기 실상인 '있는 그대로의 모습' 곧 진여眞如입니다.

그러므로 진여란 모든 모습이 사라진 자리라고 해도 틀림이 없으며, 동시에 모든 모습이 진여라고 해도 맞는 말이 됩니다. 텅 빈 모습에서 보면 언설로 표현할 수 없지만, 낱낱이 그 자체로 진여의 얼굴이 되어 생명의 공덕을 다 드러낸다는 데서 보면 언설의 대상이 되기도 합니다. 비어 있으면서 온갖 생명의 삶터가 되는 공덕의 바다입니다. 모든 언어를 떠난 곳에서 언설이 다시 이루어지고 있으며, 아무 것도 가진 것 없지만 모든 것을 갖춘 것이 됩니다.

'마음'이라는 것이 전체가 된다는 데서 보면 마음이라고도 이야기할 수 없고〔空〕, 마음이라는 얼굴을 갖지 않는 데서보면 모든 것이 마음이 되니〔不空〕 그 또한 마음이라고 지칭할 수 있는 것이 없어, 마음이라고 해도 맞지 않고 마음이 아니라고 해도 맞지 않습니다.
 그럼 무엇이라고 할 수 있을까? '마음'도 아니고 '마음이 아닌 것'도 아닌 것을! 이 마음을 이야기하고 싶은 것이 마명의 마음이라고 할 수 있겠지요. 더 이상 가슴에만 담아 두기에는 그 용솟음치는 고동을 감내할 수 없고, 그렇다고 다 드러낼 수도 없어 인연이 닿는 수행자들에게 살짝 보여준 마명의 마음이 『대승기신론』이라는 글로 나온 것이겠지요.
 마명의 가슴을 뚫고 나온 마명의 마음, 그것은 법신의 자애로움도 되지만 아무한테나 얼굴을 드러내지 않는 수줍은 마명의 자비라고 할 수 있습니다. 없는 곳이 없지만 인연이 닿지 않으면 어디에도 없는 듯 숨어 있는 것 같은 자비가 법신의 자비여서 그렇습니다. 자애는 자애로운 가슴에만 닿거든요. 스스로를 기뻐하고 스스로를 용서하며 침묵 속에 들어갈 때 법신의 자비가 그곳으로부터 솟아납니다. 그것이 여래如來의 마음이면서 우리의 본 모습입니다.
 『대승기신론』은 이것을 사무치게 알고 있는 마명 스님께서 그 뜻을 보이고자 쓴 글입니다. 뭇 생명 모두가 대승의 인연에서 그렇게 있는 것을 믿게 하려는 것이지요. 이것이 마명 스님께서 이 글을 쓰지 않을 수 없었던 인연입니다. 어쩌면 쓰고자 의지한 것이 아니라 쓰지 않을 수 없는 인연이 글이 되어 나왔다고 해야겠지요. 법신法身의 의지가 마명의 의지가 돼서.

4장. 뭇 생명들의 마음이 곧 대승

08 두 번째, 글의 대의를 이야기하는 입의분이다. "대승大乘 곧 큰〔大〕수레〔乘〕라는 것〔法〕은 무엇이며, '크다'는 뜻과 '수레'라는 뜻〔義〕은 무엇인가?"에 대해 간단히 설명하는 부분이다.

已說因緣分 次說立義分 摩訶衍者 總說有二種 云何爲二 一者法 二者義

대승이라는 것〔法〕은 '중생의 마음〔衆生心〕'이다. 이 마음이 세간과 출세간의 모든 것〔法〕을 다 갖추고 있다. 그렇기에 이 마음으로 대승의 뜻을 나타내 보이는 것이다. 왜냐하면 중생의 마음이 함장하고 있는 진여의 모습〔眞如相〕으로 대승의 체體를 설명할 수 있고, 중생의 마음이 생겨나고 없어지는 인연과 모습〔生滅因緣相〕으로 대승 그 자체의 상相과 용用을 설명할 수 있기 때문이다.

所言法者 謂衆生心 是心則攝一切世間法出世間法 依於此心顯示摩訶衍義 何以故 是心眞如相 卽示摩訶衍體故 是心生滅因緣相 能示摩訶衍自體相用故

대승인 중생의 마음이 '크다〔大〕'는 뜻〔義〕에 세 종류가 있다. 첫째로 근본 바탕이 크다〔體大〕는 것이다. 모든 것의 본바탕인 진여는 평등하여 늘어나거나 줄어듦이 없기 때문이다.

둘째는 마음이 갖춘 공덕의 모습이 크다〔相大〕는 것이다. 여래장이 무량한 성공덕性功德을 갖추고 있기 때문이다.

셋째는 마음의 작용이 크다〔用大〕는 것이다. 세간과 출세간의 좋은 인과를 생성하기 때문이다.

所言義者 卽有三種 云何爲三 一者體大 爲一切法眞如平等不增減故 二者相大 爲如來藏具足無量性功德故 三者用大 能生一切世間出世間善因果故

중생의 마음을 수레〔乘〕에 비유하는 것은 모든 부처님께서도 이 마음을 타고서〔乘〕 부처님이 됐기 때문이며, 모든 보살들께서도 이 마음을 타고서〔乘〕 여래지에 도달하기 때문이다.

이 글의 대의를 말했다.

一切諸佛本所乘故 一切菩薩皆乘此法到如來地故

뭇 생명들의 마음이 곧 대승

『대승기신론』에서는 연기緣起라는 뜻을 '마음'으로 대체하여 쓰고 있기 때문에 연기의 근본 실상이 '뭇 생명들의 마음'이 됩니다. 뭇 생명들의 마음이 법계를 뜻하는 큰수레 곧 대승이라는 것입니다. 마음이 큰[大] 이유는 마음이 모든 것을 다 포섭하고 있기 때문이며, 수레[乘]라고 하는 까닭은 이 마음을 타고서[乘] 부처님의 땅에 이르렀고 이를 것이기 때문입니다. 그래서 "큰수레[大乘]라는 것[法]이 중생의 마음[衆生心]이다."라고 하였습니다.

법계 전체가 중생들의 마음입니다. 좁쌀보다 작은 욕망에 갇혀 헤어나지 못하는 마음 하나도 그 자체가 마음의 본디 모습이 아닙니다. 그 마음 그대로 법계의 인연인 줄 보고 아는 순간 욕망에 갇힌 마음이 아니라 한계 속에서 한계를 벗어난 '큰마음'이 됩니다.

한계에서 보면 욕망에 갇힌 세간의 마음법이 되지만, 그 마음의 본성인 연기법에서 보면 그 자체로 세간을 벗어난 마음입니다. 마음은 모습마다 그 자체로 세간과 출세간의 모든 것을 다 담고 있기에 『대승기신론』을 관통하는 중심 주제가 됩니다.

초기 경전에서는 상호 의존성인 연기법을 강조하여 아견我見을 떠난 출세간의 마음 씀을 강조하고 있다면, 반야경 계통에서는 연기법을 이루고 있는 모든 것은 그 자체로 존재할 수 없다는 '자성이 없다[無自性]' '개체도 없다[無我]' 그리고 '개체나 법계를 이루는 요소도 없다〔無法〕'라는 공성空性에 대한 사유를 강조합니다.

『대승기신론』에서는 연기의 공성이 '마음'으로 나타나지만, 마음 씀씀이에서 보면 자성적인 마음 씀인 오염汚染과 무자성적인 마음 씀인 청정淸淨이 함께 있다는 것을 전제하고, 마음이 오염되는 과정과 오염된 마음에서 청정한 마음을 회복하는 과정을 이야기하고 있습니다.

각각의 경론에서 이야기하고 있는 강조점이 다르다고 하더라도 '마음'은 뭇 생명들의 마음 밖에 따로 있는 마음일 수 없으므로 '중생의 마음'이 이야기의 내용이 되고, 그 '마음'이 바로 연기의 상호 의존성이며, 자성 없는 공성입니다. 또한 뭇 인연이 마음에 다 들어 있으므로 모두가 한 생명계임을 표현하는 것도 마음이라고 봅니다. '마음'이 연기緣起를 나타내고 있고, 연기의 변화인 '무상無常'이 마음의 작용을 이끈다고 할 수 있습니다.

그렇기 때문에 대승大乘을 '뭇 생명들의 마음'이라고 한 것입니다. 마음을 강조하기 위해서 내세우는 것이 아니라, 연기가 마음의 작용 곧 인식에서 모습을 갖춘 인연으로 자신을 알릴 수 있다는 뜻입니다.

'마음'이 공성인 연기에서 보면 출세간의 모든 작용을 드러내고 있고, 연기의 분별된 모습만을 취해서 인식 내용을 삼고 있는 데서 보면 세간의 모든 차별이 마음에 들어 있습니다. 마음이 부처도 되고 중생도 되며 법계도 된다고 하겠습니다. '마음'이 분별된 경계를 인식하고 있는 데서 보면 한계를 가진 마음이 되어 경계마다 다른 마음이 되지만, 인연이 얽힌 데서 보면 무량한 법계가 하나의 마음입니다.

마음이 곧 대승의 바탕[體]과 모양[相]과 작용[用]

　마음 하나에 모든 것이 다 들어 있으므로, 마음이 큰수레 곧 대승의 바탕[體]과 모양[相]과 작용[用]이 됩니다. 마음 하나에 대승의 의미가 드러날 수 있는 것도 이 때문입니다.
　마음이 법계 인연의 공성인 데서 보면 법신의 모습 그대로이니 '진여법', 곧 '있는 그대로의 진실한 법'이 됩니다. 이것이 대승大乘의 바탕이지요.
　'상호 의존성인 연기법 곧 무자성의 공성'으로 무한히 얽혀 있는 것이 법계이며 대승이기에 마음과 사물 하나하나도 한계가 있을 수 없습니다. 대승이 되기 위해서 마음과 사물들이 한계를 떠난 것이 아니라 한계가 원래 없기에 대승입니다. 한계 없는 인연의 장이 '대승의 근본 바탕[體]'입니다.

　인연 따라 일어나고 사라지기에[因緣生起] 공성이라고 하지만, 공성이 텅 빈 것을 뜻하는 것은 아닙니다. 잠시도 멈춤 없는 무상한 움직임 속에서 모든 것들이 생겨나고 없어지기에 연기緣起라고 하며 공空이라고 합니다. 생겨나고 없어지는 것이 그 자체로서 실체를 갖는 것이 아닙니다. 인연을 이루는 모든 것[法]이 공성[體]이므로 인연 따라 일어났다 사라지면서 모양[相]도 되고 작용[用]도 있습니다. 그렇기 때문에 모든 법이 그 자체로 인연인 공성이면서 자신의 모양을 갖게 되고 그것에 맞는 인연의 활동이 있게 됩니다.

마음이 일어나고 사라지는 인연 또한 그와 같습니다. 마음작용인 앎이 일어날 때 모습들의 분별이 있게 되고, 분별된 작용이 생명의 활동이 됩니다. 앎이 발생할 때는 드러난 모습으로, 앎이 사라질 때는 사라진 모습으로 온갖 인연을 다 담아내는 생명활동입니다. 사라지고 일어나는 차이에 의해서 늘 새로운 생명의 앎이 있습니다. 마음 하나 일어나고 사라지는 것이 연기공성의 진여眞如가 자신의 모습을 드러내고 있는 작용입니다.

마음을 떠나서는 어떤 것도 있을 수 없습니다. 그것은 마음이 모든 것의 주인이나 주체가 된다는 뜻이 아닙니다. 마음이 인연이 되면서 법계의 인연이 앎으로 드러나 작용한다는 뜻입니다.

그러므로 마음의 바탕인 진여와 진여의 작용인 생멸변화를 따로 나눌 수 없습니다. 이것은 "마음이 생겨나고 없어지는 모습〔生滅因緣相〕이 대승 자체의 모습〔自體相〕과 작용〔用〕이다."라고 대승의 의미를 말하는 데서 분명하게 드러나고 있습니다. 전체가 가만히 있고 생멸이 그 위에서 일어나고 사라지는 것이 아니라 인연의 장 전체가 일어나고 사라지는 것이 마음작용의 하나하나라고 할 수 있습니다.

그렇기 때문에 작용 자체가 인연이라는 데서 보면 보편상으로서 진여眞如가 되고, 보편상인 진여가 갖가지 모습〔相〕과 작용〔用〕으로 무상을 나타내고 있는 데서 보면 생멸하는 모습이 됩니다. 보편상인 진여에서 보면 생멸이 있을 수 없고, 개별의 차별상에서 보면 낱낱이 무상하게 생멸하고 있습니다. 곧 생멸이 없는 데서 생멸이 나타나지만, 생멸이 그 자체로 생멸을 떠났기에 다시 생멸이 없다고 할 수 있습니다. 이것이 대승의 본 모습입니다.

모든 인연들이 서로가 서로를 살리는 생명의 힘으로 관계를 맺고 있으므로 하나 된 생명계가 진여의 본체라고 할 수 있지만, 낱낱의 모습이 하나 된 생명계를 총체적으로 나타낸 것에서 보면 낱낱의 모습이 진여의 본체를 온전히 드러냅니다. 총체적으로 중첩돼 있는 생명계이면서도 낱낱의 개체성을 잃지 않으므로, 총체적으로 하나라고 해도 하나일 수 없으며, 개체들의 다양성도 개체만의 성품일 수 없습니다. 하나이면서도 동시에 전체가 되며, 전체가 되면서도 개체성을 잃지 않는 묘한 중첩입니다.

'생멸'도 없고 '생멸이 없는 것'도 없다고 하는 것은 이것을 가리킵니다. 하나하나에서 보면 끊임없는 생멸의 모습이나, 그것이 도리어 생멸을 떠난 자리가 되어 생명 본연의 모습을 드러내는 작용을 하고 있습니다. 생멸하는 것이 생명의 영원성을 살리는 것입니다.

인연 따라 흐르는 법계의 무상성이 도리어 영원한 생명을 살게 하는 바탕입니다. 무상無常이 생명의 원천이며, 무아無我가 부처님의 모습이 될 수 있는 이유입니다. 자아도 없고 항상성도 없는 그 자리에서 모든 자아가 법신의 인연이 되고, 무상이 항상한 법계의 지혜가 됩니다.

삶의 바탕이 근본적으로 크다

　법계 전체가 온통 지혜인 것이 삶의 근본이므로 마음 씀 하나하나가 그 자체로 법계가 됩니다. 마음이 일어나고 사라지는 하나하나의 모습이 대승大乘이며, 법신法身이며, 지혜智慧이기에 대승의 의의는 그 크기를 가늠할 수 없습니다. 이것이 '크다〔大〕'라는 뜻입니다.
　작은 것과 상대한 것으로 '크다'는 뜻이 아니라 아무리 작은 마음 씀 하나도 그 자체로 법신의 모습이며 작용이 되기에 '크다'고 하며, 그러면서도 자취를 남기지 않는 빈 모습으로 법계의 울림이 될 수 있는 바탕을 한시도 놓지 않아 '크다'는 것입니다. 이런 뜻에서 바탕도 크고〔體大〕, 모양도 크고〔相大〕, 작용도 크다〔用大〕고 하지요.

　'바탕이 크다〔體大〕'는 것은 모든 삶들의 모습이 법신이 드러낸 지혜이며 연기의 장이므로 '크다'는 것입니다. 제 모습을 바꾸지 않고도 평등하며 그 모습 그대로가 근본이 됩니다. 우리의 삶을 버리고 부처의 삶을 얻었기에 큰 것도 아니고, 인간의 삶이기에 다른 생명에 비교해서 큰 것도 아니고, 마음이 한량없는 경계를 그리기에 큰 것도 아닙니다. 모든 모습 그대로, 곧 온갖 다름으로 존재하는 그것이 법계의 생명을 표현하는 것이 되기에 평등하며 큽니다.
　평등해야 할 어떤 것, 곧 진아나 불성을 똑같이 갖고 있기 때문에 평등한 것이 아닙니다. 진아나 아트만, 그리고 불성이란 생명체가 개체의 실체로서 소유하고 있는 어떤 것이 아닙니다. 생명 그 자체가 불성이며 진아이며 아트만입니다. 수행으로 경험되는 진아가 진아가 아닌 줄 알 때 모든 순간이 진아가 되며, 인간만이 갖고 있다고 생각하는 아트만이 존재하지 않음을 사무치게 알 때 차별의 근거가 되는 아트만이라는 사고를 넘어서 모든 것이 있는 그대로 평등하게 되며, 생겨나고 없어지는 마음에서 인연의 각성을 자각할 때 온갖 마음 씀이 불성이 됩니다. 이 밖에 어떤 것도 진아나 아트만이나 불성으로 존재하는 것은 없습니다.

모든 생명들은 차별을 떠나 법계 생명으로 평등합니다. 그래서 삶의 바탕〔體〕이 근본적으로 클〔大〕 수밖에 없습니다. 인연의 법계가 깨달음으로 작용하는 것을 보게 되면, 일어나고 사라지는 마음 하나 하나가 그대로 법신이 될 수밖에 없으니, 그것을 떠나서 다른 것으로 법신이 있을 수 없기 때문입니다.

공덕의 모습이 한량없이 크다

법신이 인연에서 지혜로 작용하는 것이 생명의 근원이며 생명의 진실한 활동입니다. 생명의 걸림 없는 활동의 바탕이 되는 모든 다름들이 만들어 내는 인연을 불성이라고 할 수 있으므로, 인연으로 드러나기 전에는 아무 것도 갖추고 있지 않다고 해야 할 것입니다. 그럼에도 불구하고 인연이 되면 그것에 가장 적절한 생명활동을 할 수 있는 지혜가 드러나므로, 모습 없는 것이 도리어 모든 지혜와 생명의 공덕을 다 갖추고 있다고 할 수 있습니다.

　연기의 공성空性, 곧 아무런 모습도 갖고 있지 않는 무상無相에서 모든 모습들이 평등하게 법신의 작용이 됩니다. 그것을 '지혜인 여래가 감추어져 있는 것과 같다'는 뜻으로 '여래장如來藏'이라고 합니다. 여래如來란 개체의 내밀한 곳에 감추어져 있다가 수행으로 드러나게 되는 어떤 것이 아닙니다. 모든 것이 그대로 여래가 될 때만이 한계가 없이 무량한 것입니다. 그것이 여래의 본성이므로 "성품이 공덕功德을 갖추고 있다."고 합니다.

　온갖 모습이 여래의 모습이 되게 하고자 하여, 하나의 모습도 갖지 않는 것이 무상無相이며 공성입니다. 그렇기에 모든 마음작용이 여래의 근본적인 생명 공덕으로 작용할 수 있습니다. 마음마다 모습마다 여래의 공덕이 되므로 '공덕의 모습[相]이 한량없이 크다[大]'고 합니다.

　여래의 본바탕은 아무런 모습을 갖지 않지만 그렇다고 아무런 모습을 갖지 않는 것이 모습이 되는 것도 아닙니다. 모습으로 드러나게 하는 것과 그 모습을 해체하고 있는 것이 한 모습으로 여래의 본바탕입니다.

　모습이면서 모습 없음이 되며, 모습 없음이면서 모습이 되는 것이 여래의 본바탕이며 무상입니다. 무상無常이면서 온갖 공덕功德을 다 담고 있는 여래장이기에 세간과 출세간을 가리지 않고 인연 따라 공덕을 드러낼 수 있습니다. 그래서 "모든 공덕功德을 갖추고 있다."고 합니다.

상相에 걸림 없는 중생의 마음

이 때문에 진여 자체상과 작용에 의해서 세간과 출세간의 좋은 인과가 생기게 된다고 하였습니다. 대승인 뭇 생명의 마음 그 자체의 작용은 늘 무아無我와 무상無常인 생명의 본성을 향한 작용으로 한계를 떠나는 작용이 되기 때문에 크면서, 여래장이 함장하고 있는 공덕을 바탕으로 좋은 인과를 생기게 합니다. 악인과惡因果를 생기게 하는 것은 자아를 세우고 집착하는 쪽으로 작용하는 마음으로 갈수록 편협하고 옹졸한 마음 씀이므로 크다(大)라는 뜻에 맞는 마음작용이 될 수 없습니다. 그러므로 '작용이 크다(大)'는 것은 선인과善因果를 생기게 합니다.

인연을 자각하지 못한 마음이 생기고 나서부터 마음이 크다거나 작다는 분별이 생기기는 하지만, 인연 그 자체가 법신이며 대승이며 마음의 작용이며 지혜이기 때문에 마음을 가리켜서 '작다'라는 개념에 상대하여 '크다'라고 할 수 없습니다.

'크다'는 것은 마음의 작용이 다음 순간의 집착을 낳게 하는 기억을 만들지 않는 알아차림을 뜻합니다. 기억하되 그 기억조차 근본에서 보면 기억된 모습대로 있는 것이 아닌 줄 아는 지혜로운 마음이 큰마음입니다. 상대적인 개념을 떠난 큰마음입니다. 인연처에서 가장 알맞은 지혜로 무상無相한 인연에 수순하여 자신의 색깔을 비운 마음입니다.

큰마음은 마음마다 법신이 되게 하는 마음, 곧 상相에도 무상無相에도 걸리지 않는 마음입니다. 이 마음에 대한 자각이 부처가 되는 출발점이며 종착점입니다. 그러므로 '큰수레〔大乘〕'라고 하는 '상相에 걸림 없는 중생의 마음'을 타고서 부처가 될 수 있습니다.

모든 부처님께서 이 마음을 타고서 부처가 됐다고 하는 것도 이 뜻이며, 모든 보살 수행자들도 이 마음을 타고 여래가 될 것이라고 하는 것도 이 뜻입니다. 생명들의 마음작용 하나 그대로 법계의 마음이며 부처가 된 마음이며 부처가 될 마음입니다.

마명 스님께서 마음 하나하나가 곧 대승이며, 마음 쓰는 그 자리에서 부처의 지혜가 드러난다는 것을 믿게 하고자 하는 까닭도 중생의 마음 밖에 부처 될 마음이 따로 없기 때문입니다.

5장. 마음 하나에 있는 두 가지 문

09 세 번째, 대의를 자세히 설명하는 부분〔解釋分〕이다. 여기에도 세 부분이 있다. 첫째는 중생심이 곧 대승이라는 바른 뜻을 설명하는 부분〔顯示正義〕이며, 둘째는 잘못된 집착을 다스리는 방법을 설명하는 부분〔對治邪執〕이며, 셋째는 잘 분별하여 불도에 나아가는 발심의 방법을 설명하는 부분〔分別發趣道相〕이다.

已說立義分 次說解釋分 解釋分有三種 云何爲三 一者顯示正義 二者對治邪執 三者分別發趣道相

10 첫째, 중생심이 곧 대승이라는 바른 뜻을 설명하는 부분〔顯示正義〕이다. 마음에는 진여문과 생멸문이라는 두 개의 문이 있다. 두 문은 각각 모든 것〔法〕을 다 담고 있다. 두 문이 독립된 것이 아니기 때문이다.

顯示正義者 依一心法有二種門 云何爲二 一者心眞如門 二者心生滅門 是二種門 皆各總攝一切法 此義云何 以是二門不相離故

11 마음이 진여로 활동하는 것이 온 세계가 하나의 세계가 되며 전체로서 하나의 생명계가 되는 바탕이다. 전체로서 하나의 인연이므로 진여인 마음의 성품은 생겨나는 것도 아니고 없어지는 것도 아니다. 그럼에도 불구하고 낱낱이 다른 것으로 차별되는 것은 오직 '잘못된 기억〔妄念〕'에서 비롯된다. '잘못된 기억'을 떠난다면 모든 차별은 사라진다.

心眞如者 卽是一法界大總相法門體 所謂心性不生不滅 一切諸法唯依妄念而有差別 若離心念 則無一切境界之相

자성이 본래 없기 때문에 모든 것〔法〕들은 그 자체로 언어의 차별을 벗어나 있고, 이름을 넘어서 있으며, 마음의 대상이 되는 것도 아니며, 모두가 평등한 생명이며, 생명의 활동이 다르다고 생명의 가치가 변하는 것도 아니며, 파괴할 수도 없다. 모두가 인연으로 '한마음〔一心〕'일 뿐이다. 그러므로 진여眞如라고 한다.

是故一切法 從本已來 離言說相 離名字相 離心緣相 畢竟平等 無有變異 不可破壞 唯是一心 故名眞如

차별된 언어가 표현하는 것은 가명이며 실재가 아니다. 차이를 나타내는 언어란 '잘못된 기억'이며 실재하지 않는다.

以一切言說 假名無實 但隨妄念 不可得故

12 진여란 어떠한 모양을 갖는 것이 아니다. 말의 궁극이면서 언어 스스로를 부정하는 자리다. 그렇지만 진여의 근거는 부정할 수 없다. 모든 것(法)이 다 참된 것(眞)이기 때문이다. 그렇다고 진여의 근거를 따로 세울 수도 없다. 모든 것이 다 같기(如) 때문이다. 자성을 갖지 않는 모든 것은 설명할 수도 없고 기억할 수도 없기에 진여라고 하는 줄 알아야 한다.

言眞如者 亦無有相 謂言說之極 因言遣言 此眞如體無有可遣 以一切法悉皆眞故 亦無可立 以一切法皆同如故 當知一切法 不可說不可念故 名爲眞如

13 문: 진여의 뜻이 그와 같다면 중생들은 어떻게 하여야 진여에 수순하며 계합할 수 있는가?

問曰 若如是義者 諸衆生等 云何隨順 而能得入

답: 모든 것에 대해서 설명할 수는 있으나 설명하는 사람이나 그 대상이 개체만의 존재로서 실재하지 않는 줄 알고, 기억할 수는 있으나 기억하는 사람이나 그 대상이 실재하지 않는 줄 아는 앎을 생각생각에 잊지 않는다면 진여에 수순하게 되며, 분별된 개념지로 파악된 차별상에 실체가 있다고 생각하는 '허망한 기억'을 여읜다면 진여에 계합하게 된다.

答曰 若知一切法 雖說無有能說可說 雖念亦無能念可念 是名隨

順 若離於念 名爲得入

마음 하나에 두 가지 문, 진여문과 생멸문

『대승기신론』의 대의에 대해 자세히 해석하는 부분입니다. 여기에도 세 부분이 있습니다. 첫째는 중생의 마음이 대승이라는 뜻이 바른 전제임을 밝히는 부분이며, 둘째는 그럼에도 불구하고 중생들 스스로 대승의 삶을 살지 못하고 갖가지 분별과 차별에 의해 번뇌의 삶을 살게 되는 과정을 살펴보고, 그것을 어떻게 다스려야 하는가에 대해서 자세히 이야기하고 있는 부분이며, 셋째는 모든 번뇌를 떠나 깨달음을 향해 갈 때 어떻게 발심하여 그곳을 향해 나아가야 할 것인가에 대해서 이야기하고 있는 부분입니다.

중생의 마음이 대승인 이유는 마음 하나에 두 가지 문門이 있으며, 그 문으로 드나드는 마음마다 법계를 다 담아낼 수 있기 때문입니다. 하나는 생겨나지도 않고 없어지지도 않는 듯한 진여심眞如心이 드나드는 '진여문眞如門'이고, 다른 하나는 망념이 생기면서 정념이 없어진 듯한 생멸심과 망념이 없어지면서 정념이 생기는 듯한 생멸심生滅心이 드나드는 '생멸문生滅門'입니다.

이 두 가지 마음작용에 법계의 모든 것(法), 곧 인연에 의해서 만들어진 것이 아닌 연기법 그 자체인 무위법無爲法과 인연에 의해서 만들어진 현상인 유위법有爲法이 모두 들어 있습니다. 그렇기 때문에 마음 하나로 대승법을 다 이야기할 수 있습니다. 진여문과 생멸문이 각기 다른 영역으로 존재하는 것이 아니고, 마음작용 하나하나마다 그 자체로 진여이면서 생멸이기 때문입니다.

진여에서 보면 마음작용 하나도 그냥 하나의 작용이 아니라 연기법으로 하나 된 법계 전체의 모습으로 인연의 총상입니다. 진여라는 법이 생멸에 상대한 이름이기는 하지만 생멸과 상관없이 있는 것이 아닙니다. 생멸하는 그 모습 그대로 진여가 됩니다. 생멸로 드러나는 그 모습이 연기의 무상無相과 무아無我로서 머물지 않는 무상성無常性을 보이는 것이므로 진여이면서 생멸하는 모습입니다.

형상에 머물지 않는 진여가 모든 모습의 본성이기에 무상한 연기의 변화가 형상으로 나타날 수 있으며 사라질 수 있습니다. 그러므로 진여를 형상의 본체라고 말할 수 없습니다. 나타나는 형상이 허무는 형상이고 허무는 형상이 나타나는 형상이므로 형상마다 진여라고 말할 수 있지만, 형상이 잠시도 머묾 없는 변화를 따르니 형상이라고 할 것도 없습니다.

진여란 형상과 형상 없음 어느 쪽으로도 개념 지을 수 없으므로 '본래 자성이 없다'라고 합니다. 그렇다고 '자성 없음'을 자성으로 갖는 것도 아닙니다. '형상'이 형상에 머물지 않고, '형상 없음'도 형상 없음에 머물지 않으면서 '형상'과 '형상 없음'을 끊임없이 만들어 내고 있는 연기법을 진여라고 할 뿐입니다. 그래서 "생겨나지도 않고 없어지지도 않는다[不生不滅]."고 합니다.

진여에 상대하는 생멸도 없고 생멸에 상대하는 진여도 없습니다

〔不相離〕. 진여가 연기법계의 총상을 나타내는 체體라고 하지만 상相이 없는 체가 있을 수 없습니다.

'체體'와 '상相'은 근본적으로 나눌 수 없습니다. 체가 상이면서 체가 되고, 상이 체이면서 상이 됩니다. 체도 없고 상도 없는 데서 체가 되고 상이 된다고 말할 수 있습니다.

그러므로 마음 가운데 진여의 작용인 진여문眞如門, 곧 '진여가 드나드는 문'을 세울 수 있습니다. 진여가 생멸 따라 드나드는 문이라는 뜻입니다. 진여라는 법이 문 안쪽에 가만히 있는 것이 아니라 진여의 성품을 잃지 않으면서 마음작용 따라 함께 작용하고 있으므로 진여가 드나드는 문, 곧 진여문을 세울 수 있는 것입니다.

'생겨나고 없어지는 작용이 드나드는 문'인 생멸문生滅門도 마찬가지입니다. 그렇다고 문이 있어 그곳을 드나드는 것은 아닙니다. 비유하자면 그렇다는 것입니다. 생멸이 진여의 생멸이며 진여가 생멸의 진여이기 때문에, 생멸이 생멸이 아니며 진여도 진여가 아닙니다. 진여이면서 생멸이고 생멸이면서 진여라고 할 수 있습니다.

잘못된 기억 '망념妄念'

그렇지만 우리의 눈과 마음에는 끊임없는 생멸만이 보일 뿐 생멸이 없는 것은 보이지 않습니다. 그것은 눈이 닫혀 있기 때문입니다. 우리의 눈은 드러난 분별만을 볼 수 있다는 뜻이지요. 이 눈이 진여의 모습을 보지 못한다는 뜻에서 닫혀 있다고 할 뿐, 이 눈 밖에 다시 지혜의 눈이 있는 것도 아닙니다. 마음이 열린다면 이 눈을 버리지 않고서도 진여의 생멸과 생멸의 진여를 보게 될 것입니다.

분별하면서도 분별을 벗어난 눈의 작용을 경험하지 못한 눈은 분별만을 한정해서 봅니다. 그리고 분별된 것의 보편상으로 무엇을 세웁니다. 분별된 낱낱이 그 자체로 실체를 갖는 무엇이라고 인식하고 기억하는 것입니다. 그것을 '망념妄念'이라고 합니다. 뒤에 망념이 생기게 되는 이야기를 하게 됩니다만 잠깐 먼저 말씀드리겠습니다.

무상한 연기인 진여가 '형상'과 '형상 없음' 또는 '갖가지 형상들의 차이'로 진여문을 드나드는데, 이것을 읽지 못한 앎 곧 연기 총상의 '분별없음'을 읽지 못한 앎은 갖가지 형상들의 차이만을 기억하기 때문에 변화 속에 있는 하나의 상만을 읽고 기억하게 됩니다. 인연의 총상이 차이를 드러내는 하나의 형상으로 나타나는 것은 사실이지만 그것의 본질이 무상한 것이기 때문에 잠시도 머물지 않고 사라지고 마는데도, 형상을 분별하면서 기억하는 마음작용은 그 형상만을 취해 인연과 상관없는 '무엇'이라고 압니다. 기억된 영상이 실체를 갖는 '무엇'이 된 것입니다.

그와 같은 실체는 무상한 진여의 생멸과는 다른 것입니다. 기억된 것이며 잘못 이해한 것이기 때문에 '잘못된 기억'이란 뜻으로 '망념妄念'이라고 합니다. 생멸 가운데 있는 연기법계의 총상은 보지 못하고 기억된 영상만을 보는 인식입니다. 무상한 형상들의 차이가 망념으로 남고, 기억된 망념이 차이만을 분별하고 있기 때문에, 마음의 본성인 진여의 불생불멸을 알지 못하는 인식입니다.

바른 기억과 알아차림인 '정념正念'

망념이 단지 기억에 지나지 않는 줄 알고 망념의 기억으로부터 편안해질 때 '바른 기억과 알아차림'인 '정념正念'이 됩니다. 일어나고 사라지는 마음들을 있는 그대로 흐르는 그대로 보는 것입니다. 기억에 매이지 않는 기억입니다. 다시 떠오른다고 하더라도 그것이 마음을 들뜨게 하여 괴롭게 만들지 않기 때문입니다. 망념이란 허망한 것이기 때문에 잡지만 않는다면 안개 걷히듯 사라지고 맙니다.

정념으로 진여의 드나듦이 생멸인 줄을 훤히 알게 되면 우리네 삶이 원래부터 망념 속에 갇힌 삶이 아님을 압니다. 마음이 대상에 끄달려 흔들리지도 않습니다. 하나하나의 생멸이 그대로 법신이며 법계의 총체적인 모습으로 다름 그대로 궁극적인 평등인 줄 아는 것입니다.

이것이 삶의 본모습이며, 법계의 삶이며, 인연의 총상으로 대승大乘이며, '한마음〔一心〕'이며, 진여眞如입니다.

인연의 무상한 변화가 앎으로 드러날 때 그 앎이 현재 의식으로 주시되지 않는다고 하면 기억이 그 자리를 차지하게 됩니다. 그렇기 때문에 '바른 앎〔正念〕'이란 인연 따라 일어나고 사라지는 변화를 있는 그대로 알아차리면서, 알아차림 하나로 있는 마음입니다. 형상이나 개념 틀에 머물지 않는 알아차림으로 전체를 꿰뚫어 아는 것이지요. 이와 같은 앎이 '바른 생각〔正思惟〕'입니다. 진여에 수순하는 앎과 생각입니다.

그러나 '안다는 것'은 사건과 사물에 대한 다름들의 보편성을 획득하고부터입니다. '다름'이 앎으로 드러나는 것이지만, 다름이 앎이 되기 위해서는 비교할 수 있는 다른 다름을 갖고 있어야 됩니다. 하나의 다름에 그 다름을 다름이게 하는 이웃 항項이 있다는 것입니다. 다름만으로 앎이 될 수 없고 다름이라는 말에 이미 들어 있는 차이가 앎이 되어 다름으로 인식된다는 뜻입니다. 이와 같이 비교하여 알게 되는 다름들이 보편성을 갖게 되는 다름으로 이름을 갖게 됩니다. 보편성을 통해서 언어 표현이 가능하게 된 것이지요.

언어를 통한 보편성에 대한 인식은 인연을 읽을 수 있는 중요한 방편입니다. 다만 다름의 보편성에 임시로 그렇게 이름 붙인 줄 알고, 이름에 따른 다름의 보편성이 실재하지 않는다는 것을 생각생각에 잊지 않아야 합니다.

이와 같은 것을 알고 언어와 마음의 작용에 매이지 않는다면 언어를 통한 분별도 지혜로운 판단이 됩니다. 부정을 통해서 긍정이 되고 긍정된 마음이 다시 부정될 때 마음마음이 법신의 언설이 되고 법계의 실상을 드러냅니다. 말로서 말을 끝까지 부정한 데서 진여라는 말도 생멸이라는 말도 다시 살아납니다〔言說之極 因言遣言〕.

언어를 가지고 언어를 부정한다고 할지라도 부정하는 마음이 진여가 되므로 진여란 언제나 우리의 삶의 전면에 나타나는 실상입니다. 망념 속에서도 진여는 진여로서 자신의 인연을 나타내고 있는 것입니다.

진여란 언어의 한계를 벗어난 전체의 인연

실체를 갖지 않는 다름이기에 모든 다름들이 다름 그대로 진여가 되니, 다름에서 보면 같지도 않고 진여에서 보면 다르지도 않습니다〔不一不異〕.

생명들의 다른 모습만큼이나 많은 법신이 있고, 세계가 있고, 진여가 있습니다. 모든 다름이 그 자체로 법계가 됩니다. 높고 낮으며, 옳고 그르며, 아름답고 추하다는 비교 분별과 차별을 떠나, 다름 그 자체가 법계로서 다 같은 생명의 가치를 드러낸 것입니다.

일어나는 마음마다 자신으로 사는 것이면서 법신으로 사는 것입니다. 마음마다 진여 법신입니다. 그렇기 때문에 마음마다 어느 것에도 머물지 않는 알아차림으로 잊지 않아야 합니다. 언설을 넘어서고 기억에 얽매이지 않는 것이 진여를 드러내는 삶이며, 삶이 진여일 수밖에 없다는 것을.

이와 같은 알아차림이 '정념正念'이며, 진여에 수순하는 수행이며, 수행이 익어 저절로 정념이 될 때가 진여와 계합한 삶입니다. 떠난 적이 없는 고향에 다시 돌아온 것입니다. 고향에서 보니 마음마다 바른 것[眞]이며, 모든 생명이 같은 무게[如]를 갖습니다. 삶의 표현마다 진여眞如를 따르고 진여와 계합한 것입니다.

진여란 형상으로 나타나지만 형상에 머물지 않고, 언어로 표현되지만 언어의 한계를 벗어난 전체의 인연입니다. 전체라고 하지만 그것조차 개념과 표상을 넘어선 전체이기 때문에 전체라는 말로도 진여를 설명할 수 없습니다.

개체에서 보면 전체가 허망하고 전체에서 보면 개체 또한 허망합니다. 이름 붙이고 모양을 그리는 것은 언제나 다른 한쪽을 잃게 되고, 그와 동시에 자신 스스로도 잃고 맙니다.

인연을 인식하는 순간 인식 내용이라는 형상을 가지면서 인연을 떠나고, 인연을 보는 순간 형상은 그 자체로 설 자리가 없습니다. 한쪽을 선택하는 순간 그것이 되는 것 같지만 어느 쪽도 될 수 없습니다. 분별하는 인식의 한계입니다. 그렇기 때문에 "진여란 언어 표현과 형상을 떠나 있으며 마음으로 그려볼 수 없다[離言眞如]."라고 하였습니다.

6장. 어느 모습으로도 머묾 없는 것이 진여의 모습

14 진여는 말의 한계를 넘어서지만 할 수 없이 말로써 분별하면 두 가지 뜻이 있다. 첫째, 참으로 텅 비어〔空〕어떠한 차별도 없다는 뜻이다. 모든 것이 그 자체로 완벽한 진실이기 때문이다. 둘째, 참으로 공덕이 가득 차〔不空〕형상에 머물지 않는 모든 다름을 나타낼 수 있다는 뜻이다. 모든 것들은 그 자체로 번뇌의 허물이 없이 다름을 나타내는 생명의 공덕을 갖추고 있기 때문이다.

復次 此眞如者 依言說分別 有二種義 云何爲二 一者如實空 以能究竟顯實故 二者如實不空 以有自體具足無漏性功德故

15 진여를 공空이라고 하는 이유는 원래부터 번뇌에 물든 생각과는 상응하지 않기 때문이다. 공의 측면에서 보면 진여는 모든 차별을 떠났다. 왜냐하면 차별 짓는 허망한 마음작용이 없기 때문이다. 그러므로 진여의 자성은 '있음'도 아니며, '없음'도 아니며, '없음과 있음을 다 부정하는 것'도 아니며, '있음과 없음이 함께 있는

것'도 아니며, '같음'도 아니며, '다름'도 아니며, '다름과 같음을 다 부정하는 것'도 아니며, '같음과 다름이 함께 있는 것'도 아닌 줄 알아야 한다.

所言空者 從本已來 一切染法不相應故 謂離一切法差別之相 以無虛妄心念故 當知眞如自性 非有相 非無相 非非有相非非無相 非有無俱相 非一相 非異相 非非一相非非異相 非一異俱相

이것을 종결하여 이야기하면 '중생들이 깨어 있지 못한 마음을 가지고 분별하는 것으로는 상응할 수 없기 때문에 공空이라고 할 뿐, 허망한 분별을 떠난다면 공空이라고 할 것조차 없다'는 것이다.

乃至總說 依一切衆生 以有妄心 念念分別 皆不相應 故說爲空 若離妄心 實無可空故

16 진여를 공空이 아니라고 하는 이유는 앞서 밝혔듯이 중생심〔法〕의 바탕이 본래 공하여 허망한 분별이 없으므로 뭇 생명의 마음을 진여의 마음〔眞心〕이라고 하는데, 이 마음은 항상 변하지 않고 청정한 공덕이 가득하기 때문이다.

所言不空者 已顯法體空無妄故 卽是眞心 常恆不變 淨法滿足 則名不空

그렇다고 진심이 취할 만한 모양〔取相〕을 갖고 있는 것도 아니다.

왜냐하면 청정한 공덕으로 온갖 다름을 나타내지만 형상에 머물지 않는 불공진여不空眞如는 '망념으로 알 수 있는 경계를 넘어선 것'으로 오직 수행으로 증득해야만 상응할 수 있기 때문이다.

亦無有相可取 以離念境界 唯證相應故

어느 모습으로도 머묾 없는 것이 진여의 모습

말이란 언제나 방편, 곧 달을 가리키는 손가락을 넘어설 수 없습니다. 어떤 경우는 말 때문에 달이 가려지기도 합니다. 바른 생각과 주시가 있어야 말이 훌륭한 방편이 되고 법문이 되고 길잡이가 됩니다.

모든 모습들은 자신의 모습을 갖지 않고 인연 따라 나타나고 사라집니다. 잠시라도 같은 모습으로 머물러 있을 수 없습니다. 모습으로 나타나지만 이미 같은 모습이라고 할 수 없기에 말의 개념과 형상은 언제나 실상을 등질 수밖에 없습니다.

나타난 모습이든 모습 없는 빈 모습이든 자신의 모습을 갖지 않으므로 본질[空]과 모습[相]이 같다고 할 수 있고, '말'과 '말을 넘어서는 것' 또한 같다고 할 수 있습니다. 모습이라고도 할 수 없고 빈 모습이라고도 할 수 없는 것이 '빈 모습[空相]'입니다. 모습 그 자체가 빈 것으로 모습이며, 빈 모습 그 자체도 빈 것으로 모습이므로 '모습'과 '빈 모습'이 같습니다.

공성空性에서 보면 '모습'에도 머물지 않고 '빈 모습'에도 머물지 않는[無住] 무상無常이며 무상無相입니다. 모습과 빈 모습이 무상이라는 점에서는 같은 것이면서, 드러남과 비움이라는 형용에서는 다르다고 할 수 있으니, 같다고도 다르다고도 할 수 없겠지요. 허망하지도 않지만 동일한 양상으로 실재하지도 않습니다.

진여 또한 허망하지 않으면서 허망하다고 해야 합니다. 실재와 상대되는 뜻에서 허망한 것이 아니라, 허망 그 자체가 실재가 되므로 허망도 실재도 없다는 뜻입니다. 허망이 실재가 되며 실재가 허망이 되므로 실재도 없고 허망도 없습니다. 허망이 허망으로 실재하는 것도 아니고 실재가 실재로서 실재하는 것도 아닙니다. 이와 같은 뜻으로 진여는 허망한 것이 아니라 '참된 것[如實]'이라고 합니다. 허망에 상대한 것으로 실재하는 진여가 있다는 뜻이 아닙니다.

실재하지도 않고 허망하지도 않는 진여의 모습은 무엇일까? 진여에는 모습[相]이 없다고도 할 수 없으니 인연 따라 모습으로 나타나기 때문이며, 있다고도 할 수 없으니 잠시도 머묾 없이 스스로를 해체하기 때문입니다. 어느 모습으로도 머묾 없는 것이 진여의 모습이니, 모습이면서 동시에 모습이 없다고 해야겠지요.

이와 같은 상태를 허망하지 않는 진실한 공성空性으로서 진여라고 하더라도, 공성에 대한 사유가 '머묾 없다[無住], 모습이 없다[無相], 끊임없이 변한다[無常]'는 인연 총상을 사유하는 것이어야 합니다. 총상에서 보면 어느 것 하나 공空하지 않은 것이 없습니다. 공空이야말로 우리네 삶의 궁극적인 모습입니다.

　'비움'과 '드러남'의 변화가 인연이니, 비움을 비우면서 모습이 되고 모습을 비우면서 비움이 됩니다. 비움도 인연의 총상이 되고 모습도 인연의 총상이 됩니다.

　이와 같은 인연의 변화가 모든 생명들의 변화가 되므로, 생명들은 머묾 없는 진여공성의 의지로 살아 있다고 할 수 있습니다. 생명을 살리는 모든 공덕이 무상한 인연 속에 다 갖추어져 있습니다. 허망하지 않는 공덕이며, 모든 생명의 본원입니다. 모든 생명의 힘이 되기에 진여 그 자체에 한량없이 많은 생명 그 자체의 공덕이 다 갖추어져 있다고 합니다.

　있는 모습과 없는 모습이 그 자체로 진여

　생명들의 삶은 어느 한 곳에 머물러 있는 한정된 개체로서의 삶일 수 없기에 법계의 인연이 되고, 법계인 인연의 총상이 생명들의 모습 속에 그대로 드러나고 있으므로 모든 생명들의 삶은 인식의 분별과 차별을 넘어서 있습니다. 분별되고 있는 것 가운데 분별을 떠난 것이 생명의 인연입니다.

　그렇기 때문에 진여의 생명활동은 본래부터 차별된 번뇌와는 상응하지 않습니다. '차별'은 연기의 각성을 자각하지 못한 무지무명의 분별일 뿐이며, 분별된 현상만을 기억하고 그것으로 생명을 한정

짓는 허망한 마음작용에 지나지 않습니다.

　진여는 모습으로도 그려볼 수 없고 모습 없는 것으로도 그려볼 수 없습니다. 모습이 없는 것 같으나 그 가운데 무량한 인연의 힘이 생명의 모습으로 드러나고, 드러난 생명들의 인연이 이웃하는 모든 생명들과 어울려 다시 자신의 모습을 해체해 가면서 법계 전체가 하나의 생명처럼 활동하고 있기 때문입니다. 낱낱 개체가 없으면 총상도 없고 총상이 없으면 낱낱 개체가 자신의 삶을 만족한 법계의 인연으로 드러낼 수 없습니다.

　'있음'과 '없음'을 넘나드는 생명의 모습들은 있다고도 할 수 없고 없다고도 할 수 없습니다. 있음과 없음이 함께 있는 것도 아닙니다. 왜냐하면 있음 또는 없음이라고 말할 수 있는 상태가 원래 없기 때문입니다. 드러난 낱낱의 모습을 보면 그것이 있는 것 같고 없는 것 같지만, 그 낱낱이 변화하는 인연의 총상이 되므로 있음 또는 없음이라고 할 수 없습니다.

　있을 때는 있는 것으로 전체가 되며, 없을 때는 없는 것으로 전체가 될 뿐이니 없음과 상대하는 있음, 있음과 상대하는 없음이 있을 수 없습니다. 있음이라는 상태나 없음이라는 상태에 머물러 있는 있음과 없음이 없으니, 있음과 없음이 함께 있을 수 없다는 것입니다[非有無俱相]. 그렇다고 있음과 없음을 다 부정할 수 있는 것도 아닙니다. 아무런 인연 없이 제멋대로 드러난다고 이야기할 수는 있지만 말장난[戲論]에 지나지 않지요[非非有相 非非無有]. 진여가 그 자체로 법계가 되어 인연을 연출한다고 할 수 있고, 낱낱이 다시 법계의 인연을 변화시킨다고도 할 수 있습니다.

있음 또는 없음으로 개념 지을 수 있는 어떤 것도 없습니다. 없다고 해도 완전한 없음이 아니므로 없음이 아니고, 있다고 해도 온전한 있음이 아닙니다.

모습이 있고 모습이 없는 것을 관통하는 동일한 것으로서의 '무엇'이 없습니다. 모습이 있을 때는 그것으로 전체가 되고 모습이 사라질 때도 그것으로 총상이 됩니다. 있음과 없음이라는 형용은 다르지만 총상이라는 데서는 같습니다. 무엇이면서 동시에 무엇을 벗어나 있습니다.

이것을 온전히 표현할 수 없어 '아니다〔非〕'라는 형용사를 붙여서 '있으면서도 없고〔非有〕 없으면서도 있다〔非無〕'거나 '같으면서도 다르고〔非一〕 다르면서도 같다〔非異〕'고 이야기하고 있습니다. 그렇기에 모든 모습, 곧 있는 모습과 없는 모습이 그 자체로 진여가 된다고 하겠습니다.

말도 놓고 마음도 쉬는 곳에서 드러나는 진여

같음과 다름 또한 마찬가지입니다. 다른 모습들이 모두 진여라는 데서는 같다고 할 수 있지만, 진여가 다른 모습으로 작용하고 있다는 데서는 다르다고 할 수 있습니다. 만일 진여가 실체로서 존재하면서 앞선 마음의 진여와 뒤따르는 마음의 진여가 같거나 이 사람의 진여와 저 사람의 진여가 같다면, 비교할 수 있는 두 개의 진여가 없으니 '같다〔一〕'라는 말을 할 수 없습니다. 만약 실체로서 존재하되 다르다고 하면, 앞선 마음의 진여와 뒤따르는 마음의 진여에 똑같이 진여라고 이름할 수 없으므로 곧 다른 것에 같은 이름을 붙일 수 없으니 비교하여 다른 진여〔異〕라고 말할 수 없겠지요. 진여의 존재〔있음〕와 비존재〔없음〕가 성립될 수 없듯 같음과 다름 또한 부정될 수밖에 없습니다.

앞선 마음의 진여와 뒤따르는 마음의 진여의 같음과 다름, 이 사람의 진여와 저 사람의 진여의 같음과 다름이 모두 부정〔非〕되었다고 해서 제 삼의 진여가 있다고 하는 것도 옳지 않습니다. 뒤따르는 마음이 앞선 마음과 완전히 다르다면 뒤따르는 마음이 제멋대로 생겨난 것과 같을 것이며, 이 사람과 저 사람의 마음이 완전히 다르다면 인식을 통해서 어느 정도 이해할 수 있다는 것조차 있을 수 없겠지요. 마음이 생겨나고 인식이 발생하는 것이 완전히 제멋대로라고 말할 수는 있지만 경험과 이치에 맞지 않는 말입니다.

이와 같은 이론을 무인론無因論이라고 합니다. 인과 관계를 부정하는 이론으로 희론戲論에 지나지 않지요〔非非一相 非非異相〕. 곧 있을 만한 어떤 원인이나 없을 만한 어떤 이유가 없이도 무엇이 있을 수 있고 없을 수 있으므로 '있음'이 있을 수 없고〔非有相〕 '없음'이 있을 수 없다〔非無相〕는 것과, 같고 다를 만한 어떤 원인이나 이유도 없이 그냥 같을 수 있으며 다를 수 있기에 같은 것이 있을 수 없고〔非一相〕

다른 것이 있을 수 없다〔非異相〕는 것은 말로는 가능하지만 세상의 경험이나 이치로서는 옳지 않은 이론이라는 뜻입니다.

그렇다고 같은 것과 다른 것이 함께 있을 수도 없습니다〔非一異俱相〕. 이것은 앞의 '있음'이 있고 '없음'이 있으면서 그 둘이 함께 있을 수 없다는 것과 같은 맥락입니다. 같다는 것은 다르다는 것을 배제하는 것이고 다르다고 하는 것은 같다는 것을 포함할 수 없기 때문입니다. 서로를 배제하는 의미를 갖고 있는 같음과 다름은 함께 있을 수 없으므로, 전체를 다 껴안는 총상으로서의 연기라는 의미를 잃게 됩니다. '같음'과 '다름'의 개념이 서로를 의지하면서도 서로를 배제하는 것이므로 함께 있을 수 없다는 것입니다.

진여란 같은 듯 다르며, 다른 듯 같으면서 한순간에 모든 인연을 다 드러내는 총상으로서의 연기입니다. 다른 것으로도 인연의 총상이 되고 같은 것으로도 인연의 총상이 되므로 같다거나 다르다는 개념으로 표현할 수 없는 것을 진여라고 할 수밖에 없지만 이 또한 진여를 제대로 표현했다고 할 수 없습니다. 다른 것을 배제하면서 자신을 개념 짓는 언어로는 진여를 다 설명할 수 없기 때문입니다.

언어가 실재와 상응한다거나 진여를 완전하게 표현한다거나 생명의 본질을 다 나타낼 수 있다고 생각하는 것은 바른 판단이 아닙니다. 말로는 결코 삶의 생생한 흐름인 진여를 다 드러낼 수 없습니다. 말도 놓고 마음도 쉬는 곳에서 진여가 스스로 드러납니다. '마음 쉼'과 '침묵'이 진여를 드러내는 방편이지만, 마음 쉼과 침묵이라는 개념이 진여를 드러내는 것이 아니라는 것을 잊어서도 안 됩니다.

모든 언설과 마음작용이 다 쉬는 것에서는 쉰다는 개념조차 없습니다. 언어 분별과 집착을 내려놓은 '침묵'과 '마음 쉼'조차 허망하지 않는 생명의 참다운 모습인 공空을 어렴풋이나마 드러낼 뿐입니다. 참으로 모든 경계에 대해 마음을 쉬고 언설의 분별을 떠난다면 공空이라고 할 수 있는 '것'조차 실재하지 않습니다〔實無可空〕.

잠시도 머묾 없는 모습을 공空이라고 할 뿐, 공이라는 '것'도 없습니다. 인연의 흐름에 '평안한 마음'과 집착을 내려놓은 '마음 쉼'이 인연으로 드러나는 모든 모습을 진여로 만드는 것과 같으며, 진여가 마음 쉼으로 나타난 것과 같습니다. 공이라는 특별한 모습을 갖는 것이 아니라 드러난 그 자체가 공의 변화라고 할 수 있습니다. 모습 그대로가 공이며, 공이 모든 모습입니다.

모든 모습들이 생명의 연기를 드러내는 근본이면서 현상입니다. 모든 생명들의 활동과 모습은 제 모습을 한 치도 벗어나지 않고도 그 모습 그대로 공空의 드러남입니다. 여기에 이르면 공이라는 말도 모습이라는 말도 그 자체로는 성립될 수 없습니다. 공이면서 공이 아니고 공이 아니면서 공이라고 이야기할 수밖에 없습니다.

열반의 만족한 삶이야말로 뭇 생명의 본성

언어 분별로서 자리매김할 수 있는 어떠한 것도 없습니다. 나타난 모든 것과 나타나지 않는 모든 것이 생명의 본원입니다. 모습마다 법계의 몸[法身]이며 진실한 활동입니다. 앞서 뭇 생명들의 마음 씀 하나가 그대로 법계의 모든 것을 다 담고 있다고 말씀드렸던 것과 같습니다. 마음 씀씀이 하나하나가 법신이 나타난 것이며, 법신의 활동입니다. 이것이 변함없는 진실입니다. 무상한 마음과 모든 것[法]이 진여이면서 생멸로서 연기의 각성을 다 드러내고 있는 진실입니다.

그러므로 진여공성을 체득하게 되면 우주 밖에 홀로 서 있는 듯한 허망한 자기가 사라지고, 법신으로 우뚝 선 깨달음이 일상의 마음 씀이 됩니다. 모든 것이 그대로 진여의 공空을 다 드러낸 일상입니다. 있는 그대로의 본모습인 진여의 삶을 한 치도 어긋남이 없이 자각하면서 활동하는 삶입니다. 이것이 청정淸淨한 삶입니다. 이때의 '청정'은 청정하지 않는 삶에 상대한 청정한 삶이 아닙니다.

삶 그대로가 연기의 각성인 줄 자각한 삶이므로 마음 씀 하나하나가 법신이며 법계의 연기가 되므로 부족함이 없는 삶일 수밖에 없습니다. 모든 것을 가졌다는 뜻에서 만족한 것이 아닙니다. 하나의 마음이 법계의 한 부분이 아니라 연기법계를 다 담고 있는 마음 하나이기에 만족한 것입니다.

가지려는 마음이 부족한 삶을 만들 듯, 가지려는 마음을 쉬는 것은 마음마음이 청정한 법계의 생명을 다 드러내 만족한 삶을 만드는 것과 같습니다. 빈 마음이면서 빈 마음일 수 없고 빈 삶이면서도 빈 삶일 수 없습니다. 진여에 대해서 "공하지 않다〔不空〕."라고 말할 수 있는 근거입니다.

공한 것과 상대하여 공하지 않는 것이라든가, 공하지 않는 것과 상대하여 공한 것이 아닙니다. 그 둘을 다 담고 있는 것이 '참으로〔眞〕 있는 그대로의 모습〔如〕'이므로 진여眞如라고 합니다.

현상의 이면에 현상을 떠나 있는 공한 것이 있어서 그것을 진여라고 하는 것도 아니고, 현상 하나하나가 실재하는 것이므로 그것이 만족한 것이라는 뜻으로 진여라고 하는 것도 아닙니다. 있는 그대로의 모습인 진여에서 보면 공空도 공을 떠난 것에서 공하지 않으므로 모든 모습을 드러낼 수 있고, 모든 모습도 자신을 고집하지 않는 데서 오히려 법계의 몸이 되어 자신의 모습을 비운다는 뜻이 성립되기에 '공空하지 않는 것'이 공空이 됩니다.

공과 불공不空, 공과 색色, 불공과 공, 색과 공이 모두 법신의 표현이며, 다름 그 자체로 하나 된 생명계의 연기각성을 표현하고 있습니다. 다름마다가 진여가 본래부터 갖고 있는 공덕이기 때문에 부족함이 없는 열반의 삶이 가능합니다. 열반을 성취하여 만족한 삶을 만드는 것이 아닙니다. 이미 만족되어 있는 진여 공덕을 깨닫는 것입니다. 오히려 열반의 만족한 삶이야말로 뭇 생명의 본성인 줄 아는 것이 깨달음의 본질이라고 말할 수 있습니다.

낱낱의 다름이 법신의 다름입니다. 법신이라는 보편성, 곧 이름은 같다고 하지만 법신의 모습이 전부 다르므로, 하나의 법신이 있고 그것을 증득하는 것이 깨달음이 아닌 줄 알아야 합니다. 중생의 마음을 통해서 법신을 보는 것이 아니라 생명들의 마음 하나하나가 법신인 것을 깨닫는 것입니다.

근본 대의를 말하는 부분에서 마음 하나에 모든 것[法]이 다 들어 있으며, 그 마음이 특별한 마음이 아니라 뭇 생명들의 마음이라고 말한 까닭입니다.

마음으로 나타난 것도 공이면서 공하지 않는 것이요, 마음으로 나타나지 않는 것도 공이면서 공하지 않는 것입니다. 공하지 않는 데서 모든 것을 살리고 있지만, 공하기에 어느 것 하나 취착할 수 없습니다. 빈 모습이 아닌 것에서 보면 모든 모습들이 긍정되지만, 그것이 실재하는 모습으로 공하지 않는 것이 아닙니다. 공이 현상하는 것이므로 상相이 '빈 마음'을 만들고 있다고 알아야 합니다.

그러므로 취착하는 것이 허망한 마음을 만들어 법계의 생명인 법신을 등지게 합니다. 아무 것도 취하지 않을 때 모든 것이 법신임을 알게 되고, 삶의 하나하나를 만족한 모습으로 긍정할 수 있습니다. 어떤 것을 취해야 만족한다고 하면, 한 사람도 만족할 수 없습니다. 취하려는 대상의 본성이 공하여 결코 취할 수 없기 때문입니다.

취착하는 마음이 없으면 경계를 알아차리고 모든 현상을 생각으로 그릴지라도, 그것은 망념의 기억을 떠난 경계라고 할 수 있습니다. 경계란 마음이 만들지만 '마음도 실체로서 존재하지 않고 그 대상도 실재하지 않는다는 것'을 안다면 진여의 삶을 산다고 했던 앞서의 이야기와 같은 뜻입니다. 그렇게 느껴 아는 한 걸음 한 걸음이 진여의 공성에서 자각되는 인연들임을 알아차린다면, 곧 몸과 마음이 공성의 지혜로 활동한다면 언제나 빈 것 가운데 비어 있지 않는 삶을 사는 것입니다.

취하려는 생각이 온통 사라진 순간에 자신의 삶이 깨달음으로 있기에 "오직 증득한 사람만이 그와 같은 삶과 상응하여 산다〔唯証相應〕."고 합니다. 망념의 분별이 없는 삶입니다.

7장. 생멸하는 마음의 근거, 아려야식

17 마음이 생겨나고 없어진다는 것은 생겨나지도 않고 없어지지도 않는 여래장에 의거하기 때문에 '생겨나고 없어지는 마음〔生滅心〕'이 있다는 것이다.

그러므로 '생겨나지도 않고 없어지지도 않는 것'과 '생겨나고 없어지는 것'이 화합하여 같지도 않고 다르지 않은 상태로 있다고 말한다. 이 상태를 '아려야식阿黎耶識'이라고 한다.

心生滅者 依如來藏故有生滅心 所謂不生不滅與生滅和合 非一非異 名爲阿黎耶識

18 아려야식에는 두 가지 뜻이 있어 모든 것〔法〕을 포섭할 수 있고 생기게 할 수 있다.

此識有二種義 能攝一切法 生一切法

19 첫째는 깨달음, 곧 자각한다는 뜻이고, 둘째는 깨닫지 못함, 곧 자각하지 못한다는 뜻이다.

云何爲二 一者覺義 二者不覺義

20 자각自覺, 곧 깨달음이라는 뜻은 마음 그 자체가 망념이 없이 알아차리는 것을 말한다. '자각하는 마음'은 허공과 같아 없는 곳이 없다. 법계 그 자체가 '자각하는 마음'으로 하나의 모습이다. 그것이 여래의 평등한 법신이다.

所言覺義者 謂心體離念 離念相者 等虛空界 無所不遍 法界一相 卽是如來平等法身

이와 같은 법신에 의지해서 '본래 깨달음' 곧 본각本覺이라는 이름을 갖게 된다. 왜냐하면 본각이라는 뜻이 '처음으로 깨달았다'는 시각始覺과 상대한 것이지만, 처음으로〔始〕 마음 그 자체에는 망념이 없다는 것을 알아차린 것〔覺〕이 법신의 자각인 본래 깨달음〔本覺〕과 같기 때문이다.

依此法身 說名本覺 何以故 本覺義者 對始覺義說 以始覺者 卽同本覺

시각始覺이란 무슨 뜻인가? 본각이 있기 때문에 그것과 상대한 '깨닫지 못한 것' 곧 불각不覺이 있고, 불각이 있기 때문에 시각이 있다는 것이다.

始覺義者 依本覺故而有不覺 依不覺故說有始覺

하나 된 앎이 마음이 되니

 알아차린다는 데서만 보면 마음이 거울과 같은 역할을 하고, 영상을 만들면서 알아차린다는 데서 보면 영상이면서 동시에 거울이라고 할 수 있습니다. 마음이 영상을 재구성하거나 마음 스스로 영상을 만들어야만 앎이 발생하기 때문에 '영상'과 '알아차림'과 '앎인 인식 내용'은 하나라고 할 수 있습니다.
 하나 된 앎이 마음이 되니 마음의 변화가 영상이 되며, 영상인 마음이 나타날 때가 앎의 작용이 생겨나는 것과 같으면서 영상 그 자체도 마음이 됩니다. 마음과 영상과 앎이 따로 있을 수 없습니다. 영상을 만들고 만들어진 영상을 알아차리면서 변하고 있지만 알아차리는 특성은 변하지 않는다고 말할 수 있는 까닭입니다. 변하지 않는 알아차림이기에 마음이 만들어 낸 영상의 변화를 다른 것과 비교해서 알 수 있습니다. 안다는 사실에는 변함이 없고, 변해야 안다는 사실이 발생하므로 변하지 않으면서 변하고, 변하면서 변하지 않습니다.
 거울 이미지가 변하지 않는 알아차리는 마음 쪽을 가리킨다면 변화는 거울에 비친 영상의 흐름이라고 할 수 있습니다. 거울과 영상의 만남에서도 영상이 안팎으로 변해야만 알아차리는 거울의 능력이 발생하는 것과 같기 때문에 변하는 영상에 의해서 앎이 발생할 수 있습니다.

생겨나고 사라지는 모든 '마음의 작용'이 생겨나고 사라짐이 없는 '알아차리는 마음'과 상대하기에 생겨나고 사라지는 '영상'이 있습니다. 영상으로 생멸하는 마음작용이 없다고 하면, 알아차림만의 생멸하지 않는 마음도 없습니다. 서로가 서로를 성립시키면서 한쪽은 적정寂靜의 모습으로 알아차리고 있고, 다른 한쪽은 끝없는 움직임으로 나타난다고 할 수 있습니다.

고요함과 움직임이 다른 모습이면서도 하나에 담겨 있는 두 모습이라고 해야 합니다. 움직임만을 보면 그것만이 우리의 전부인 것처럼 보이지만 움직임을 알 수 있는 것은 고요함을 근본으로 하는 알아차리는 마음인 적정처寂靜處가 있기 때문입니다. 고요함과 움직임이 함께하면서 전체의 인연을 연출하고 있습니다. 고요한 마음만도 없고 변화의 생멸만도 없습니다.

적정寂靜한 것에 의거해서 움직임이 있다는 것은 여래장如來藏에 의거하기 때문에 생성 소멸하는 마음이 있다는 것과 같습니다. 여래장이란 적정한 열반을 항상 표현하고 있는 여래의 마음이 움직이는 마음속에 감추어져 있는 듯하다는 뜻입니다. 여래가 될 청정한 태아가 안쪽에 가능성으로 함장되어 있는 것과 같다는 것입니다.

중생의 마음 하나가 진여인 여래와 생멸인 무상한 인연의 변화를 다 담고 있기 때문에 생멸生滅에 상대한 진여의 여래, 그리고 감추어진 듯한 여래如來와 상대한 생멸을 말할 수는 있지만, 그 둘이 다른 실체로서 존재하는 것이 아니라는 것을 잊어서는 안 됩니다. 마음의 생멸生滅은 여래장如來藏과 비교하고 상대할 때 생멸이라는 뜻을 갖습니다.

부처님께서 깨달음을 이룬 후에야 부처와 중생이라는 이름이 있을 수 있는 것과 같습니다. 깨달음이라는 사건이 없다고 하면 깨닫지 못한 상태의 중생이라는 뜻도 있을 수 없습니다. 그런 뜻에서 중생이 있으므로 부처가 있고, 부처가 있으므로 중생도 있다고 합니다.

다만 부처가 중생과 상관없는 다른 존재자로서 부처가 아니며, 중생이 부처가 아니라고 해서 부처와 다른 존재자로서 중생이 아니므로, 부처도 부처와 중생을 함께 살고 중생도 부처와 중생을 함께 살고 있다고 할 수 있습니다. 부처는 부처도 중생인 줄 알지만 중생의 마음 씀에 매이지 않고, 중생은 스스로가 부처인 줄 모르기에 중생의 분별에 매여 있습니다. 이 차이가 중생과 부처를 만들 뿐입니다.

아려야식, 모든 앎을 다 담고 있다

부처가 부처일 수 있는 것도 무상한 생멸의 변화가 항상 고요 속에 이루어지고 있기 때문입니다. 앞서 말씀드린 마음 거울의 알아차리는 힘과 생멸 변화로 드러나는 다양한 앎의 차이가 하나의 인연 속에

다 들어 있다고 한 것과 같습니다. 알아차림만 놓고 보면 움직이지 않는 거울과 같지만 거울 속에 비친 생멸의 다양한 변화가 앎으로 나타나므로 움직임과 고요함을 나눌 수 없습니다.

차이를 만들어 내는 연기의 '생멸 변화'와 '알아차림'이라는 변하지 않는 보편성이 함께 어울려 있는 것과 같으니, 마음마다 무상한 변화이면서도 그것이 늘 고요한 앎일 수밖에 없는 묘한 모순이라고 할 수 있지요.

그러나 변화와 알아차림은 자성을 갖는 실체가 아닙니다. 변화가 앎이 되고 앎으로 변화하고 있습니다. 끊임없이 생성 소멸하고 있는 생멸심生滅心과 생성하지도 않고 소멸하지도 않는 여래장如來藏이 함께 있기에 생멸이 여래를 담고 있고 여래가 생멸을 떠나지도 않는 미묘한 상황입니다. 그렇기에 생겨나지도 않고 없어지지도 않는 진여와 생겨나고 없어지는 생멸심이 함께 있으나, 그 둘이 동일한 것도 아니고 다른 상태도 아니라고 하였겠지요. 이 상태를 '아려야식阿黎耶識'이라고 합니다.

아려야식이란 '모든 앎을 다 담고 있다'는 것을 뜻합니다. 인연이 만들고 있는 변화의 앎인 '연기의 각성'과 변화의 차이만을 분별하는 '무명의 앎' 모두를 담고 있기에 장식藏識이라고 합니다. 히말라야가 설장雪藏, 곧 눈을 담고 있다는 것을 뜻하는 것과 같은 비유입니다.

아려야식에는 여래도 있고〔如來藏〕중생도 있지만〔業識〕, 이것을 담고 있는 개체로서 아려야식이 있는 것은 아닙니다. 한 생각 일어나고 사라지는 그것 자체가 여래와 중생, 곧 생멸하지 않는 마음인 진여 眞如와 생멸하는 마음인 망념妄念을 다 드러내고 있는 모습입니다.

그렇다고 마음이 둘이 있는 것이 아닙니다. 마음 하나가 그와 같이 작용하고 있는 듯할 뿐입니다. 생멸하는 마음에도 생멸하지 않는 마음인 알아차림이 있으나, 분별된 인연의 다름만을 기억할 때는 생멸하는 마음만이 있는 것과 같을 뿐입니다. 그렇기 때문에 '생멸함'과 '생멸하지 않음'이 같이 있는 아려야식에서 부처도 나오고 중생도 나옵니다. 마음 씀 하나하나가 중생이면서 부처를 담고 있고, 부처이면서 중생으로 작용하고 있습니다.

중생의 마음과 상대하는 부처의 마음이 따로 없고 부처의 마음에 상대하는 중생의 마음도 따로 없습니다. 마음작용 하나하나가 온갖 것을 다 담고 있어 만상이 생기는 것입니다. 마음 하나 생겨나는 것이 단지 하나의 마음이 생겨나는 것이 아니라, 모든 인연을 담아 하나의 마음으로 생겨난 것입니다.

아려야식에 '모든 것을 포섭할 수 있으며, 모든 것을 생기게 할 수 있다'는 뜻이 있을 수 있는 까닭입니다. 아려야식은 중생의 마음이며 진여와 생멸이 드나드는 문입니다. 드나드는 모든 작용이 앎이라는 사실로 드러나기 때문에 앎[識]을 함장[藏]하고 있다는 뜻으로 아려야식[藏識]이라고 합니다.

앎의 바탕에는 본래부터 허망한 마음〔妄念〕이 없다

식識 곧 '안다'는 것은 연기의 각성이 그 바탕입니다. 그러므로 '연기의 각성인 앎의 작용'을 자각하는 '앎'을 깨달음이라고 합니다. 연기의 장에서 발생하는 앎의 작용을 자각하여, 연기의 앎에는 분별의 망념이 있을 수 없다는 것을 알고, 망념의 흔적이 완전히 사라지는 것이 깨달음이기 때문입니다. '앎'이 연기의 앎을 자각하면서 깨달음으로 작용한다고 할 수 있습니다.

반면 연기의 총상 곧 분별없는 앎을 자각하지 못한 앎은 깨닫지 못한 마음입니다. 깨닫지 못한 앎은 앎이되 연기의 공성에서 발생하는 무분별의 총상을 자각하지 못하고, 분별된 현상만을 기억하는 앎이면서 무상한 변화를 놓치고 있는 것을 말합니다. 연기가 앎으로 작용하는 것을 전체적으로 자각하지 못하고, 곧 생멸과 생멸하지 않음을 총체적으로 알아차리지 못하고, 단지 생멸로 나타나는 차이에 의해서 드러나는 앎만으로 분별하는 앎의 작용만 있는 것입니다. 앎이되 분별된 낱낱이 실체가 없다는 것을 자각하지 못한 앎〔不覺〕입니다. 앎이 없다는 뜻이 아니라 제대로 된 앎이 아니라는 뜻입니다.

앎으로 작용하고 있는 마음 그 자체가 앎이면서 깨달음입니다. 집착인 허망한 앎이 인연인 마음에는 있을 수 없다는 것을 자각하는 앎입니다. 인연의 다름이 마음에서 앎으로 나타나고, 그것이 지난 기억과 비교되어 다름 또는 같음 등으로 알려지므로 '안다'는 사실 그 자체만 놓고 보면 허망하다거나 허망하지 않다는 말을 할 수 없습니다. 앎이 인연의 표현이기 때문입니다. 그렇기 때문에 "앎의 바탕에는 본래부터 허망한 마음[妄念]이 없다."라고 합니다.

　망념이 한정된 분별만을 실재라고 아는 것인데 반하여, 분별을 떠난 허망하지 않는 앎은 분별하되 분별된 것이 인연으로 실체가 없음을 아는 것입니다. 인연이 앎으로 나타나는 전체의 장을 알아차려 분별이 무분별無分別의 인연에서 분별임을 보게 되므로 분별된 것을 실재라고 여기지 않는 앎입니다. 모든 조건이 앎 하나로 나타나는 것을 아는 것입니다. 모든 법이 중생들의 마음작용에 다 들어 있고, 중생들의 마음작용에서 생겨난다는 것을 아는 것이지요.

　'앎'이 앎이라는 한정을 가지고 나타나기는 하지만 본바탕이 한정을 떠나 있으므로 하나의 앎은 법계 가운데 하나의 시공간을 차지하는 앎이 아닙니다. 앎이 법계의 시공간이 됩니다. 앎이 법계가 되니 법계는 앎으로 자신을 드러내고 있다고 할 수 있고, 법계 전체가 하나하나의 앎에 따라 얼굴을 달리하니, 뭇 생명의 앎만큼이나 많은 법계가 하나의 앎에 녹아 있다고 할 수 있습니다. 모든 중생의 앎만큼 법계가 중첩돼 있고 중첩된 법계가 뭇 생명의 앎으로 드러나는 것입니다. 하나의 법계에 여러 가지 앎이 있는 것이 아니라 생명의 활동 하나하나가 자신의 법계를 창조하면서 그것이 앎으로 곧 마음의 작용으로 드러난다는 뜻입니다.

　자신의 법계가 되는 앎이라고 하여 중첩된 다른 생명들의 법계와 분리돼서 홀로 있는 것도 아닙니다. 자신의 법계를 자신이 창조한다고 이야기할 수 있지만, 다른 한편 이웃 생명들에 의해서 자신의 법계가 창조되고 있다고 할 수 있기 때문에 모든 법계는 하나이면서 동시에 여럿일 수밖에 없습니다.

법계 전체의 인연이 한 생명의 법계가 되니, 한정된 '나'의 영역에 머물면서도 모든 영역에 다른 얼굴로 나타나는 '나'가 됩니다. 모든 생명들은 서로서로 다른 존재가 아니라 '나'로서 다른 존재며 다른 존재로서 '나'가 되기에 보살의 삶이 중생의 삶이며 수행자의 올곧은 모습입니다.

모든 법계가 뭇 생명의 앎이며 온갖 다름 또한 마찬가지입니다. 경계 지으면서도 경계가 없는 데서 생명의 법계는 중첩된 하나의 법계를 창조하고 있습니다. 그런 뜻에서 '평등한 법신法身'이라고 합니다. '다름'이 법계의 몸 곧 법신法身이 되고, 그 몸이 한정을 떠나 있는 인연의 총상으로서 '다름'이 되므로 평등平等합니다. 생명은 높고 낮음, 크고 작음으로 구별할 수 없으며, 마음작용 하나하나가 그대로 평등한 법신의 나타남입니다. 법계가 중첩된 하나로서 인연을 만들면서 해체하고 다시 인연을 창조하고 있지요.

'본래 깨달은 마음'과 '비로소 깨달은 마음'

이와 같이 법신으로서 창조적 생명활동을 하고 있는 인연의 각성을 '본래부터 깨달아 있다〔本覺〕'라고 합니다. 본각本覺은 수행자 모두의 근본적인 생명활동이지만 깨닫기 전에는 본각이 아닙니다. 자각되지 않는 연기의 각성을 깨달음이라고 한다면 본래부터 깨달음으로 작용하고 있다고 말할 수 있지만, 자각되는 순간부터 '본래 깨달음'도 본래 깨달음이 되므로 수행자가 깨닫기 전에는 본래 깨달음이 아닙니다. 깨닫고 나면 삼세가 깨달음이 되므로 본래부터 깨닫고 있는 것과 같고, 깨닫지 못하면 언제나 미혹한 삼세를 살 뿐 본래부터 깨닫고 있는 세계는 없습니다.

본각을 자각하지 못한 상태의 본원적인 생명의 활동이라고 할지라도, 그것을 깨달았을 때라야 비로소 깨달음이 발현되어 본각이라고 할 수 있습니다. 본래 깨달은 존재로서 중생이었다가 어느 순간에 깨닫지 못한 중생이 되는 것이 아닙니다. 중생은 한 번도 깨달은 적이 없습니다. 중생이 되면서 본각조차 중생의 마음작용이 됐다고 할 수도 있고, 본각이 없다고 할 수도 있습니다. 그러나 깨닫고 보면 깨닫지 못함[不覺]도 원래 없었다고 할 수도 있고, 불각조차 깨달음이 된다고 할 수도 있습니다.

중생이 된 본각이므로 중생의 마음 씀을 지켜보면 깨달음이 발현됩니다. 수행으로 깨달음을 만드는 것이 아니라 인연실상을 자신의 삶에서 자각할 때 비로소 본각도 본각이라고 할 수 있다는 것입니다. 본각이 변해 중생이 된 것도 아니고 중생이 변해 본각이 된 것도 아닌 묘한 상황이라고 말할 수밖에 없습니다.

중생이 변해서 본각이 되는 것은 아니지만 본각을 각성할 때 중생이 변해 부처가 됐다고 할 수 있는 까닭도 여기에 있습니다. 왜냐하면 중생은 한 번도 자신의 본각을 자각하지 못했기에 부처로 살면서 부처인 줄 모르기 때문입니다.

연기의 각성을 자각할 때 '비로소 깨달았다〔始覺〕'고 할 수 있고, 비로소 본각이 본각이 되었다고 할 수 있습니다. 시각始覺으로 본각을 비로소 깨닫고, 본각은 시각으로 비로소 본각이 되므로 시각始覺과 본각本覺은 같다고 할 수 있습니다. 본각인 줄을 처음으로 알아차린 것이 수행의 완성이므로, 수행으로 깨달음이라는 사건이 발생하지 않는다면 '본래 깨달음'은 없는 것과 같습니다.

시각을 성취할 때 처음으로 깨달음이 발생하지만 새로운 깨달음이 발생한 것이 아닙니다. 본래부터 깨달음으로 작용하고 있는 연기의 각성을 처음으로 알아차렸다는 뜻에서 시각이라고 할 뿐입니다. 그렇기에 시각을 성취하기 전을 '깨닫지 못한 삶'을 산다고 할 수 없습니다. 왜냐하면 모든 생명들은 연기각성인 '본래 깨달음'으로 살고 있는 줄 깨닫고 나서야, 깨닫기 이전을 깨닫지 못한 삶이라고 말할 수 있기 때문입니다.

부처님의 삶과 비교해서 중생의 삶을 깨닫지 못한 삶이라고 하는 것이 아닙니다. 스스로의 삶이 본각임을 깨닫지 못했기에 깨닫지 못한 삶이라고 합니다.

그러므로 "인연의 각성인 '본래 깨달은 삶〔本覺〕'이 있기에 그것을 깨닫지 못한 삶이 있고, 인연의 각성을 깨닫지 못한 불각의 삶이 있기에 인연의 각성을 처음으로 깨달은 시각始覺이 있다."라고 하였습니다.

'본각'과 '불각', 그리고 '시각'의 세 가지 삶의 양태는 이름처럼 세 가지 삶으로 나눌 수는 있지만, 근본에서 보면 중생의 마음 하나에 다 갖추어져 있습니다. 알아차리는 앎이 '본래 깨달은 마음'이며, 마음의 작용이 인연에서 일어나는 앎인 줄 자각하는 앎이 '비로소 깨달은 마음'이며, 자각하지 못한 습관적인 앎이 '깨닫지 못한 마음'이기 때문입니다.

본각인 인연의 각성을 처음으로 깨달은 시각始覺이 중생과 부처를 나누는 기점이 되므로, 수행을 통한 시각이라는 사건의 발생은 다른 어느 것보다 수승한 사건입니다. 인류 최초로 연기의 각성을 자각하신 석가모니 부처님의 시각은 비교할 수 없는 소중한 사건이었지요. 그래서 석가모니 부처님을 '근본 스승[本師]'이라고 합니다.

8장. 중생이 망념이 없는 것을 볼 수 있다면

21 마음의 근원을 자각하는 것이 '완전한 깨달음', 곧 구경각이다. 그러므로 마음의 근원을 자각하지 못했다면 구경각이 아니다.

又以覺心源故 名究竟覺 不覺心源故 非究竟覺

22 '구경각이 아닌 것'과 '구경각'이 뜻하는 바는 다음과 같다. 보통 사람들이 앞의 생각이 잘못된 줄 자각하고 뒤에 그와 같은 생각을 하지 않는다면, 이 또한 깨달음이라고 할 수 있으나 잘못된 생각이 일어났던 상태에서는 깨닫지 못한 것이므로 불각不覺이라고 한다.

此義云何 如凡夫人覺知前念起惡故 能止後念令其不起 雖復名覺卽是不覺故

부처님의 가르침을 배워 실천 수행하는 성문승과 인연법을 관찰하여 스스로 연기법을 터득해 가는 연각승과 처음으로 대승에 대한 수행을 시작한 보살 수행자들은 수행하면서 얻은 지혜로 망념이 변해가는 것을 자각하고, 망념이 변할 때 '망념 따라 변해가는 것〔異相〕'이 실재하지 않는다는 것을 깨달아 거친 분별과 집착을 버린다. 이 상태가 깨달음과 비슷하므로 상사각相似覺이라고 한다.

如二乘觀智 初發意菩薩等 覺於念異 念無異相 以捨麤分別執著相故 名相似覺

보살 수행으로 초지를 성취하고 난 뒤의 수행자인 법신 보살 등은 망념의 머무름을 살펴 망념에는 '자기 동일성을 유지하면서 머무르는 것〔住相〕'이 없음을 깨달아 분별하는 거친 망념을 떠난다. 이 상태는 부분적으로 진여법신을 증득한 깨달음이므로 수분각隨分覺이라고 한다.

如法身菩薩等 覺於念住 念無住相 以離分別麤念相故 名隨分覺

보살 수행자가 수행의 끝에 이르러, 모든 수행 방편을 만족하여 '시각이 성취되는 순간의 마음〔一念〕'이 진여 각성과 상응하여 마음이 최초로 생겨나는 모습을 자각하고, 마음 그 자체는 '최초로 생겨나는 모습'이 없다는 것을 안다. 상속의 자기 동일성을 만들어내는 미세한 망념의 흔적조차 완전히 제거했기 때문이다. 마음의 본성을 보고 자각하는 마음이 항상 작용하여 망념이 생겨나지 않는 완전한 깨달음이므로 구경각究竟覺이라고 한다.

如菩薩地盡 滿足方便 一念相應 覺心初起 心無初相 以遠離微細念故 得見心性 心卽常住 名究竟覺

이런 까닭에 경전에서 "중생이 망념이 없는 것을 볼 수 있다면 부처님의 지혜로 향한다."라고 했다.

是故修多羅說 若有衆生能觀無念者 則爲向佛智故

23 법계의 인연을 자각하는 마음이 처음 일어났지만, 법계에는 '최초의 모습'이라는 것이 없으니, 최초의 모습을 자각한다는 것은 '망념이 없는 것〔無念〕'을 뜻한다. 이런 까닭에 중생의 마음 바탕이 '망념이 없는 본각'이라고 하더라도 망념을 떠난 적이 없는 중생들은 깨달았다고 할 수 없다. 그러므로 '시작이 없는 무명'이라고 한다.

又心起者 無有初相可知 而言知初相者 卽謂無念 是故一切衆生不名爲覺 以從本來念念相續 未曾離念故 說無始無明

그렇지만 무념無念이 된다면 곧바로 마음에서 일어나는 생生·주住·이異·멸滅의 모습이 무념과 같다는 것을 알 것이다. 그때에는 점점 깨달아 시각에 이르는 '변화의 다름〔異〕'이 없다. 왜냐하면 생·주·이·멸의 모습이 동시에 있으며, 사상四相의 낱낱이 그 자체로 존립할 근거가 없으며, 본래부터 평등하며 동일한 깨달음이기 때문이다.

若得無念者 則知心相生住異滅 以無念等故 而實無有始覺之異
以四相俱時而有 皆無自立 本來平等 同一覺故

마음의 근원을 깨달아 그 깨달음으로 사는 것

『아함경』에 "연기법緣起法을 보면 나를 본다."라는 구절이 있습니다. 부처님이 형상이나 이념에 있는 것이 아니라 연기의 일상에 그대로 다 녹아 있다는 뜻일 것입니다. 인연의 총상에 투철히 깨어 있으면서 한정된 자아를 살지 않는 삶이 바로 부처님을 보는 것이며 부처의 삶이라는 것입니다. 부처님이 다른 곳에 있는 것이 아니라 마음 씀 그 속에 살아 있다고 하겠습니다.

이것은 『대승기신론』에서 "마음의 근원을 깨달아, 그 깨달음으로 사는 것이 '완전한 깨달음[究竟覺]'이다."라고 하는 것과 같습니다. 마음에 진여와 생멸의 모든 공능이 다 담겨 있기 때문이며, 마음 작용 하나하나가 법계의 인연이기 때문입니다. 따라서 법계의 인연을 깨달아 법신의 삶을 산다는 것은 한정된 '나'로 사는 것일 수 없습니다.

인연처마다 함께 아름답고 따뜻하며 그리고 안온하게 평화로운 삶을 이루어 가는 것이 살아 있는 부처의 모습일 것이며, 부처의 가르침을 실천하는 삶일 것입니다. 마음의 본바탕이 연기법의 총상이므로 분별된 개체만의 실체가 존재할 수 없지요.

삶에서 스스로의 모습을 드러내고 그것이 법신임을 자각함과 아울러 이웃 모두도 다른 얼굴을 한 연기 총상이며 법신인 줄 사무치게 아는 것이 마음의 근원을 깨닫고 사는 것이며 연기의 부처를 있는 그 자리에서 드러내는 것입니다. 마음이 자신의 모습을 비운 자리에 모든 모습들이 하나의 모습으로 드러나는 것을 알아차리면서 함께 온전한 생명의 장을 이루는 실천이 완전한 깨달음을 실현하는 삶입니다.

이와 같은 삶을 알고 실천하지 못한다면 스스로의 삶에서조차 소외되어 어긋난 삶을 살아가면서 스스로도 힘들고 이웃도 힘들게 하겠지요. '깨닫지 못한 삶(不覺)'이며 한정된 자아의식만으로 사는 삶입니다. 마음 하나 깨닫지 못한 것이 단지 마음 하나 모르는 것이 아니라 온 삶을 모르는 것이 되고 만 것입니다.

깨닫지 못한 삶은 이루어질 수 없는 욕망을 욕망하는 삶과 같습니다. 늘 부족하여 무언가를 갈망하면서 사는 것이며, 욕망의 대상이 자신의 마음 밖에 있다고 생각하면서 끝없이 여기저기를 방황하고 있는 것입니다.

이와 같은 욕망의 본질을 지켜보기 시작하는 때는 개인과 사회의 불만족이 가득한 때이니, 아픔과 괴로움이 삶을 되돌아보게 하는 묘약입니다. 아픔이 넘쳐나서야 묘약을 찾으니 수행에 대한 선근이 많지 않습니다. 그러므로 아프기도 전에 삶의 묘약을 발견하고자 하는 것은 보통 인연이 아니라고 할 수 있습니다. 선근이 많은 분이지요.

선근의 많고 적음의 차이는 있을지라도 자신의 삶을 되돌아보는 것은 만족하지 못한 것에 대한 반성으로부터 출발합니다. 욕망의 대상과 욕망의 과정에 면밀히 깨어 있는 것입니다.

범부각, 보통 사람들의 자기 반성

이와 같은 출발로부터 완전한 깨달음에 이르기까지를 『대승기신론』에서는 네 단계로 나누어 설명하고 있습니다.

첫 번째는 '보통 사람들의 자기 반성'이라고 할 수 있습니다. 예를 들면 누구를 미워한다는 것에 비록 정당한 근거가 있다고 사회 모두가 동의한다고 할지라도 미워하는 것 자체는 자신을 힘들게 할 뿐임을 아는 것입니다. 미워하는 마음이 상대에 미쳐서 그 사람이 힘들어지기도 하겠지만, 가장 상처 받는 사람은 미워하는 사람 자신입니다. 미워하지 않을 수 없지만 미워하는 것이 도리어 자신을 해치는 모순에 깨어 있지 못하면, 미워하는 일이 정당하다고 생각하기에 한없이 자신의 상처를 끄집어내서 계속 자신을 아프게 할 뿐입니다.

어느 날 미워하고 있는 자신이 바로 상대를 아프게 하기보다는 자신을 더욱 아프게 함을 자각하고 그와 같은 일을 되풀이하지 않으려는 자각이 일어났다고 하면 그 자각으로 인하여 새로운 전기를 마련했다고 할 수 있습니다.

　이것도 깨달음의 한 가지 모습이지만 미워하는 그 순간의 마음에는 깨어 있지 못했기 때문에 '깨어 있지 못한 마음'이며, 아픔을 대물림하고 있는 마음입니다. 그렇다고 하더라도 그와 같은 반성이 없다고 하면 자신의 상처를 치유할 기회조차 없게 되므로 깨닫지 못한 것〔不覺〕이라고 할 수 없지요. 그래서 '범부의 깨달음〔凡夫覺〕'이라고 이름하였습니다.

　상처 받은 자신과 그리고 미워할 대상이 인연의 어울림 속에 함께 행복해야 할 것입니다. 그러기 위해서는 자신을 비운 곳에 이웃을 받아들여야만 살 수 있다는 자각이 있어야 합니다.

　범부의 깨달음은 그와 같은 자각이 없는 깨달음이라는 뜻입니다. 자신의 삶에서 불편과 아픔이 만들어지는 마음의 흐름이 새롭게 보이기는 했지만 그와 같은 상황이 오면 미워하는 마음이 다시 일어납니다. 다시는 그렇게 하지 말아야지 하면서도 되풀이하고 있습니다.

　알기는 알되 아직 그 앎이 일어나는 마음의 흐름을 평안하게 지켜보는 앎으로 작용하지 못하기 때문입니다. 그렇지 않아야 하는 당위성에 대한 정말 깊고 넓은 반성과 그와 같은 반성 뒤에 미워하지 않으려는 생각, 그리고 그 밖에 기뻐하고 행복했던 생각을 죽을힘을 다해 떠올리는 연습이 없었던 것이지요.

　당위성을 인정했다고 하더라도 평안하고 안온한 마음을 집중적으로 떠올리며, 그 마음으로 자신과 세상을 보면서 일상을 살아가는 연습이 현실이 되지 않는 한, 다시 미워하는 현실에 자신을 잃을 수밖에 없습니다. 미워한 마음의 허물과 아울러 평안함에 대한 영상을 잠시라도 놓지 않으려는 노력〔精進〕이 없다면 '범부의 깨달음'은 늘 깨닫지 못한 것으로 귀결될 수밖에 없지요. 앞생각이 잘못인 줄 알아 뒤따르는 생각으로 앞의 잘못된 생각을 없앴다〔滅相〕고 해도 망념의 상속을 뿌리뽑은 것이 아니므로 깨닫지 못한 상태입니다.

허물 짓던 마음이 자신과 이웃을 힘들게 한 줄 알고, 다시는 '그와 같은 마음을 내지 않아야지' 하는 마음을 잊지 않고 알아차려 가는 힘이 커지도록 해야 합니다. 이와 같은 정진精進의 힘이 없다면 미워하는 마음이 또다시 올라오는 순간 재빨리 그것을 깨달아 바로 그 마음에서 평안해질 수 없겠지요. 그러므로 범부의 반성하는 마음을 깨닫지 못한 마음이라고 합니다.

마음의 근원에 본래 망념이 없는 것을 완전하게 깨닫지 못한 상태, 곧 구경각이 아닌 상태를 범부의 깨달음인 멸상滅相에 대한 자각부터 살펴보고 있습니다.

상사각, 이승과 초발의 보살 수행자들의 깨달음

두 번째는 일상의 삶에 대한 반성지가 깊어지면서 현재의 마음에 평안함을 이끌어 내는 힘이 점점 커지는 단계입니다. 첫 번째 단계에서는 미워하는 마음이 일어났다 사라진 연후에야 그것을 되돌아보는 마음의 작용이 일어난 것이지만, 이제는 자신을 힘들게 하는 감정과 생각이 일어나는 그 순간의 흐름을 지켜볼 수 있는 힘이 조금 생겨, 그만큼 아픔의 폭이 줄어든 것입니다.

그 전에는 미워하는 마음이 올라오면 그 감정의 흐름이 다할 때까지는 아무런 손도 써 볼 수 없었지만, 성문과 연각의 수행자와 처음으로 보살 수행에 마음을 낼 정도의 힘이 있는 수행자들은 그 마음의 강도를 줄여서 볼 수 있는 눈이 그 마음 상태에서도 열려 있는 것입니다.

그렇기 때문에 앞서는 미워하는 마음이 소멸될 때까지 미워하는 힘에 맡겨진 마음작용의 흐름이었다고 하면, 처음으로 수행의 힘을 얻은 단계에서는 미워하는 마음의 흐름을 지켜볼 수 있고, 지켜보는 눈에 의해서 미워하는 마음이 누그러지게 되는 것입니다.

마음 상태가 지켜보는 마음에 의해서 변해지고 있는 것을 여실히 아는 단계입니다. 미워하는 마음과 집착에 휩쓸리지 않는 '지켜보는 힘'이 커져, 미움과 집착이 일어났다고 하더라도 자신에게 상처를 입히는 힘을 현저하게 잃은 것입니다.

미워하는 마음으로부터는 편안해진 평온한 마음이 깨달음과 비슷한 체험이기 때문에, 성문·연각 수행자와 '처음으로 보살 수행에 마음을 낸 보살 수행자〔初發意菩薩〕'의 깨달음을 '비슷한 깨달음' 곧 '상사각相似覺'이라고 부릅니다.

이때의 깨달음은 앞서 말씀드린 것과 같습니다만 미워하는 마음이 점점 힘을 잃어가고 생각의 다름에 대해서 명확히 관찰할 수 있는 힘이 있고, 나중에는 그와 같은 생각이 떠올라 와도 그 자체로 평안해지는 단계입니다. 미워하는 생각의 강도가 변해서 미워함으로부터 점점 평안해지다가 나중에는 그 생각에서 미워하는 분별이 더 이상 작용하지 않게 되어 미워함으로 잡고 있는 집착이 사라진 것입니다.

"미워한다는 것도 오직 마음이 만든 것이다."라고 알아차리는 정념 수행에 의해서 미워했던 생각이 변하고, 변한 마음상태 그 자체가 자신의 전체적인 각성이 되면서, '변해가는 것'이 있는 것이 아니라 스스로 미워하는 마음작용을 만들고, 만들어진 허상에 집착해 있다는 것을 알게 됩니다. 미워하는 것이 있다가 망념 따라 변해가는 것처럼 보였으나, 변해가는 것이 없다는 것을 깨닫게 되어 변한다는 것이 무엇을 뜻하는지를 제대로 알게 됐다고 하겠습니다.

'변하는 것'과 상대하여 '변하지 않는 마음'이 있는 것이 아니라 마음이 총상으로 인연의 흐름이 될 때 그곳에는 변하는 것도 변하지 않는 것도 그 자체로 실상을 나타내는 것이 아님을 깨닫게 된 것입니다.

수분각, 법신 보살의 분分에 따른 깨달음

세 번째 단계에서는 이와 같은 마음 흐름을 지속적으로 지켜보는 힘이 커지면서 자기 동일성을 유지하면서 머물러 있는 개체의 모습이 마음작용을 떠나서 존재하지 않는다는 것을 더욱 분명하게 알게 됩니다. 연기법계의 모든 생명활동이 법신의 모습으로 서로를 살게 하는 생명활동에서 하나의 인연을 만들고 있는 줄을 더욱 분명하게 알아차린 것입니다.

이제 법계에 홀로 서 있는 곧 머물러 있는 자아가 아니라 전체의 인연이 자아가 된 것을 의심 없이 볼 수 있는 눈이 생기고, 그것에 의해서 부처님의 연기 법문에 대한 믿음이 온전하게 이루어진 단계에 이른 것입니다. 여기에 이른 수행자를 '법신法身 보살'의 단계에 있다고 합니다.

모든 생각들의 흐름이 인연을 창조하면서 변하고, 그것이 법신의 생명활동인 줄 알아차립니다. 잠시도 머묾 없는 마음작용을 조그만 차이도 놓치지 않고 볼 수 있는 것이지요. 마음이 만들어 놓은 허상의 이미지가 어떻게 머물러 존재하는지 알게 되고, 허상의 바탕이 본래부터 없는 줄 분명히 깨닫게 되니, 미워하는 마음이 일어나는 즉시 사라지고 그 마음과 대상에 대해 조금도 얽매인 순간이 없습니다.

미워하는 마음이라고 했지만 미워하는 마음의 작용이 있다고 할 수 없고 그와 같은 상황의 기억이 현행해서 올라오는 습관이 남아 있는 정도입니다. 그와 같은 습관이 올라오는 순간 그것이 허상임을 분명히 알아차리고 그것에 얽매이지 않게 되며, 분별을 만들던 습관이 분별을 만들지 않는 지혜 작용으로 바뀌게 되는 것입니다. 마음 깊숙이 남아 있는 오랜 세월 동안의 분별의 경향성이 녹아나는 것이지요.

분별과 집착의 습관조차 사라지게 되므로 번뇌의 마음작용이 잠시도 머물 수 없게 됩니다. 미워했던 습관이 사라지듯 익혀 왔던 모든 번뇌와 집착을 만드는 습관의 지배로부터 벗어나고 있는 것입니다. 그렇기 때문에 이미 일어난 분별은 말할 것도 없고, 그와 같은 분별이 일어날 수 있는 소지〔念相〕로부터도 자유롭게 됐다고 할 수 있습니다.

마음에 남아 있는 뚜렷한 분별의 근거인 거친 기억의 이미지가 없어지기 때문입니다. 거친 기억의 이미지가 사라지고 난 만큼 마음의 고요함과 평온함이 익어집니다. 뚜렷하고 거친 분별의 이미지가 사라진 만큼 깨달음이 자리잡았다라고 할 수 있지요. 이를 '분分에 따른 깨달음' 곧 '수분각隨分覺'이라고 합니다.

구경각, 궁극적으로 완전한 깨달음

네 번째는 수분각을 지나 더욱 힘써 정진하게 되면서 거친 이미지가 남겨 놨던 미세한 흔적들조차 사라지는 단계입니다. 보살 수행이 완성된 것입니다. 수분각의 단계는 거친 이미지가 사라지고 그것이 남긴 미세한 영향력이 남아 있는 정도에 따른 깨달음인 것과는 달리 이제는 미세한 망념의 영향력이 전체적으로 사라지는 단계입니다. 수행 정진의 '분分'만큼 깨달은 것이 아니라 삶 전체가 깨달음이 되는 것입니다. 곧 수행의 방편이 만족하게 되는 순간의 한마음〔一念〕이 진여 각성과 상응하면서 완전하게 깨닫게 된 단계〔究竟覺〕입니다.

시각이 이루어지는 순간의 마음〔一念〕이 연기의 각성과 상응相應한 마음이며, 연기의 각성과 상응한 마음은 마음마다 연기를 그대로 사는 마음이 되므로 깨닫는 순간의 마음이 그 순간만의 마음 상태가 아니라 삶의 전체를 깨닫는 마음으로 만드는 것과 같습니다.

일념상응一念相應이 된 마음은 일어나는 마음마다 연기의 총상을 자각하는 마음이 되므로 생겨나는 것이 있을 수 없습니다. 하나의 마음이 우주 법계의 마음이 되고 전체가 되므로 생겨나고 사라진다는 비교가 끊긴 것입니다. 그러므로 "마음이 처음으로 일어나는 것을 자각하면 마음 그 자체는 처음으로 생겨나는 모습이 없다〔覺心初起 心無初相〕."는 것을 안다고 하였습니다.

곧 연기 각성을 자각하지 못한 무명에 의해서 각성이 없어지고〔滅〕 망념의 마음이 처음으로 생겨난〔生〕 것과 같고 수행으로 망념이 없어지고〔滅〕 깨달은 마음이 처음으로 생겨난〔生〕 것 같아 생겨나고 없어지는 마음〔心生滅門〕이 있는 것 같지만, 구경각을 이루고 나면 생겨나고 없어지는 마음은 없고 항상 빛나는 지혜광명의 마음〔心眞如門〕만이 있는 줄 압니다. 그러므로 깨닫는 순간의 마음〔一念相應慧〕에 의해서 미세망념을 완전히 여읜 구경각을 이루면 마음에는 처음으로 생겨나는 모습이 없다는 것을 안다고 한 것입니다.

생사를 떠나서 열반의 세계를 그대로 경험한 것입니다. 생사 밖에 열반이 따로 없습니다. 생겨난 것 자체가 열반이 되고 소멸한 것 자체가 열반이 되므로 생겨나거나 소멸한다는 이미지를 세울 수 없습니다. 온 삶이 깨달음입니다. 분별의 경향성이 완전히 뿌리까지 뽑힌 삶입니다. 미세한 이미지의 흔적 곧 미세한 망념을 완전히 여의고 '마음의 본성本性'을 본 것입니다.

"마음의 본성本性을 본다."고 하나 보이는 본성이 따로 없습니다. 보는 것 자체가, 듣는 것 자체가 항상 자취를 남기지 않는 열반의 표현이 되기 때문에 보는 것을 떠나서 마음의 본성이 있을 수 없다는 뜻입니다. 만일 마음의 본성을 봤다고 하고, 그와 같은 마음이 일상의 마음 너머에 따로 있는 듯이 생각된다면, 다시 새로운 이미지를 만들고 있는 것이며 분별의 경향성을 벗어나지 못한 것입니다.

'보는 자도 없고 '보이는 것'도 없으면서 '보는 것' 자체가 법계가 되면서, 모든 인연의 앎이 그대로 수행자의 전체가 되는 것일 뿐입니다. 이와 같은 마음은 새로 생겨난 마음도 아니고 있다가 사라지는 마음도 아닙니다. 마음이라고도 이름할 수 없는 법계의 인연이 마음으로 앎으로 깨달음으로 있기에 '상주常住한다'고 할 수 있지만, 자성을 갖는 마음이 아닙니다. 마음의 알아차림은 어떤 색깔도 갖지 않는 지혜의 분별이므로, 모든 분별이 그 자체로 분별을 떠난 앎이며 깨달음입니다. 그러므로 앎의 법계가 '상주한다'고 한 것입니다.

그러나 앎이란 그 자체가 끊임없이 분별을 만들어 내는 인연이므로 모든 인연처에 깨어 있는 '마음의 다름'을 '궁극적으로 완전한 깨달음', 곧 '구경각究竟覺'이라고 할 수 있습니다. 분별을 벗어났지만 분별 밖에 있는 깨달음일 수 없다는 것입니다. 경전에서 "수행자가 기억된 이미지인 망념이 없는 줄을 볼 수 있다면 부처님의 지혜를 향한다."라고 이야기하고 있는 것도 이 때문입니다.

머묾 없는 인연이 앎으로 드러나는 것, 마음

마음의 작용은 언제나 깨달음이거나 깨달음이 아닌 것 가운데 하나라고 할 수 있습니다. 마음이라는 것이 무엇을 아는 주체로서 있는 것 같지만 인연의 변화가 마음의 작용에서 '안다'는 사실로 드러나기 때문에 마음작용의 하나하나가 마음의 모습이면서 지금 여기의 인연을 다 드러내므로, 마음 그것에 깨어 있으면 '깨달음'이 되고 깨어 있지 못하면 '깨닫지 못함'이 됩니다. 마음이 무엇을 깨닫는 것이 아니라 마음 스스로를 깨닫는 것이지요.

마음이 있고 또 마음 밖에 무엇이 실체로서 있다고 하면 처음부터 '무엇이라고 알 수 있는 것'이 있을 수 있지만, 마음도 인연에서만 마음이며, 그 작용이 변화의 장場 곧 관계의 장에서 앎이라는 사실로 나타나므로, 마음이 있어 무엇을 아는 것이 아니라 아는 순간의 모습들이 마음입니다. 앎이 마음으로 모습을 드러낸다고 할 수 있고, 무상한 인연의 흐름이 모습을 달리하는 앎이면서 마음이라고도 할 수 있습니다.

마음작용이 일어나는 순간이나 마음작용이 사라지는 순간이나 모두 인연에서 그렇게 있습니다. 인연에서 보면 있음도 없음도 한 모습이며, 일어나고 사라지는 것도 한 모습입니다. 일어나고 사라지는 인연의 모습이 앎으로 드러나는 마음입니다. 마음이 무엇을 아는 것과 같지만 마음의 속성이 무엇을 아는 것처럼 아는 것입니다.

　아는 데서 보면 늘 아는 것이라 처음도 끝도 없지만, 알려진 모습에서 보면 일어나고 사라지는 순서가 있는 것 같습니다. 앎의 속성이 그렇기에 '처음 모습'이 아닌 것이 없으면서 동시에 처음 모습조차 있을 수 없습니다. 아는 하나하나의 모습에서 보면 일어나고 사라지는 것 같지만 인연을 관통하는 앎은 시작도 없고 끝도 없이 인연에서 알아차림으로 작용하고 있습니다.

　그러므로 인연을 자각하는 깨달음이라는 사건의 발생이 처음으로 일어날 수는 있지만 인연인 마음에는 '처음'이라는 사건이 있을 수 없습니다. 또한 인연의 모습은 늘 같은 것 같지만 언제나 처음처럼 일어나는 것이므로 오히려 '처음'이라고 할 수 없지요. 처음과 비교할 나중이 없기 때문입니다. '언제나 처음'이란 처음조차 없다는 것과 같습니다.

　알아차리는 마음에서 보면 시작도 없고 끝도 없으며 언제나 처음이면서 동시에 끝이 됩니다. 마음에는 처음이라는 이미지가 들어설 자리가 없습니다. 마음작용의 현재가 인연의 총상으로 비교와 한정을 떠나 있기 때문입니다. 하나의 마음작용이지만 그것이 전체가 되므로 처음과 나중, 여기와 저기의 기준 틀을 세울 수 없습니다. 그럼에도 불구하고 인연 그 자체가 스스로를 알게 하는 것처럼 낱낱 다름들을 인연에 맞게 분별하여 앎으로 드러내니 묘합니다.

다름으로 드러나는 인연이 마음이 되니 일어나는 마음마다 처음 마음이면서도 그것이 나중 마음을 상대하는 처음 마음이 아니므로 기억된 마음도 아니고 기억하는 마음도 아닙니다. 이 마음을 '기억이 아닌 마음' '망념의 대물림이 없는 마음' 곧 '무념無念'이라고 합니다. 어느 한순간도 머묾 없는 인연이 앎으로 드러나는 것이 마음이기에 그렇습니다.

머묾 없는 마음이 무념이며, 시작도 끝도 없는 마음이며, 언제나 시작이며 끝이 되는 마음이기에 매순간 법계의 인연을 창조합니다.

법계를 창조하는 앎이면서도 마음이 된 앎은 어느 틈에 인연의 총상에서 낱낱을 기억하고 살펴 압니다. 일상에서 기억을 재구성하여 아는 앎과 다른, 깨달음의 기억이라고 할 수 있는 마음이 언제나 앎[念]으로 작용하지요. 시작도 없고 끝도 없으며 처음도 없고 나중도 없는 마음을 아는 것이 '처음 마음'을 아는 것이며, '망념이 없는 마음의 작용[無念]'으로 깨달은 마음입니다.

마음은 언제나 인연의 앎으로 깨달음을 드러내고 있습니다. 인연의 총상인 공성과 진여를 갖가지 다름으로 드러내는 것이 인연의 앎입니다. 시작과 끝이 분명하고 이것과 저것의 차이가 분명하지만 시작과 끝에도 머물지 않고 차이에도 머물지 않는 앎입니다. 앎으로 드러나는 낱낱 분별 모두가 분별된 어떤 것만이 아닙니다. 분별이 분명하지만 분별에 머물지 않는 것이 인연의 앎이며 깨달음의 작용입니다. 분별된 형상과 이미지에 머물러 분별된 것만을 아는 것은 '머무는 앎'으로 망념입니다. 이 또한 묘합니다.

앎이 발생하는 근본에서 보면 형상과 이미지의 분별에 머물 수 없는 분별이므로 분별이면서도 분별을 떠나 있는데도 분별만이 앎처럼 있기 때문이지요. 중생일 수 없는 데서 자신의 온 삶을 중생으로 만들고 말았습니다.

망념이 단순히 잘못 분별하고 기억하는 데에 그치는 것이 아니라 자신의 과거와 미래까지도 망념의 삶, 기억된 삶, 분별의 삶으로 만들고 만 것이지요. 왜냐하면 기억 그 자체가 과거와 현재와 미래를 만드는 토대가 되기 때문입니다. 기억하는 순간 삼세가 형성되므로 형성된 삼세 또한 시작도 끝이 없지요. 시작도 끝도 없는 중생의 삶입니다.

깨달음에 의해서 삼세를 넘어설 때 삼세가 사라진다고 할 수 있지만, 깨닫게 되면 삼세가 본래 없는 것을 알게 되므로 그 또한 삼세의 끝이 아니지요.

깨닫게 되면 끝도 시작도 없는 부처님의 세계를 삽니다. 마음이면서 마음인 줄 깨닫지 못한 마음이 시작도 끝도 없는 삼세를 만드는 마음이 되는 순간이 무명이 탄생하는 순간이면서 시작이 없는 무명이 되는 순간입니다. 시작이 없는 것이 아니라 스스로 시작이 없는 마음을 무명으로 만들어 갖는 마음이지요. 이 마음이 사라지는 순간이 무명이 사라지는 순간이며 삼세도 사라지는 순간입니다. 있는 마음이나 무명이나 삼세가 사라지는 것이 아닙니다. 사라지는 것은 망념이 갖고 있는 삼세가 끝나는 것일 뿐입니다. 삼세가 본래 없기 때문입니다. 그러므로 '시작이 없는 무명[無始無明]'이라고 합니다.

인연 자체가 깨달음이며 앎

시작이 없는 것 같은 무명까지도 현재의 망념에 고스란히 담겨 있으므로 현재의 일념에 온전히 깨어 있게 되면 그 자체가 삼세를 만들어 갖고 있는 망념을 떠나게 되니, 시작도 없고 끝도 없는 과거와 미래까지도 깨달음이 됩니다. 망념妄念의 기억에 의해서 과거가 있고 과거와 상대해서 미래를 추상하면서 시간의 흐름 속에 상속되는 자아가 있는 듯이 잘못 아는 마음작용이 사라지는 것이 깨달음이므로, 마음 하나 깨닫게 되면 삼세도 없고 자아도 없는 법계의 몸이 된 부처님이 드러나 부처님이 되지요.

기억을 재구성하여 아는 것이 아니라 인연의 흐름을 여실하게 알아차리는 마음이 부처님이 된 마음입니다. 이 마음은 상속된 기억조차 현재의 일념이 되게 하고, 추상된 미래 또한 지금의 마음인 줄 아니 삼세가 사라진 자리가 됩니다. 인연의 흐름에 눈뜨면서 시작도 끝도 없는 인연의 앎만 있을 뿐입니다. 처음 모습이라고 할 수 있는 것이 없지요.

연기의 각성을 처음으로 자각한 시각始覺으로 망념이 만든 이미지의 표상들이 허구인 줄 알게 된 것입니다. 시작도 끝도 없는 법계의 마음인 인연의 앎을 비로소 깨달은 것이지요. 미세한 망념 곧 '인연을 재구성하여 자신의 앎으로 만드는 분별의 이미지인 표상'들이 다 없어진 것이 시각이 되기 때문입니다.

시각에서 보면 생·주·이·멸의 네 가지 모습들이 따로따로 있는 것이 아니라 항상 같이 있습니다. 왜냐하면 그 네 가지 모두가 망념이 만든 이미지일 뿐 분별할 수 있는 바탕이 원래부터 없기 때문입니다.

곧 앞에 한 잘못을 알고 뒤에 다시 생겨나지 않게 하는 범부의 깨달음에서 '없어진다〔滅〕'는 모습을 이야기하고 있지만 없어질 수 있는 모습〔滅相〕이 원래 없으므로 범부의 깨달음인 불각不覺 곧 깨닫지 못함도 실상에서 보면 깨달음일 수밖에 없습니다. 그러니 상사각相似覺에서의 달라지는 모습〔異相〕과 수분각隨分覺에서의 머무는 모습〔住相〕, 그리고 시각에서의 생겨나는 모습〔生相〕은 말할 필요조차 없겠지요.

다시 말씀드리면 없어진다는 것〔滅相〕은 생겨났던 것이 없어지는 것이 되면서 없어진 모습이 생겨난 것〔生相〕과 같고, 없어져 가는 모습에서 보면 다른 모습이 되는 것〔異相〕과 같으며, 없어진 것이라는 자기 동일성을 갖기에 없어진 것〔住相〕이라고 말할 수 있습니다. 그러므로 멸상이 멸상만으로의 자기 특성을 갖는 가운데서도 동시에 생상·주상·이상을 갖고 있는 것과 같아 멸상만이라고 지칭할 수 있는 이미지〔相〕가 없습니다.

또한 없어지면서 동시에 무언가가 생겨나며, 다른 것이 되면서 앞의 모습이 없어지고 새로운 모습이 생겨나며, 그러면서도 생상·주상·이상·멸상이라고 말할 수 있는 동일성을 갖기에 모습〔相〕을 갖는 것이면서 모습이 없고, 모습이 없으면서 네 가지 모습이 다 있다고 하겠습니다.

생상 등도 이와 같습니다. 그러므로 사상四相이 동시에 있다고 할 수 있고, 사상 하나하나에 해당되는 모습이 없다고도 할 수 있기에, 상이면서 상이 아닌 공상이라고 할 수 있습니다. 잠시도 자기 동일성을 갖지 않고 흐르는 인연의 무상無常과 무상無相에서 보면 하나의 모습마다 온갖 다른 모습이 되기도 하고, 모습이 되면서 모습을 허물기도 하기에, 모습이라고도 할 수 없고 모습이 아니라고도 할 수 없는 것을 지칭하여 할 수 없이 사상이 함께 있다고 하였겠지요.

모습이 있다는 데서 보면 범부각부터 구경각까지의 다름이 있고, 모습이 없다는 데서 보면 깨달은 모습조차 있을 수 없으니 범부각이라든가 구경각이라는 '것'이 없지요.

그렇다고 범부가 그대로 깨달은 부처가 되는 것은 아닙니다. 범부가 부처인 줄 아는 시각始覺의 과정을 지나야만 합니다. 시각을 지나지 못하면 무시무명無始無明이 작용하고 있는 망념의 세계, 곧 이미지〔相〕에 의한 차별만이 자신의 온 삶인 줄 알고 삽니다.

오직 시각의 깨달음을 성취해야만 본각의 세계에 대해서 이야기할 수 있습니다. 깨달음은 오직 시각을 통해서만 일어나는 사건입니다. 범부각부터 시각의 바로 직전인 금강유정까지가 다 깨닫지 못한 중생입니다. 시각의 한 순간을 지나야 본각이라는 말도 성립될 수 있습니다. 중생의 처지에서 보면 언제나 불각이고, 시각을 성취한 깨달은 분에게는 언제나 본각입니다.

망념이 없는 상태에서 보면 생·주·이·멸의 구분이 있을 수 없으며, 그 하나하나가 평등한 깨달음이라고 말할 수 있지만, 망념이 있는 상태에서는 깨달음이 아예 없는 것과 마찬가지이기 때문에 평등한 깨달음의 상태라고 이야기할 수 없습니다.

  인연 자체가 깨달음이며 앎인데도 불구하고 한편에서는 끊임없는 분별과 비교와 대립을 만들면서 힘들어하고, 다른 한편에서는 모두가 평등한 깨달음으로 만족한 삶을 사는 것입니다. 모두가 법계의 생명으로 본래부터 망념이 없는 깨달음의 삶인 줄을 믿으라고 이런저런 설명을 하고 있지만 인연이 있기 전에는 결코 믿지 않으니 정말 묘합니다.

9장. 본각의 두 가지 모습

24 오염된 불각을 따르고 있는 본각을 나누면 두 가지 모습이 있다. 그러나 그 두 가지가 본각 상태를 떠난 것은 아니다.

첫째는 본각의 지혜 덕상으로 '오염을 떠나 있는 맑은 모습'이라는 뜻의 지정상智淨相이며, 둘째는 본각의 미묘한 작용으로 '일상의 생각을 넘어서는 미묘한 활동'을 하는 부사의업상不思議業相이다.

復次 本覺隨染分別 生二種相 與彼本覺不相捨離 云何爲二 一者 智淨相 二者不思議業相

지정상智淨相이란 무엇인가? 수행자가 안으로는 여래장이 갖춘 법력의 훈습에 의지하고 밖으로는 불보살님의 법력에 의한 훈습을 바탕으로 바르게 수행하여 수행 방편을 만족하면, 이 힘에 의해서 아려야식에 있는 생멸심을 없애고 번뇌 종자의 상속이 끊겨 법신이 드러난다. 이때 드러난 본래 깨달음인 지혜의 순수하고 맑은 모습을 지정상이라고 한다.

智淨相者 謂依法力熏習 如實修行 滿足方便故 破和合識相 滅相
續心相 顯現法身 智淳淨故

이것은 깨닫지 못한 인식이 무명일지라도 무명 또한 연기의 각성을 떠난 것이 아니므로, 깨달으면 무명은 없어지나 각성은 없어지지 않는다는 것을 뜻한다.

此義云何 以一切心識之相皆是無明 無明之相 不離覺性 非可壞
非不可壞

마치 바람 때문에 파도가 일 때 물과 바람이 서로 떨어져 있지 않는 것과 같으며, 바람이 멈춘다면 파도가 일지 않아 잔잔해지지만 물이 가지고 있는 습한 성질은 없어지지 않는 것과 같다.
중생 또한 이와 같다. 중생의 연기적 자성인 청정한 마음이 무명 때문에 움직이나, 청정한 마음이나 무명 모두 형상이 없다는 데서는 서로 떨어져 있지 않다. 그러나 마음 그 자체는 움직이는 것이 아니기 때문에 무명이 사라진다면 번뇌의 상속은 끊어지나 연기의 청정한 앎은 없어지지 않는다〔智性不壞〕.

如大海水 因風波動 水相風相不相捨離 而水非動性 若風止滅 動
相則滅 濕性不壞故 如是衆生自性淸淨心 因無明風動 心與無明
俱無形相 不相捨離 而心非動性 若無明滅 相續則滅 智性不壞故

부사의업상不思議業相이란 무엇인가? 수행자가 깨달음을 이루고 난 후는 청정한 지혜에 의지하여 가지가지 수승하고 미묘한 활동을 할 수 있다. 그렇기 때문에 무량한 공덕이 단절되지 않는다. 저절로 중생의 근기에 상응하여 지혜와 공덕이 발현돼 중생을 이롭게 한다. 이를 부사의업상이라고 한다.

不思議業相者 以依智淨 能作一切勝妙境界 所謂無量功德之相 常無斷絶 隨衆生根 自然相應 種種而現 得利益故

자각하지 못한 자유란 없는 것과 같다

분별된 기억의 표상 이미지인 망념과 그에 의한 자유롭지 못한 마음작용, 곧 망념의 표상 이미지에 의해 재구성된 법경法境을 인식 대상으로 하는 의식의 활동이 중생의 인식입니다. 마음이 기억에 묶여 있는 것과 같으며, 묶인 마음이 다시 다음 마음작용을 묶어가고 있는 것과 같지요.

이와 같은 인식이 형성된 과정을 근원에서부터 자각한 적이 없는 중생은 처음부터 깨달은 적이 없습니다. 본래 깨달음으로 있던 중생이 망념에 의해서 물들고 나서 중생이 된 것이 아니라는 뜻입니다. 자각하지 못한 자유란 없는 것과 같습니다. 자유가 뭇 생명의 본래 모습이라고 하더라도 그와 같은 자유를 자각하지 못한다면 자유로운 중생일 수 없지요.

자유로운 인연에서 자유를 잃고 재구성된 인식의 틀을 가지고 사는 깨닫지 못한 상태를 '망념에 의해 물들었다'고 합니다. 망념에 의해 물든 상태이지만 이조차 인연을 떠난 것이 아니기에 인연의 각성인 자유로운 사고가 우리의 근본이라고 이야기할 수 있고, 그것을 본각本覺이라고 할 수 있지만, 중생이 그와 같은 상태를 자각하지 못하는 한 본래부터 깨닫고 있는 것은 아닙니다. 그러므로 본각 상태만을 놓고 보면 본각이라고 이름할 수도 없습니다. 그런데도 본각本覺이라고 하는 것은 연기법의 무상한 변화가 인연의 얽힘에 의해서 앎으로 발현되고 있다는 뜻이며, 인연의 각성이 수행으로 이루어진 것이 아니라는 뜻입니다.

망념 또는 정념에서의 '염念'에는 '기억'과 '앎'이라는 뜻이 있습니다. 염의 작용에 의해서 현재의 인연을 알아차리되, 이미 있는 이미지를 가지고 재구성하기 때문에 앎이면서 기억이 됩니다. 이때 인연을 읽는 눈보다는 기억된 앎이 주축이 되면 현재의 인연에 어둡게 되어 더욱 짙은 색깔로 자신의 기억을 만듭니다. 기억된 내용으로 인연을 분별하고 집착하는 앎입니다. 분별을 만들면서 분별을 해체하는 무분별의 인연을 오염시켜 아는 것과 같기에 오염된 마음 또는 오염된 앎[染法]이라고 합니다. 앎의 내용과 인식의 대상에 기억이 덧씌워진 상태로 아는 것입니다. 앎이되 점점 인연의 각성을 떠난 앎이 앎으로 작용하고 있는 것입니다.

허망한 인식 또는 기억[妄念]을 허망한 것에서 보면 인연을 등져 있는 것과 같고, 인연을 잘못 인식하고 있다는 데서는 인연과 어울리고, 인식 자체가 인연을 만들고 있다는 데서는 허망한 인식이 전체가 됩니다. 망념妄念이 인연의 각성을 잘못 읽는 오염된 마음이며, 앎이긴 하지만 망념도 인연의 각성을 벗어난 것은 아니라는 것입니다. 인연에 덧씌워진 것만 보면 인연 밖에 있는 것과 같지만, 그조차 인연이 바탕이 되기 때문입니다. 앞서 말씀드린 본각 상태가 있었기 때문에 그것이 물들었다고 말할 수 있는 것과 같습니다.

　인연의 각성으로 작용하는 분별이 본각이라면, 여기에 상대하여 분별만을 기억하는 앎을 망념이라고 하고 '오염됐다'고 할 뿐입니다. 인연의 각성을 상대하지 않고는 분별을 염법染法이라고 이야기할 수 없습니다. '잘못 이해한 오염된 법'이란 뜻이 이해 자체에 있는 것이 아닙니다. 인연의 각성과 어긋나기 때문에 '잘못된 이해〔染法〕'라고 합니다.

　근본 깨달음이 염법 밖에 따로 있을 수 없으며, 염법도 근본 깨달음과 함께합니다. 그렇기 때문에 본래 망념이 없다는 것을 자각하지 못한 상태가 '깨닫지 못한 것〔不覺〕'이 되지만, 망념이 깨달음을 떠나 있지 않기 때문에 깨달음이 가능합니다. 본각과 염법은 서로 상대하고 있지만 분리된 것으로 상대한 것이 아니라 하나의 모습 속에 두 가지가 다 들어 있는 상태이므로, "서로 떨어져 있지 않다〔不相捨離〕."라고 하였습니다.

물들지 않는 알아차림과 판단

본각이 자각되지 않는 상태가 불각이긴 하지만 그것이 우리들의 본래 모습이 아니기 때문에 만족한 삶을 살 수 있습니다. 인연의 자유를 얽어매는 망념에 의해서 불만족 곧 고苦가 발생하기는 하지만, 이 괴로움으로 인하여 자신의 삶을 되돌아보게 되는 계기가 된다면, 괴로움과 불만족인 망념의 분별을 떠나 고요하고 즐거운 삶을 살 수 있습니다.

염법 속에서도 '물들지 않는 알아차림과 판단' 곧 '지혜의 청정한 모습〔智淨相〕'과 '생각을 뛰어넘는 활동〔不思議業相〕'인 본각의 두 가지 모습이 늘 생겨나고 있기 때문입니다. 근본에서 보면 새로 생겨나는 것이 아니지만 자각하지 못하는 한, 없는 것과 마찬가지이므로 수행으로 자각하게 되는 순간 새로 생겨났다고 할 수 있습니다.

'지혜의 청정한 모습〔智淨相〕'이란 오염되지 않는 판단을 뜻합니다. 오염된 판단이 이미 기억된 것만을 바탕으로 판단하고 있다고 하면, 청정한 판단은 '기억'과 '기억을 뛰어넘는 생생한 현재'가 함께 드러나는 앎입니다. 앎 속에 모든 인연의 모습을 담아내는 판단이라는 뜻으로 '지혜가 청정하다'고 합니다.

기억된 망념의 습관적인 인식활동을 벗어나지 못한다면 지혜로운 판단 작용은 없는 것과 같습니다. 청정한 지혜의 판단을 되살리는 것이 수행입니다. 학습을 통한 바른 이해와 선각자 분들의 도움으로 지혜로운 판단이 습관이 되도록 익히는 것입니다. 학습과 수행은 안으로는 여래장이 갖춘 법력의 훈습과 상응하여 인연의 각성인 진여를 훈습하여 진여의 공성이 드러나게 하고, 드러난 진여의 훈습으로 맑고 고요한 지혜의 판단이 생기게 합니다. 이를 '법력의 훈습熏習'이라고 합니다.

학습이란 즐겨 부처님들의 법문을 듣고 보고 기억하는 것이며, 수행이란 학습으로 익힌 새로운 사유를 삶의 습관으로 만드는 것입니다. 이때의 사유 내용은 '모든 것은 마음 뿐, 실재하지 않는다'라는 것이며, 이와 같은 눈으로 세상보기를 습관화하는 것은 인연의 각성인 본각의 알아차림과 같습니다. 학습이 새로운 사유의 길을 만들고, 그 길을 삶의 내용으로 습관화할 때 마음의 본성인 진여를 보게 되면서 공성인 진여의 활동이 수행자의 삶에 영향을 더해 지혜가 완성됩니다.

법문이 모든 수행자들의 본각을 깨우는 울림이 될 때 중생의 습관이 깨달음의 습관으로 바뀌게 되는 것이 청정한 훈습熏習입니다. 청정한 훈습에는 법문을 듣는 정문훈습正聞熏習이 있고, 수행으로 경험하는 본각의 훈습인 진여훈습眞如熏習이 있습니다.

학습으로 이해한 진여의 작용 곧 본각의 알아차림을 이해하고, 그것을 생각생각 잊지 않고 기억하게 되면, 생멸에서 분별만을 취해 알고 있던 기억을 넘어 분별과 무분별을 바르게 알아차림으로써 모든 생멸이 도리어 진여 작용인 본각을 그대로 나타내고 있는 것을 경험하게 됩니다. 정문훈습으로 익힌 바른 이해를 잊지 않고 기억하는 것이 '참다운 수행〔如實修行〕'이 되는 까닭입니다.

수행은 '분별을 통해서 보편을 인식하는 마음작용〔行〕'을 닦아〔修〕 분별을 넘어서는 것을 말합니다. 분별과 무분별을 바르게 이해하여 그 어느 쪽으로도 기울지 않도록 닦아가는 것입니다. 자각하지 못한 분별은 기억된 분별만을 대물림하여 망념이 깊어지게 하지만, 바른 학습과 학습된 내용을 제대로 알아차리는 습관을 바르게 익힌다면, 익혀진 힘만큼 망념의 습관이 줄어들면서 수행의 양식인 자량이 커 갑니다. 그러다가 자량이 넘쳐나는 순간 새로운 각성이 일어나고, 그 힘에 의해서 분별만을 보는 생멸심의 습관이 바뀌게 됩니다.

상속에 매이지 않는 앎

깨달음으로 분별만을 보는 생멸심이 사라지면 생멸과 불생불멸이 화합하고 있는 '아려야식'이라는 이름은 없어지게 됩니다. '아려야'란 과거의 습관적인 인식 내용을 갈무리하여 저장하고 있는 것을 뜻하는데, 생멸심에 머무는 습관이 머물지 않는 지혜 판단으로 바뀌면서 기억을 갈무리한다는 창고라는 뜻이 없어지는 것이지요. 이것을 일러 "화합식이 없어졌다〔破和合識〕."고 합니다.

망념에 물든 분별의 이미지가 대물림되지 않게 된 것입니다. 창고인 아려야식에 저장된 과거의 인식활동이 남긴 힘인 업식業識의 종자가 사라졌으므로 기억된 종자로부터 자유로운 알아차림이 가능합니다. 그런 뜻에서 "상속되는 인식 내용이 사라졌다〔滅相續心相〕."라고 하였습니다. 그렇다고 해도 일상의 분별과 차이가 없어지는 것은 아닙니다. 분별이 없다면 제대로 안다는 지혜 작용도 있을 수 없기 때문입니다.

상속식이 없어졌다는 것은 법계의 매임 없는 인연의 분별에 덧씌워진 과거의 흔적으로부터 자유롭게 됐다는 뜻이며, 그것으로부터 파생되는 탐욕과 번뇌가 발생하지 않는 것을 뜻합니다. 분별하되 분별이 번뇌를 발생하는 원인으로 작용하지 않는 것입니다.

기억된 앎에서 자유롭지 못할 때는 무상한 인연의 변화를 보지 못해 소유된 앎에 매인 분별을 하고, 매임 없는 법계의 인연과도 어긋나는 잘못된 판단을 합니다. 그러나 인연의 변화가 분별로 드러나는 것을 있는 그대로 자각하게 되면, 무상한 법계의 흐름에 수순하게 되므로, 분별된 내용을 꼭 붙잡고서 놓지 못하고 있는 것과는 다른 지혜로운 판단을 합니다.

지혜로운 판단이란 과거의 기억만을 대물림하여 현재를 알아차리는 마음작용이 사라지고, 과거조차 현재의 인연으로 무상을 통해서 읽게 되므로 알되 상속에 매이지 않는 앎입니다. 지혜로운 눈에 의해서 연기의 각성인 법신의 작용이 온전히 드러난 것입니다〔顯現法身〕.

법신法身이란 인연법을 인격화한 것입니다. 인연법이란 일상을 이루는 관계법이지만, 관계가 일상을 이룬다고 보면 일상 그대로가 인연법이면서 법신이 됩니다. 관계의 이치와 일상의 현상이 한 몸입니다. 이 둘의 의미가 다른 뜻으로 읽혀져서는 인연을 바르게 읽고 있다고 할 수 없습니다.

이치이면서 현상이고 현상이면서 이치라고 해야 하기 때문에 언어로는 그 뜻을 다 나타낼 수가 없겠지요. 이치와 현상이라고 분별할 수 있는 내용이 원래부터 있을 수 없기 때문에, 이치라고 해도 맞지 않고 현상이라고 해도 맞지 않고 이 둘이 합쳐졌다고도 할 수 없습니다. 그래서 같지도 않고 다르지도 않다고 합니다. 하나의 사건이 담고 있는 다양함을 말로는 다 표현할 수 없기 때문이지요.

'청정한 지혜'란 다양함을 볼 수 있는 앎으로, 형상과 이미지에 머무르지 않는 앎입니다. 인연의 흐름에 따르므로 머물지 않는 물처럼 맑고 순수한 앎〔智淳淨〕입니다. 분별만을 이해하고, 그것만이 하나의 사건에 대한 온전한 앎인 양 알고 있는 중생의 삶에서, 순수하고 청정한 지혜로 인해 매임 없는 삶을 살 수 있는 앎입니다.

순수하고 청정한 지혜가 깨닫지 못한 가운데서도 드러나지 않게 작용하고 있으므로 깨닫지 못한 앎일지라도 깨닫지 못한 것만 있는 것은 아닙니다. 순수하고 맑은 지혜가 분별을 따르므로 분별만 보면 깨닫지 못한 것 같으나, 분별 그 자체가 공성의 인연임을 보면 분별이 지혜 판단이 되니, 인연의 장에서 무명의 앎만을 떼어 낼 수 없습니다. 무명의 앎이 인연을 자각하는 앎으로 변할 수는 있지만, 앎의 장은 없어질 수 없기에 무명 불각을 넘어 깨달을 수 있습니다. 그래서 "무명은 사라지나 앎의 장은 사라지는 것이 아니다."라고 이야기합니다.

　실상은 앎만이 있을 뿐입니다. 사건·사물이 자성 없는 연기인 줄 알면 깨달음이 되고, 독자적인 실재로 읽혀지면 깨닫지 못한 앎이라고 할 뿐입니다. '깨달음'과 '깨닫지 못함'이 하나의 장면에 대한 서로 다른 알아차림입니다.

　이 상태를 바다와 파도의 비유를 가지고 설명하고 있습니다. 파도가 일어날 때 파도의 현상만을 보고 그것이 바닷물이라는 것을 모르는 것은 깨닫지 못한 것이요, 파도라는 현상이 실재하는 것이 아니라고 알아차릴 뿐만 아니라 바닷물의 인연을 보는 것은 깨달은 것입니다. 마음이 무상한 인연의 변화로 끊임없이 새로운 상相을 만들고 있을 때, 변하는 상만을 취해서 집착하지 않고 마음이라는 인연의 총상이 상을 만든 줄 알며, 상이 실재하지 않는다고 아는 것입니다.
　형상도 자신의 형상을 허물어 형상이 없는 상태가 되고, 형상 없는 상태도 형상 없는 상태를 허물어 형상을 짓는 것을 알아차려, 형상에도 머물지 않고 형상 없음에도 머물지 않는 것입니다. 인연을 따르는 순수하고 맑은 지혜의 판단입니다. 파도의 형상에도 파도의 움직임에도 머물지 않지만 형상과 움직임의 변화를 있는 그대로 알아차리는 판단입니다. 어느 것을 취해 잡고 있지 않는 앎입니다.
　하나하나의 형상은 무상한 인연으로 변화를 만들면서 움직이고 있다면, 그 움직임이 발 담구고 있는 전체의 장은 움직인다고 할 수 없습니다. 하나하나에서 보면 움직이지 않는 것이 없으나 전체로서는 움직였다고 할 수 없기에 '움직임'과 '움직이지 않음'이 한 가지 사건일 수밖에 없습니다. 하나의 움직임이 단지 하나의 움직임이 아니라 모든 인연이 하나의 움직임을 만들기에 하나가 전체의 하나가 됩니다. 전체인 하나에서 보면 움직임이 없고, 움직이는 하나가 전체라는 데서 보면 움직이지 않음도 없습니다.

파도가 자신의 모습을 가지고 움직이고 있지만 그것이 바다라는 사실에는 변함이 없습니다. 바다의 움직임이 바람에 의한다고 하지만, 만일 바다는 가만히 있으려고 하나 바람이라는 요소가 따로 있어 바다를 움직이게 한다면, 바람과 바다는 다른 요소로서 실재하는 것이 되며, 그때에는 파도가 실재라고 해도 아무런 잘못이 없습니다. 그렇기 때문에 바다가 바람에 의해서 움직였다고 이야기하더라도, 바람 또한 바다 밖에 있는 것이 아닙니다. 바람과 바다와 파도가 어울려 하나가 된 것으로 법계의 다른 얼굴일 뿐입니다. 고요한 바다도 법계의 얼굴이요, 파도치는 바다도 법계의 얼굴입니다.

총상의 내용에서 보면 하나도 변함없는 것이지만, 그것 자체가 바람이 되어 모든 파도를 만들고 있는 것입니다. 무명이라는 바람에 의해서 바다가 움직이는 것이 아니라 바다 그 자체가 무명까지도 포함하고 있습니다.

앎의 총상이라는 뜻에서 바다에 비유한 것이므로, 총상의 앎을 자각하는 순간 무명이 지혜가 되지만, 총상에서 별상의 앎만을 기억하고 그것이 전부인 양 아는 것은 무명이 됩니다. 바람을 일으키는 무명이 따로 있다고 생각해서는 안 됩니다. 총상인 연기의 각성을 자각하지 못하고 분별된 앎만을 취하는 순간, 연기의 각성이 무명의 인식이 되며, 연기의 장에 무명의 인식이 자취를 남기면서 망념이라는 색깔을 입히고 있을 뿐입니다. 무명이 망념을 일으키는 바람이 된 것과 같습니다.

무명의 바람이 바다의 연기각성을 자각하지 못한 것이라고 이야기할 수는 있지만, 자각하지 못한 분별이 그때의 인연 총상이라는 측면에서 보면 무명이 연기각성을 떠난 것이 아닙니다. 바닷물과 바람이 다른 것으로 존재할 수 없습니다〔水相風相 不相捨離〕.

움직임과 고요함의 분별을 넘어서

존재로서 다름은 아니지만 바닷물의 전체적인 '연기각성'과 형상만을 취하는 '무명'의 움직임은 분명히 다릅니다. 바닷물은 연기의 장을 뜻하므로 움직임과 고요함이라는 상대적인 차별로는 이해할 수 없습니다. 전체로서 바다이므로 처음부터 비교가 끊깁니다. 움직임과 고요함은 전체 바다에서 일어나고 사라지는 하나의 현상입니다. 하나의 현상으로 바다의 성격을 결정할 수 없습니다. 본래 결정할 수 없는 것 곧 무자성인 것을 놓치고 현상만을 뜻하는 움직임은 바다의 근본일 수 없습니다. 움직임이란 비교 상대하는 분별에서만 보이기 때문이지요.

움직이는 낱낱 형상이 파도인 것은 분명하지만, 바다가 파도일 수 없습니다. 그렇기 때문에 바다는 움직이는 것을 본성으로 하지 않는다고 합니다. 실상에서 보면 바다라는 인연의 장 전체가 움직임이 되고 앎이 되기 때문에 바다가 움직임을 본성으로 삼지 않는다고 할 수도 없고, 낱낱과 비교하여 전체라고 하지만 전체란 움직임과 움직이지 않음 모두를 넘어선 것이기에 움직임이나 움직이지 않음으로 본성을 삼을 수도 없습니다.

바다가 움직이지 않는다는 것은 무명의 잘못된 인식에서 보는 움직임이 없다는 것입니다. 바다 전체의 인연을 온전히 자각하면 앎은 전체적인 움직임의 흐름과 함께하기 때문에 움직임이 그대로 고요함이 됩니다. 그것은 움직이되 움직이지 않는 것과 같다고 할 수 있습니다. 움직임을 그쳐 고요하게 되는 것이 아니라 움직임의 인연이 전체로 고요함이 됩니다.

인연의 흐름에 깨어 있는 앎은 무상無常한 변화의 움직임을 타고 있기에 움직임과 고요함의 분별을 넘어섭니다. 전체는 움직여도 전체가 될 수밖에 없으니, 법계 전체가 인연으로 얽혀 있기 때문입니다. 이런 뜻에서 인연을 자각하지 못한 분별에서 인연을 자각하는 분별이 된다면, 무명의 바람은 그치나 물의 본성인 습성 곧 연기의 앎은 없어질 수 없다고 말하고 있습니다.

바다와 파도와 바람의 비유는 "중생의 자성청정심自性淸淨心이 무명 때문에 움직였다."고 말하고자 하는 것입니다. 그러나 자성청정심인 마음이 움직이지 않는 어떤 것이라고 한다면 그 마음도 무상과 연기법 밖에 있는 불변의 마음이 될 것입니다.

이것은 부처님 당시나 마명 스님 시대에 브라만교가 주장하고 있는 아트만인 근본실재와 다르다고 할 수 없습니다. 자성청정심이라고 지목할 수 있는 어떤 것이 중생의 내적인 원리이고, 그것이 무명에 의해서 흔들렸기에 번뇌에 물든 마음이 됐다고 하는 것이야말로 불교 이외의 인도 종교에서 주장하고 있는 것과 다름이 없습니다.

불교에서 주장하는 자성청정심과 브라만교가 주장하는 아트만은 다릅니다. 브라만신이 변해서 인간의 본질로 자리잡고 있다는 아트만과 같은 뜻이 자성청정심에는 없기 때문입니다. 만일 최고 원리로서 자성청정심이 실재한다고 생각한다면, 그것이 아트만이라는 생각과 그렇게 다르다고 하기 어렵습니다.

여기에서 '물듦'이라는 것과 '물들지 않음'이라는 것에 대해서 다시 생각해 봐야 됩니다. 번뇌의 염법染法에 의해서 물들었다고 하는 것이 성립되기 위해서는 물들지 않는 것이 먼저 있어야 합니다. 그러나 본래부터 청정淸淨한 것이 자성이라고 한다면 청정이 물들어서는 안 됩니다. 자성自性이라는 뜻은 언제나 그 특성을 잃지 않는 것에 붙이는 것이기 때문입니다.

물들 수 있다면 청정을 자성으로 할 수 없습니다. 이런 뜻에서 보면 청정이 번뇌에 의해 물들고, 물든 청정이 다시 청정하게 된다는 것이야말로, 모든 것이 생겨나지도 않고 없어지지도 않는다는 무자성無

自性의 뜻과 상응한다고 할 수 있습니다. 청정淸淨이란 회복되는 어떤 상태가 아니라 청정도 없고 청정하지 않음도 없다는 것을 제대로 알고 탐심과 진심을 벗어난 깨달음일 뿐이라고 해야 합니다.

청정한 것이 있는 것이 아닙니다. 삼독심三毒心이 사라진 앎으로 무상의 흐름을 사는 것이 청정도 넘어선 청정입니다. 자성청정심이 근본실재가 될 수 없다는 뜻입니다. 그것조차 연기법의 내용이어야 하며 나아가 무상한 변화여야 합니다. 무아와 무상이라는 연기의 뜻이 살아나지 않는다고 하면 그것은 잘못 이해했거나, 불교 이외의 생각일 수밖에 없습니다.

연기 각성은 물들 수 없다

"지성智性은 허물어지지 않는다〔智性不壞〕."는 것도 그렇습니다. '아는 성품'이 그 자신의 특성을 유지하면서 변화하는 무상한 현상을 이해하는 것으로 존재한다면 그 또한 실재하는 아트만과 다를 게 없습니다. "마음과 무명이 자성으로서의 형상이 없기 때문에 서로 떨어질 수 없다〔心與無明 俱無形相 不相捨離〕."고 하는 것과 "마음 그 자체는 움직임이 아니다〔心非動性〕."고 하는 뜻을 잘 헤아려야 합니다.

움직이지 않는 것을 무상하지 않은 것으로 생각하거나, 없어지지 않는 지성智性이 인연 밖에 따로 상주하는 어떤 것으로 생각해서는 안 됩니다. 마음도 무상이면서 실체가 아니며 지성 또한 마찬가지입니다. 그렇다고 하면 한 사람 한 사람의 마음이라고 하는 것으로 실체시된 마음을 상정할 수 없습니다. 그 마음도 인연이며 연기의 변화이기 때문입니다.

마음의 알아차리는 특성인 지성智性도 무상하며 실체가 아닌 변화이기에 연기법입니다. 인연 따라 변하는 무상한 다름이 마음이 되고 지성이 되어 나타난 것입니다. 무상한 변화를 놓치지 않고 알아차리는 것이 마음이며 지성이기에, 움직이지 않는다고 하고 허물어지지 않는다고 할 뿐입니다. 알아차리는 마음과 지성이 변화 밖에 따로 있는 것이 아닙니다.

내가 알고 있는 것이 분명하지만 실상에서 보면 내가 아는 것이 아니라 인연이 마음으로 지성으로 자신을 표현하고 있다고 할 수 있습니다. 이 인연을 '자성청정심自性淸淨心'이라고 합니다. 일상의 의식이 분별된 한계에서 작용하는 앎인 것에 비해, 인연의 각성인 '마음'과 '지성'은 광대하고 미세한 영역까지를 알아차리는 것이기에 오염되지 않는 자성청정심이라고 합니다. 아는 것만을 아는 의식과 같다면 무상한 연기의 흐름과 함께할 수 없겠지요.

그렇다고 하더라도 자성청정심을 깨달음이라고 하지 않습니다. 연기인 '마음'과 '지성'이 광대한 법계의 앎인 것은 틀림없지만 중생의 자각된 앎이 아니기 때문입니다. 깨달음은 인연의 앎을 자각하는 것입니다. 자성청정심인 연기의 각성 또는 법계의 무상한 변화로서의 앎인 지성智性이 우리의 실상이지만, 깨닫지 못하는 한 실상과 등져 있는 것과 같습니다. 우리의 의식은 자신의 한계에 갇혀 있는 인식이기 때문입니다.

연기의 각성은 물들 수가 없습니다. 물들었다는 것은 인연의 각성을 자각하지 못한 한정된 인식 내용을 자신의 전부인 양 잘못 이해하는 것을 말하며, 그와 같은 인식 내용으로 이웃들을 자신 밖의 삶으로 여기면서, 자신을 작은 인식 공간에 가두는 습관적인 인식일 뿐입니다.

이와 같은 인식은 중생이라는 틀 속에서 일어나는 인식이지만 그것이 법계의 연기를 등지고 발생하는 것이 아니기 때문에 인식을 들여다보는 선입견 없는 알아차림에 의해 한정된 인식으로부터 벗어날 수 있습니다. 이런 뜻에서 망념에 의한 물듦이란 스스로 한정된 시공을 만드는 습관이라고 하겠습니다.

시공을 한정짓는 습관화된 인식이지만 연기법계의 시공을 떠난 것일 수 없으므로 자성청정심과 무명은 서로 떨어질 수 없다고 하였습니다. 또한 자성청정심과 상대하기에 무명이 되고, 무명과 상대하기에 자성청정심이라고 할 수 있으므로 서로 떨어질 수 없습니다. 자성청정심과 무명 둘 다 자성이 없습니다. 자성청정심이 뭇 생명의 근원적 실체가 아니므로 존재하는 것이라고도 존재하지 않는 것이라고도 규정할 수 없습니다.

"마음은 움직임이 아니다〔心非動性〕."라는 것도 마찬가지입니다. 마음이 법계 자체가 아니라면, 연기법계의 이곳저곳으로 이런저런 생각으로 움직인다고 할 수 있지만, 마음 그 자체가 법계의 인연을 오롯이 나타내므로 움직인다고 할 수 없습니다.

마음 하나가 그대로 생명들마다의 전체적인 삶이 되고 법계의 얼굴이 됩니다. 비교할 수 있고, 분별될 수 있는 다른 얼굴이면서도, 그 얼굴이 법계의 얼굴이 됩니다. 움직이되 움직이지 않는 것과 같은 움직임 하나하나가 중첩된 인연의 분별로써 지성智性이 되어 앎으로 드러납니다. 앎으로 드러난 중첩된 앎의 장은 그 자체로 하나 된 경계로서 분별될 수 없는 것이므로, 생겨나거나 사라진다고 할 수 없습니다〔智性不壞〕.

생겨나거나 없어진다는 개념은 업식業識이 갖는 인식 내부에 있는 분별의 경향성이라고 할 수 있습니다. 과거의 기억이 현재와 만나면서 의식 내부의 분별도 실재처럼 인식되는 것입니다. 분별될 때는 생겨난 것 같고 사라지는 것 같으나, 실재가 없으니 생겨났다거나 없어졌다고 할 수도 없습니다. 분별된 것을 실재로 기억하는 망념이 생겨나고 없어졌다고 할 수는 있지만, 그 마음이 본래부터 꿈같고 이슬같이 허망한 것이니, 생겨나고 없어지는 무엇이 아닙니다. 허망한 분별은 작용할 때는 있는 것 같지만 허망이란 뜻이 말해 주듯 실재하는 것이 아니므로 없어진다고도 할 수 없습니다.

지성의 알아차림과 공덕의 생명 나눔

'물든 마음'은 그 본질이 허망하므로 없어진다는 것조차 성립될 수 없지만 허망에 집착하는 마음작용에서 보면 분명히 있는 것입니다. 있는 것 같지만 허망이 본질이므로 그것에 대한 바른 이해가 생겨난 순간 없어지고, 무명이 사라지면 상속되는 허망한 인식인 물든 마음도 사라집니다.

허망한 집착은 법계의 무상에 대한 잘못된 이해일 뿐입니다. 법계의 무상한 변화인 연기의 각성을 자각하지 못하고 분별에 집착하는 우리의 인식이 물든 것입니다. 분별할 수 있는 존재가 없기 때문에 분별이 허망한 분별이 되고, 인연의 각성은 분별로 드러나면서도 분별을 넘어서기에 분별에 집착하는 것이 허망한 것이 됩니다.

허망한 분별이 사라지더라도 인연의 각성인 지성은 없어지지 않습니다. 그때에야 비로소 각성의 작용이 제대로 드러납니다. 근본 깨달음이 허망한 마음작용을 따른 것 같지만, 물든 마음작용에서도 근본 각성은 언제나 각성으로 작용하고 있습니다〔不相捨離〕.

이와 같이 허망한 가운데서도 법계의 인연에 한 치도 어긋남 없이 제 빛으로 작용하는 지성智性이 있기 때문에 법계의 온갖 생명활동이 있을 수 있습니다. 지성은 허망한 마음으로는 짐작할 수조차 없으므로 생각을 넘어선 인식의 활동이 되며, 깨어 있는 각성으로도 그 작용을 다 안다고 할 수 없습니다. 인식활동으로 나타나거나 나타나지 않거나 앎의 특성인 지성은 없어지지 않습니다. 우리들의 생각을 넘어선 것으로 불가사의한 활동이기에 '부사의업상[不思議業相]'이라고 합니다.

지성의 앎이란 인식 주관이 언어의 표상을 통해서 마음으로 그리는 이미지를 가지고 아는 것이 아닙니다. 법계의 인연을 온전히 드러내는 작용입니다. 지성의 불가사의한 활동은 생명들의 삶터인 수승한 경계를 만들며, 온갖 생명들이 서로를 살리는 생명활동의 바탕이 되므로 공덕이라고 합니다. 나와 너가 한 생명처럼 얽혀진 가운데서 서로가 서로를 살리는 기운을 나누는 것이 지성智性이며 공덕功德입니다.

뭇 생명들의 삶의 근거가 되는 헤아릴 수 없는 공덕이 끊어지지 않고 계속되면서 자연스럽게 생명계 전체가 서로서로 상응하고 있습니다. 지성의 알아차림과 공덕의 생명 나눔으로 온갖 삶들의 인연이 나타나고, 그 인연에 따라 뭇 생명들의 생명활동이 전개됩니다. 생명을 살리는 지성과 공덕의 작용을 '이익利益'이라고 합니다.

이와 같은 생명 나눔의 이익으로 뭇 생명들은 살아갈 수 있습니다. 많이 가진 누가 적게 가진 누구에게 베푸는 나눔이 아닙니다. 서로가 서로에게 나누어야만 온전한 생명을 살 수 있는 것이 삶의 본바탕입니다. '큰수레[大乘]'에 함께 타고 있는 것과 같습니다.

이와 같은 생각을 하고 실천하는 것은 쉬운 일이 아닙니다. 그 또한 생각을 넘어서야만 할 수 있지요. 그래서 대승의 삶, 생명 나눔의 삶을 '보통으로는 생각할 수 없는 삶의 활동[不思議業相]'이라고 합니다. 법계의 나눔으로 진정한 '이익'입니다.

갖는 것을 통해서는 온전한 자신의 삶을 다 살 수 없고, 철저한 나눔으로만 자신의 생명을 제대로 살 수 있습니다. 이것을 '대승大乘'이라고 합니다. 언제 어디서나 인연의 각성으로 있는 지성智性이 생명의 공덕을 나누면서 서로가 서로에게 이익이 되는 삶을 사는 대승의 삶이 우리네 삶의 본바탕입니다.

이와 같은 나눔이 근본 각성 자리에서 우리도 모르는 사이에 이루어지고 있기 때문에 물든 마음인 허망한 자아의식을 바탕으로 살고 있는 중생도 인연의 각성을 자각하는 순간 지성智性과 부사의업상不思議業相의 삶을 살 수 있고, 마음 하나 챙겨 자신의 인식 내용과 그 관계를 제대로 알면 그 자리에서 깨달은 삶을 사는 부처님이 될 수 있습니다.

10장. 깨달음의 본디 모습

25 '깨달음의 본디 모습〔覺體相〕'에 네 가지 '크다는 뜻'이 있다. 그러므로 연기의 각성은 허공처럼 넓고 맑은 거울처럼 밝게 안다.

復次 覺體相者 有四種大義 與虛空等 猶如淨鏡 云何爲四

첫째, 연기각성은 '참으로 빈 거울〔如實空鏡〕'과 같다. 왜냐하면 허망하게 분별하는 마음과 분별된 모든 경계가 본래부터 없어, 허망한 법이 나타날 수도 없고 허망하게 알아차리는 작용도 없기 때문이다.

一者如實空鏡 遠離一切心境界相 無法可現 非覺照義故

둘째, 연기각성은 '안으로 여래장을 원인으로 하여 모든 공덕을 갖추었기에 비어 있지 않는 거울〔因熏習鏡〕'과 같다. 연기의 각성은 텅 빈 것이 아니다. 세상의 모든 경계가 연기의 각성에서 나타나는 것이므로, 경계가 연기의 각성을 벗어나는 것도 아니고 연기의 각성 안으로 들어오는 것도 아니며, 없어지는 것도 아니고 파괴되는 것도 아니다. 항상 연기 총상인 한마음으로 있다. 왜냐하면 모든 것이 그 자체로 진실한 연기의 공성이기 때문이다.

二者因熏習鏡 謂如實不空 一切世間境界 悉於中現 不出不入 不失不壞 常住一心 以一切法卽眞實性故

또한 모든 집착이 연기의 각성을 물들일 수 없으며, 연기적인 앎의 바탕은 집착으로 움직이지 않는다. 그 자체가 집착이 없는 공덕을 갖추고 중생을 훈습하는 것이다. 그래서 인훈습경이라고 한다.

又一切染法所不能染 智體不動 具足無漏 熏衆生故

셋째, 연기각성은 '모든 집착을 벗어난 거울〔法出離鏡〕'과 같다. 연기법이 나타내는 모든 공덕은 그 자체로 번뇌에 의한 장애와 지혜를 막는 장애가 없고, 집착으로 생긴 생멸심과 집착이 없는 불생불멸심이 화합하고 있는 상태인 아려야식을 떠났으며, 순수하고 깨끗한 밝은 지혜이기 때문이다.

三者法出離鏡 謂不空法 出煩惱礙智礙 離和合相 淳淨明故

넷째, 연기각성은 '인연 있는 중생을 훈습하는 거울〔緣熏習鏡〕'과 같다. 연기법은 번뇌에 의한 장애와 지혜를 막는 장애가 없기 때문에 중생의 마음을 잘 헤아려 그들로 하여금 선근을 닦게 하고, 중생의 마음 따라 가르침을 시현하기 때문이다.

四者緣熏習鏡 謂依法出離故 遍照衆生之心 令修善根 隨念示現故

익혀 온 세상보기와 앎을 내려놓는 그 자리

　부처님께서 "연기법을 보면 나를 본다."라고 말씀하신 것은 부처가 부처인 까닭을 말씀하신 것이라고 생각됩니다. 이 말씀은 '실달다'라는 자연인에서 부처가 된 것이 분명하지만, 한 사람으로 부처인 것이 아니라 연기라는 법계의 몸으로 부처라는 선언이라고 할 수 있습니다. 생물·무생물로도 나눌 수 없이 모두는 인연의 어울림인 총상에서 각자 부처로 있다는 것입니다. 나도 부처고 너도 부처입니다. 부처가 된 나와 너에게는 나만으로의 '나'와 너만으로의 '너'는 없습니다.
　개인만을 고집하는 순간 부처됨을 잃어버린 중생이 드러나고 나를 잊는 순간 부처가 드러나니, 부처이면서 중생이고 중생이면서 부처인 묘한 상태라고 할 수 있습니다. 그러나 '나'와 나라는 인식을 바탕으로 쌓여진 '나의 것'이라는 습관이 온전히 다 사라져야만 부처라고 할 수 있기에 부처이면서 부처일 수 없는 중생은 오롯이 중생일 수밖에 없습니다. 그럼에도 불구하고 중생은 인연의 법계 곧 법신으로 총상인 것에서만 중생일 수 있으므로 법신 부처로서 총상인 연기의 각성에서 떠날 수가 없습니다.

중생 스스로가 부처라는 것은 깨닫지 못한 상태에서는 언어의 비유를 통해서 엿볼 수밖에 없겠지요. '구경각의 모습' 곧 '깨달음의 본디 모습〔覺體相〕'에 대한 설명이 그것입니다. '깨달음의 본디 모습'이란 법계 어디에나 있는 허공이 온갖 모습을 허공으로 만드는 것이 아니라 제 모습을 비우면서 그곳에 온갖 모습을 그대로 드러내는 것과 같으며, 맑은 거울이 온갖 형상을 그대로 드러내는 것과 같다는 것입니다.

이것은 살아가면서 만나는 모든 것을 아무런 선입견 없이 있는 그대로 보는 것과 같으며, 어떤 사건을 해석할 때 이미 갖고 있는 견해를 덧씌워 이해하는 것이 아니라 늘 새롭게 볼 수 있는 힘이 있는 것과 같습니다.

거울이 아무런 의지와 앎 없이 그저 비추고 있을지라도 아무런 선입견 없는 비춤에 의해서 사물을 있는 그대로 드러내듯, 깨달음이란 익혀 온 세상보기와 앎을 내려놓고 인연의 흐름을 있는 그대로 보기 때문에, 보고 아는 것이 언제나 새로운 모습으로 법신을 형상화하면서도 인연을 있는 그대로 드러내 압니다. 거울과 대상이 만나 형성된 형상의 모습 그대로가 온전한 인연의 총상이 되는 것과 같습니다. 거울에 드러난 형상은 이미 있는 형상일 수 없습니다. 인연의 무상함이 항상 새롭게 자신의 모습을 나투는 것은 거울이 그 모습 그대로 비추면서 거울이 되기 때문입니다.

인연의 전체적인 각성이 각체상覺體相으로의 거울이라고 할 수 있습니다. 아주 작은 인연의 변화에도 그 다름을 온전히 드러내기 위해서는 인연의 장이 어느 한 가지의 색으로도 물들어 있을 수 없습니다. 인연 그 자체가 맑은 거울처럼 있기 때문에 인연을 이루고, 법계가 형상으로 나타날 수 있습니다.

수행으로 법계의 색깔을 아는 것이 아닙니다. 무상한 인연의 흐름에 온전히 깨어 있으면서 인연이 되는 것이 깨달음입니다. 그러므로 연기가 깨달음이며 부처님이라는 선언이 가능합니다. 깨달음의 본디 모습이 아무런 자기 색을 갖지 않기에 인연 따라 자기의 색과 모양을 가질 수 있고, 새로운 인연으로 변할 수 있습니다. 맑고 투명한 허공이나 거울 같은 본체가 있고 그곳에 모습이 나타나는 것이 아니라, 인연의 어울림에서 일어나는 변화가 거울도 되고 거울에 비친 형상도 되는 것을 뜻합니다.

거울이나 허공, 그리고 거울과 허공 가운데 나타나는 무상한 변화들이 따로 있는 것이 아닙니다. 연기의 각성인 '깨달음의 본디 모습'이 허공처럼 온 우주법계에 없는 곳이 없으며, 인연의 장에서 깨달음으로 작용하고 있기에 모든 형상들은 깨달음이 됩니다. 깨달음의 본디 모습이 크나큰 이유입니다.

정말로 텅 빈 거울과 같다

그와 같은 깨달음의 장을 네 가지 거울에 비유하여 이야기하고 있습니다.

첫 번째는 깨달음의 본디 모습이 "정말로 텅 빈 거울과 같다〔如實空鏡〕."는 것입니다. 사물과 사건을 볼 때 아무런 선입견 없이 '있는 그대로'를 보는 것입니다. 자신과 이웃들이 만들어 놓은 좁은 언어 개념에 의한 분별을 통한 이해에 머물지 않는 앎입니다.

언어 이미지에 맞는 법계의 작용도 법계를 다 드러내는 모습이지만, 언어 자체가 언어 표상을 떠날 수 없기에 언어를 통해서 보는 이해가 법계의 이해이면서도 좁은 이해에 머문다는 것입니다. 차별 짓는 마음이 일어나면 그것이 오직 마음이 만든 차별인 줄 알아차려야 합니다. 알아차리는 마음이 현전하여 인연 따라 일어나고 사라지는 것을 있는 그대로 보면, 언어를 통한 차별의 조건이 사라지면서 지금까지 갖고 있는 언어 이미지와 다른 새로운 세계가 펼쳐집니다. 선정 삼매에서 체험하는 다양한 영상들과 이해가 좋은 보기입니다. 언어 표상인 한정된 마음의 앎을 벗어난 체험으로 언어와 의식으로는 다 그릴 수 없는 경험입니다. 그렇기에 연기각성의 빈 모습은 모든 언어와 마음의 경계를 떠났다고 합니다.

의식과 언어의 분별은 상대적인 비교와 차이를 통해서 발생됩니다. 그러나 분별을 떠난 삼매 체험에서는 상대할 수 있는 시공간의 다름이 없기 때문에 체험되는 모든 것이 그 자체로 오롯한 영상이 됩니다. 물론 일상의 의식과 다른 경계에 대한 체험도 삼매 상태에서 경험할 수 있기 때문에 주객이 나누어지지 않는 체험만이 삼매를 뜻하는 것은 아닙니다. 주객으로 나누어진 특별한 체험이든 나누어지지 않는 체험이든 삼매란 모든 다름들을 그 자체로 온전히 비춰 낼 수 있는 매임 없는 의식입니다.

이와 같은 의식을 정중의식定中意識이라고 합니다. 상속되는 인식의 한계를 넘어 온갖 다름들을 있는 그대로 볼 뿐만 아니라, 다름들을 의식적으로 만들어 낼 수 있는 강도 높은 집중력이 있는 의식입니다. 이와 같은 선정 곧 정중의식을 체험함으로써 일상과 선정 양쪽 모두에서 인식 대상들에 대한 인연을 읽고, 인연을 같은 이미지로만 읽어 내는 나의 분별을 떠나게 되면, 모든 분별이 지성의 분별이며 깨달음의 자기 표현임을 알게 됩니다.

깨달음의 자기 표현인 '분별을 떠난 삼매'란 분별이 없는 것이 아니라 나와 너, 나의 것과 너의 것 등으로 분별될 수 있는 것이 없다는 것을 사무치게 아는 빈 마음으로 인연을 있는 그대로 알아차리는 앎입니다. 하나의 대상에 온전히 집중된 상태나 특별한 선정 상태인 초월의식에서 주객이 사라진 것만을 분별없는 삼매라고 하는 것이 아닙니다. 일상의 분별에도 매이지 않아야 하지만, 주객이 사라진 삼매에도 매이지 않아야 합니다. 일상과 선정 어느 것에도 매이지 않는 자유로움이 있는 그대로를 사는 것이며 분별없는 삼매의 완성입니다. 이 상태를 '참으로 비어 있는 거울'의 이미지로 설명하고 있습니다.

그렇다고 해서 마음이나 언어 표상과 다른 것으로 텅 빈 거울 같은 어떤 것이 우리네 삶의 본질로 실재하는 것이 아닙니다. 의식으로 그려서 이해하는 일상의 감각 지각과 판단을 넘어섰다고 할 수는 있지만, 영상과 상관없이 존재하는 거울과 같은 이미지를 갖는 각체상은 없습니다.

　의식과 언어 표현을 떠나 있는 '깨달음의 본디 모습〔覺體相〕'에서 온갖 마음과 언어 분별이 일어나고 있으므로 언어와 마음의 분별도 분별을 떠난 각체상의 미묘한 작용이 될 수 있습니다. 마음과 언어를 떠나 있는 것이 현묘한 경지가 된 듯하지만, 현묘한 경지에서 마음과 언어의 분별이 발생하므로 분별과 분별없음이 겹쳐 있는 일상이 현묘한 것 가운데 더욱 현묘한 것입니다.

　선입견을 떠나 연기의 각성을 전체로 자각한다면, 상대적 비교와 분별을 통해서 이해되는 이미지의 총합인 법法의 한정을 뛰어넘으면서도, 법 그 자체가 무상한 인연임을 볼 것입니다. 인연의 무상한 흐름에 동참하는 '봄〔見〕'은 순간순간 앎이 전체가 되는 봄〔見〕으로, 의식의 대상인 법法이 가지는 한정만을 보고 비교 분별하는 앎과는 다른 '봄'입니다.

깨달음의 본질이 공空하지 않다

　두 번째는 '깨달음의 본디 모습'에 의해서 우리네 일상에서 경험하는 모든 '다름'들이 그 자체로 진실하게 되므로 깨달음의 본질이 공空하지 않다는 것입니다. 각체상覺體相 그 자체가 지성의 작용이 되어 중생의 분별을 넘어서게 하는 훈습을 일으키는 원인이 된다는 것입니다. 그래서 '인훈습경因熏習鏡'이라고 합니다.

'공空'이라는 뜻은 텅 비어 하나도 없다는 것이 아닙니다. 분별된 것, 경계로 나타난 것이 그 자체로 독립된 실재로 존재하지 않는다는 뜻입니다. '분별된 것이 그것만으로 존재할 수 있다〔自性〕'는 생각은 잘못된 견해로 물든 마음〔染法〕입니다. 염법이 따로 있는 것이 아니고 마음의 분별이 실재시된 인식으로 남게 되는 순간 염법이 되고, 자성을 갖는 실재가 없으므로 허망한 분별이 됩니다. 같은 경계지만 허망한 경계가 되면서 문제가 발생합니다. 실상에서 보면 허망하지 않는 경계도, 허망한 경계도 그 자체로는 없습니다. 모두 다 법계의 인연이 그렇게 나타난 것입니다.

인연이 나타난 데서 보면 모든 것이 공성이라는 데서 법계의 얼굴이 되지만, 인연의 각성에서 보면 모습마다 다름 그대로 인연의 얼굴이 됩니다. 모든 모습들이 자신을 비우면서 공성인 인연의 각성을 표현하고, 자신의 모습으로 공성을 드러내 인연을 나타냅니다. 모든 모습이 모습이면서 모습에 머물지 않고 인연의 빈 모습을 나타내고 있는 미묘한 작용들이 깨달음 그 자체이며 창조적인 인연의 실상입니다.

빈 모습이면서도 결코 빈 모습에도 머물지 않습니다. 경계로 알아차리는 모든 분별 인식을 넘어선 데서 보면 빈 거울과 같으나, 그것이 모든 모습을 그 모습 그대로 드러낼 수 있으므로 빈 거울일 수 없습니다. 인연이 한 모습에 머물지 않는 것에서 보면 거울이 아무런 얼굴을 갖지 않는 것과 같고, 그 가운데 모든 모습이 드러날 수 있다는 데서 보면 비어 있지 않습니다. 빈 모습이라고도 빈 모습이 아니라고도 할 수 없으면서도, 어느 쪽을 이야기하느냐에 따라 빈 모습이라고도 이야기할 수 있고 그렇지 않다고도 이야기할 수 있지요.

빈 모습이나 비어 있지 않는 모습 모두가 지성智性에 의한 분별입니다. 그렇다고 지성이 인연 밖에 있는 것도 아니며, 비유로 든 거울도 인연 밖에 있는 것이 아닙니다. 무상한 인연의 변화가 지성이 되고 거울이 됩니다.

분별된 모습들이 그 자체로 인연이 되고 지성이 되며 거울도 되고 거울에 비친 모습도 되므로, 이것 가운데 어느 하나만으로는 인연이라는 그림을 그릴 수 없습니다. 모든 모습들은 지성이라는 거울에 비치는 모습이지만, 비친 모습들에 의해서 지성의 작용이 있기 때문에 지성이 알아차린 것도 아닙니다. 그렇지만 지성이 없다면 모습을 알 수 없으니 모습도 모습일 수 없습니다. 지성이 모습에 의해서 지성이 되고, 모습이 지성에 의해서 모습이 되므로, 지성과 모습은 분리할 수 없는 하나이면서도 다른 것입니다.

법계가 무아와 무상을 잠시도 쉼 없이 드러내고 있는 것이 분별이며 지성智性입니다. 무아이기 때문에 자신도 그 자체로 인연의 총상으로 자아가 되며, 무상이기 때문에 시공간을 창조할 수 있습니다. 매순간 인연의 총상이 깨달음 그 자체인 각성覺性이 나타나는 것이므로 각성의 알아차림에서 보면 변하지 않는 것과 같지만, 인연이 각성으로 작용할 수 있는 것은 모든 모습들의 실상이 무상과 무아이기 때문입니다. 그렇기 때문에 인연의 각성이 마음에서 모두 드러나며, 뭇 생명의 마음이 온갖 인연을 관통하고 있는 하나의 마음이 되며, 마음작용 하나가 온갖 법계를 창조하고 있는 현장이 됩니다.

마음에는 안팎이 없다

　인연의 총상으로 작용하고 있는 마음에서 보면 온갖 모습들이 마음이 됩니다. 그러므로 마음에는 안팎이 없습니다. 안이라고 생각되는 주관적 마음과 밖이라고 여기는 대상들이 인연에서 하나로 관통되고 있으면서 마음도 되고 대상도 됩니다. 인연의 작용이 이루어지고 있는 전체의 장이 마음이며 모습이며 지성입니다.
　마음 하나 일어나는 것도 하나의 마음이 일어나는 것이 아니라 인연의 총상이 일어나는 것이고, 사라지는 마음 또한 총상이 되므로, 일어나는 마음도 없고 사라지는 마음도 없습니다. 아울러 사라지고 허물어지는 경계도 없습니다. 경계가 마음의 작용이며 지성의 작용이기 때문입니다. 마음은 우리가 갖고 있는 부분이 아니며 지성 또한 마찬가지입니다. 마음으로 또는 지성으로 이름 지어 부르지만 그 자체도 무상·무아이면서 인연의 총상이 되므로 빈 것이라고 합니다.
　마음과 지성이 어떤 것으로 있는 것이 아니라 텅 빈 듯 있기에 그곳에 모든 모습이 나타날 수 있지만, 모습에 상대하는 마음과 지성이 있는 것도 아닙니다. 법계의 작용은 언제나 마음과 지성 그리고 온갖 경계가 한 쌍으로 드러납니다. 그 쌍이 법계가 되고 그것의 작용이 마음의 알아차림 곧 지성으로 자신을 알리는 것이라고 할 수 있습니다. 인연인 법계의 작용이 마음이면서 경계며, 경계이면서 마음이 되므로 중생심이 일심一心이며, 일심에서 모든 삶의 내용이 이루어지고 있다고 이야기할 수 있습니다.

청정한 깨달음의 작용에서만 그와 같은 것이 아니고 망심 분별 또한 마찬가지입니다. 알아차리는 쪽을 마음이라고 하고 대상을 경계라고 하여 그 각각을 분별된 실체로 인식하는 순간 망심 분별이 되지만, 분별 작용이 깨달음의 근본 특성이면서 공성이며 인연으로 온 삶임을 사무치게 자각한다면, 분별이 지혜의 판단이 됩니다.

그렇기 때문에 모든 것[法]이 그대로 '진실'한 것이라고 합니다. 실상도 되고 허상도 되는 것이 진실입니다. 실상이라고 해도 그것이 인연의 무상·무아이니 허상이 되며, 무상·무아이므로 허상이 실상이 됩니다. 허상이나 실상을 실재로 집착하여 아상我相을 갖게 되면 망심 분별로 번뇌 종자를 만들지만, 망심 분별로 일어난 번뇌는 허망이면서 실상이며 실상이면서 허망한 인연의 장 자체를 물들일 수 없습니다. 무상한 인연이 만든 분별에 집착함으로 번뇌가 있는 것은 사실이지만, 그것조차 무상하기 때문입니다.

오직 '한마음'인 중생심의 작용 이외에는 어떤 것도 있을 수 없습니다. 그것이 청정한 깨달음이면서 번뇌의 작용도 되고, 번뇌의 작용에서도 청정한 깨달음으로 작용하고 있습니다. 번뇌를 떠난 곳에서 청정한 마음작용이 일어나고 있다고 생각하겠지만, 번뇌 작용 그 자체가 청정한 것을 그대로 다 나타내고 있으므로, 번뇌에 의해서 오염될 수 있는 것이 없습니다. 그렇기 때문에 『화엄경』에서는 소 잡는 백정이 도끼를 내려놓는 순간 바로 깨달음을 성취한다고 이야기하고 있습니다.

흔들리는 마음처럼 보이지만 그 마음 또한 각성에서 일어난 마음이며 마음이 흔들림으로 나타나는 앎이므로, 앎은 언제나 깨달음이며 삼독심에 의해서 흔들리지 않습니다〔智體不動〕. 흔들리지 않는 앎이 공성인 깨달음이기에 한없는 지혜 공덕을 빠짐없이 갖추고 있다고 하며, 언제나 중생을 깨닫게 훈습하고 있다고 합니다.

몸과 마음에서 일어나고 있는 모든 변화 곧 무상한 인연의 흐름이 앎으로 드러나고 있는 것을 무심히 지켜보고 알아차리는 정념正念의 작용이 살아 있으면 깨달음인 부처의 앎이 됩니다. 마음작용 하나에 진여가 생멸을 따라 생멸처럼 있고 생멸이 진여를 따라 진여처럼 있으므로 생멸에서 진여를 보고 진여에서 생멸을 보면, 인연마다 부처님이 되고〔法身〕 부처님의 앎이 됩니다〔法界體性智〕.

모든 법은 장애를 떠나 있는 거울이다

세 번째는 깨달음의 장을 "모든 법은 장애를 떠나 있는 거울이다〔法出離鏡〕."라는 비유로 설명하고 있습니다. 모든 인연의 장에서 생생하게 활동하고 있는 생명계의 모습은 그 자체로 모든 번뇌와 어리석음을 떠나 있다는 뜻입니다.

늘 말씀드리지만 각성되지 않는 근본 깨달음이 있고 그것이 망념에 의해 물들었다고 하지만, 중생은 근본 깨달음으로 살아 본 적이 없다는 것을 전제로 하고 이해하여야 합니다. 시각始覺의 과정을 지나야만 근본 깨달음도 깨달음의 활동이 됩니다. 중생의 자각 없는 근본 깨달음이란 실상에서 보면 깨달음이라고 할 수 없습니다. 따라서 근본 깨달음이 무명 망념에 의해서 물들었다고 할 수 없습니다〔無始無明〕.

인연의 장에서 일어나는 분별에 의해 인식의 보편성이 형성되고, 형성된 분별이 다음을 이해하는 잣대가 되므로 인식이 일어나고 있는 현재를 있는 그대로 자각하지 못하게 된다는 뜻에서 물들었다고 할 수는 있습니다. 바로 전찰나의 인식 내용이 후찰나에 영향을 주면서 후찰나의 실상을 자각하지 못한 상태가 된 것입니다.

실상을 있는 그대로 자각하지 못하고 뚜렷한 분별이 앎이 된 것입니다. 인연의 앎이 무명의 앎이 된 것이지요. 이와 같은 앎을 '물들었다'고 합니다.

무명이 형성된 이후에는 인연의 본래 모습을 자각하지 못한 현재 인식과 대물림되는 과거의 인식이 우리 일상을 바르게 이해하는 데 장애가 됩니다. 실상을 바르게 이해하지 못한 인식은 현재를 만족할 수 없는 삶으로 만들기 때문에 자신의 삶이 불만족스럽게 됩니다. 과거의 인식 내용이 현재에 덧씌워지고 있는 것을 자각하지 못하는 순간 시공간이 변함없이 항상 존재하는 것처럼 생각하게 되고, 이 생각에 의해서 변화하는 인연의 장이 그대로 각성覺性이며 우리네 본성임을 알 수 없게 됩니다. 무상을 놓치고 괴로운 삶을 살 수밖에 없게 된 것이지요.

　삶의 자유로움을 장애하고 힘들게 하는 '지애智礙'와 '번뇌애煩惱礙'가 형성된 것입니다. 지애智礙란 인연의 각성을 알아차리지 못한 분별이 우리네 삶의 본질인 근본 깨달음을 가리고 있는 것을 말합니다. '소지장所知障'이라고도 합니다. '소지所知'에 대한 장애 곧 알아야 할 대상인 근본 깨달음에 대한 장애입니다.
　경계를 넘나드는 근본 깨달음인 공성空性은 분별에도 걸리지 않고 무분별에도 걸리지 않습니다. 그렇기 때문에 뚜렷한 '경계 나눔'만을 통해 아는 분별은 알기는 알되 바른 앎이 될 수 없는 앎이며, 앎의 근거인 인연에 어두운 앎이며, 무상과 무아를 체득하지 못한 앎입니다.
　무상과 무아가 연기의 다른 표현이므로 지혜를 가리는 무명의 분별은 연기의 각성에 어두운 것으로 지혜로운 판단에 장애가 되는 앎입니다. 안다는 것이 장애라는 뜻이 아니라 지혜를 가리는 앎이라는 뜻이며, 근본 깨달음이 일어나고 있는 지혜의 작용을 알아차리지 못한 앎이라는 뜻입니다.

이런 뜻에서도 알 수 있듯이 근본 깨달음이 우리를 깨달음으로 인도하는 근거는 될 수 있지만, 그것 자체가 우리를 깨닫게 한다고 할 수는 없습니다. 그러므로 깨달음이란 깨달음을 다시 깨닫는 것이라고 할 수 있습니다.

깨달음이 일상의 분별과는 다르다는 뜻에서 깨달음이라고 하지만 그것 자체가 분별인 것 또한 분명합니다. 단지 비교하여 아는 것만으로 분별하는 일상의 앎과는 달리, 깨달음은 연기각성에 오롯이 깨어 있는 무분별을 경험하면서 분별에도 걸리지 않고 무분별에도 걸리지 않는다는 차이가 있을 뿐, 앎의 속성인 분별을 감춤 없이 드러냅니다.

실상에서 보면 인연에 따른 분별인 앎 그 자체가 항상 '아는 자'와 '알려지는 것'으로 분별되면서 자신을 알리기도 하고, 어떤 때는 마치 주·객이 나누어지지 않는 하나인 것처럼 알리기도 합니다. 앎 그 자체의 속성에 의해서 무엇을 아는 것처럼 보인다는 뜻입니다. 앎의 흐름에 깨어 있게 되면 분별만의 '경계 나눔'이 사라지는 것은 말할 필요조차 없고, 분별과 무분별의 경계조차 사라지는 것을 경험할 수 있는 까닭도 여기에 있습니다. 이 때문에 나누어진 경계만을 분별하여 아는 무명은 분별과 무분별을 넘나드는 지혜 작용을 장애하므로 지애智礙라고 합니다.

분별과 무분별을 넘어선 연기법을 알지 못하고, 무상無常·무아無

我의 인연을 자각하지 못한 것이 무명입니다. 그리하여 분별된 자아의 항상성이 인식의 내용으로 남게 되면서 무상無常인 실상이 불만족한 일상이 됩니다.

허망한 분별만을 아는 무명으로 인해 만족하지 못한 삶을 살면서 힘들어하는 것을 '번뇌에 의한 장애〔煩惱礙〕'라고 합니다. 자각되지 않는 앎이 만들어 낸 분별에 의해서 자신의 삶을 잃고 괴로운 삶을 사는 것입니다. 나아가 번뇌가 자신의 삶을 지속적으로 힘들게 함으로 더욱 더 인연에 대한 자각을 할 수 없게 됩니다. 연기법신의 삶을 알지 못하고 삶이 장애 덩어리가 되고 말았습니다. 이런 뜻에서 우리네 삶을 이루고 있는 오온을 '불만족 덩어리〔五陰盛苦〕'라고 합니다.

그러나 장애는 실체를 가진 어떤 요소에 의해서 형성된 것이 아니라 허망한 집착에 지나지 않습니다. 자각하지 못한 허물에 의해서 집착이 생기고 지애와 번뇌애가 깊어지기는 했지만, 그것이 착각에 지나지 않기 때문에 수행을 통해서 장애를 넘어설 수 있습니다. 인연의 분별을 착각하여 분별만을 취해 앎을 형성하는 근본 무명을 넘어서면 분별된 기억과 그에 따른 불만족한 삶의 기운들도 사라지므로 아려야식이라는 이름도 있을 수 없습니다.

아려야식이라는 이름이 없어진다는 것은 불만족의 기운이 모두 사라지고, 인연의 각성에 대한 자각이 밝게 빛나, 언제나 부족함이 없는 법계의 삶을 산다는 것입니다. 이와 같은 앎이 순수하고 청정한 것이며, 인연 그 자체에 밝게 깨어 있는 지혜입니다.

깨달음의 인연을 훈습하는 거울

　네 번째는 깨달음의 본디 모습인 연기의 각성이 수행자로 하여금 깨닫게 하는 인연을 훈습하고 있다는 뜻인 '연훈습경緣熏習鏡'입니다. 물들지 않는 것이 있다는 것을 전제하지 않는다면 물들었다는 말이 성립될 수 없다고 앞서 말씀드렸습니다. 번뇌와 무지가 번뇌와 무지인 이유는 번뇌도 없고 무지도 사라진 깨달음이 전제되기 때문이며, 깨달음도 번뇌와 무지에 상대하기에 깨달음이라고 할 수 있습니다.

　깨닫고 보면 번뇌와 무지는 말할 것도 없고 깨달음조차 실체가 없다는 것을 알아 깨달음도 넘어서기에, 깨달음이 상대적인 깨달음이 되는 것이 아닙니다. 우리네 삶이 전체적으로 깨달음이 됩니다. 깨닫고서 깨달은 삶이 되는 것도 사실이지만, 삶 그 자체가 원래 깨달음이기에 깨달음이 가능하다고 말할 수 있고, 원래 깨달음이 깨닫게 하기에 깨달음이 가능하다고 말할 수 있습니다.

　그렇기 때문에 무지와 번뇌에 의해서 힘들고 만족하지 못한 삶을 만들어 살고 있지만 맞지 않는 옷을 입고 있는 것이라 불편할 수밖에 없고, 불편함을 통해서 자신의 삶을 되돌아볼 수 있는 기회를 갖게 됩니다. 반성지가 일어날 수밖에 없는 것은 불만족한 현재를 인식해서가 아니라 그 가운데 항상 함께 작용하고 있는 지성의 훈습 때문입니다. 무지와 함께 있는 근본 지성이 현재를 반성하게 하고, 반성으로 인해 자신을 되돌아보는 힘이 커지면서 깨닫게 됩니다. 그래서 연기

각성을 '깨달음의 인연을 훈습하는 거울'이라고 합니다.

깨달음의 인연을 훈습하고 있는 것을 거울이 모든 모습을 그대로 드러내고 있는 것에 비유한 것이지요. 빈 거울이 모두를 그대로 드러내는 것과 같이 작용으로 드러나면서도 분별된 형상이나 이미지에 매이지 않는 인연이 공성인 인연을 드러나도록 하는 것이 '깨닫게 하는 훈습'입니다. 그러므로 호흡 하나 바르게 관찰하는 것이 단지 호흡에 대한 관찰에 머무르지 않고 지성의 바른 쓰임이 되며, 부처님의 가르침에 대한 기억이 기억만으로 남지 않고 우리의 지혜로 작용하게 됩니다.

깨달음의 네 가지 특성을 거울에 비유하여 이야기하지만 거울과 같은 것이 있고, 그것이 깨달음의 당체가 된다는 것은 아닙니다. 거울이 거울에 비친 모습을 고집하지 않고 비우면서 다시 모든 모습을 모습으로 살리고 있는 상태가 깨달음의 작용과 같다는 뜻입니다.

한 가지 모습도 고집하지 않는 데서 보면 텅 빈 것과 같고, 모습마다 인연이 된다는 데서는 꽉 찬 것과 같으니, '비움'과 '드러남'이 모두 깨달음이 된다고 하겠습니다.

11장. 세 가지 미세한 깨닫지 못한 모습

26 '깨닫지 못한 것〔不覺〕'이란 무슨 뜻인가? 진여인 연기법계가 하나의 생명계임을 알지 못하는 것을 말한다. 연기의 무상한 변화를 그 자체로 자각하지 못한 상태에서 마음작용이 일어나고, 일어난 마음작용의 낱낱 모습을 실재라고 기억하고 있는 것이다.

所言不覺義者 謂不如實知眞如法一故 不覺心起而有其念

그러나 기억된 마음의 낱낱 모습이 그 자체로 있는 것도 아니며, 그렇다고 연기의 각성인 본각을 떠나 있는 것도 아니다. 비유하자면 방향을 잃은 사람과 같다. 방향이 있기 때문에 방향을 잃는다는 것이 있지, 방향이 없다고 하면 방향을 잃는다는 것도 없다.

念無自相 不離本覺 猶如迷人 依方故迷 若離於方 則無有迷

중생도 그와 같다. 깨달음에 상대하여 어리석음이 있는 것이지, '깨달음'이 없다면 '깨닫지 못함'도 없다. 깨닫지 못하고서 그릇되게 형상을 분별하는 마음이 있기 때문에 이름과 뜻과 형상을 잘못 아는 망상이 있고, 이와 같은 망상에 상대하기에 참된 깨달음이 있다고 이야기할 수 있다. 만약 '깨닫지 못한 마음'이 없다면 참된 깨달음이 어떻다고 이야기할 수 없다.

衆生亦爾 依覺故迷 若離覺性 則無不覺 以有不覺妄想心故 能知名義 爲說眞覺 若離不覺之心 則無眞覺自相可說

27 인연을 깨닫지 못했기 때문에 마음과 경계의 분별이 확실하게 나뉘지 않는 '세 가지 미세한 깨닫지 못한 모습〔三細相〕'이 생긴다. 이 세 가지 미세한 모습은 항상 깨닫지 못한 마음과 함께 있다.

復次 依不覺故生三種相 與彼不覺相應不離 云何爲三

첫째는 무명업상無明業相이다. 연기의 무상을 자각하지 못하기 때문에 잘못된 기억인 망념이 생기고, 망념에 따라 마음이 움직이기에 업業이라고 한다. 연기를 자각하게 되면 망념을 따르는 움직임이 없다. 망념을 따라 움직이므로 괴로움이 있다. 결과〔苦〕가 원인〔動〕을 벗어나지 않기 때문이다.

一者無明業相 以依不覺故心動 說名爲業 覺則不動 動則有苦 果不離因故

둘째는 능견상能見相이다. 망념을 따르는 움직임이 있기 때문에 망념의 내용을 볼 수 있는 것이다. 만약 움직이지 않는다면 보는 것도 없다.

二者能見相 以依動故能見 不動則無見

셋째는 경계상境界相이다. 보는 능견상이 있기 때문에 보이는 대상인 경계도 허망하게 나타난다. 보는 것이 없으면 경계도 없다.

三者境界相 以依能見故境界妄現 離見則無境界

깨달음이 없다면 깨닫지 못함도 없다

인연의 각성을 자각하지 못한 상태를 '깨닫지 못한 것〔不覺〕'이라고 합니다. 기쁘기도 하고 힘들기도 하는 일상 모두가 너무나 분명한 자각에 의한 것인데도 불구하고 그것이 부처의 삶이 되지 못하고 중생의 삶이 되고 마는 현실을 말합니다. 스스로 만들어 놓은 이미지에 따라 사는 것이 주체적인 삶 같지만 들뜬 마음으로 평안하지 못하다면 주체적으로 산다고 하기 어렵고, 왜 그렇게 생각하는지조차 알 수 없는 마음작용에 의해서 휩쓸려 간다면 더더욱 자신의 삶을 자각하면서 산다고 하기 어렵겠지요.

만들어진 이미지〔相〕에 맞는 삶을 사는 것이 잘사는 삶처럼 보이지만 삶의 흐름은 이미지에 머물러 있지 않기에 겉도는 삶이 될 수밖에 없습니다. 삶에 대해서 깊고 넓게 살피지 않는다면 이미 심어진 이미지가 현재가 되면서 인연과 어긋나게 되므로 스스로의 현재를 살지 못합니다. 현재를 사는 '나'이면서도, 현재를 사는 '나'가 아니라, 이미지에 의해서 설정된 '나'가 실재가 된 것이지요.

이미지화된 나만으로 사는 것이 어울린 관계를 잊고 사는 것이라고 해도, 숨 한 번 들이쉬고 내쉬는 것도 관계의 어울림을 떠날 수 없습니다. 떠날 수 없는 인연의 어울림을 모르는 것이 '깨닫지 못한 것[不覺]'입니다. 우리네 삶이 연기의 각성에서 하나 된 삶임을 자각하지 못한 것이지요. 인연의 각성이 있기에 각성을 자각하지 못한 삶이 있을 수 있는 것입니다.

이것을 방향에 비유하여 이야기하고 있습니다. 곧 인연에 의해서 동쪽, 서쪽 등이 있기 때문에 동쪽을 서쪽으로 잘못 아는 수가 있지, 처음부터 방향이 없다고 하면 동쪽을 서쪽으로 잘못 아는 일이 있을 수 없습니다. 이와 같이 인연의 각성이 '본래 깨달음[本覺]'으로 있기 때문에 이것을 자각하지 못한 '깨닫지 못함[不覺]'이 있을 수 있으며, 불각이 있기에 시각이 있을 수 있다는 것입니다.

물들지 않는 마음이 전제 됐기에 물든 마음이 있고, 물든 마음이 있기에 물들지 않는 마음을 회복한다는 뜻과 같지요. 중생이 있기에 부처가 있고 부처가 있기에 중생이 있습니다. 만일 부처가 없다고 하면 중생은 무얼 상대로 중생이라고 할 수 있겠습니까.

그래서 "깨달음이 없다면 깨닫지 못함도 없다[若離覺性 則無不覺]."라고 합니다. 깨닫지 못한 중생의 망상과 상대하여 참된 깨달음이라는 이름과 뜻이 있습니다. 그런 뜻에서 참된 깨달음도 그 자체로서는 이름도 뜻도 있을 수 없습니다. 단지 깨닫기 전에는 중생의 삶밖에 없는 줄 알고 그 속에서 아웅다웅 살고 있지요.

'본래 깨달음'이란 뜻이 있다고 해도 중생인 한에는 없는 것과 같다고 말씀드렸습니다. 오직 인연의 각성을 자각할 때 비로소 그 각성이 본래부터 각성으로 있는 줄 압니다. 그러나 중생은 한 번도 인연의 각성을 자각하지 못하였기 때문에 안다는 것이 참으로 무엇인 줄을 모른다고 할 수 있습니다. 앎의 근거가 무엇인 줄 모르는 것이지요.

그저 안다는 사실이 발생하고 그것이 제대로 아는 줄 여길 뿐입니다. 자각하는 앎, 알아차리는 앎이 아니라 습관적으로 그렇게 아는 것입니다. 습관적으로 그렇게밖에 알 수 없는 앎의 경향성은 앎이되 앎 그 자체에 대해서 알지 못하는 앎이기 때문에 '잘못된 앎[妄念]'이라고 합니다. 기억을 하여 아는 것이며, 인연의 현재를 잃고 습관이 발동하여 안다는 뜻입니다.

인연이 만든 분별따라 움직이는 앎의 모습, 무명업상

인연의 자성 없음을 깨닫지 못한 불각不覺에 의해서 세 가지 미세한 '불각의 모습[不覺相]'이 생겨납니다.

첫 번째는 '무명업상無明業相'입니다. 인연의 각성을 알아차리지 못한 앎이 '무명無明'입니다. 앎에 대해서 분명하게 알지 못한다는 뜻입니다. 앎이 일어나고 있는 무상한 인연의 변화를 놓치고 드러난 분별만을 취해 일어난 사건을 안다고 여기는 것입니다. 이렇게 알게 된 앎이 기억으로 남아 다음의 앎에 영향을 주면서 분별이 깊어지게 됩니다. 분별의 경향성이 점점 커진다고 하겠습니다.

사건들의 인연을 잊고 오직 분별된 앎만을 기억으로 간직하면서, 기억하는 주체로서 '나'를 인연의 장에서 분별하여 홀로 서게 만들지요. 앎이 앎의 인연을 온전히 떠나 있는 듯한 분별이 됨으로써, 분별된 형상이 실재라는 인식의 근거를 형성하게 된 것입니다. 그와 같은 앎의 모습을 '업상業相'이라고 합니다.

우리네 삶의 근거인 연기법은 관계 속의 무상한 변화입니다. 그렇기 때문에 움직이지 않는 것을 경험한 앎을 깨달음인 것처럼 생각해서는 안 됩니다. 다시 말씀드리자면 '깨닫지 못했기에 마음이 움직였다'는 뜻과 상대하여 '마음이 움직이지 않으면 깨달음이다'라고 생각해서는 안 된다는 뜻입니다. 마음의 변화 그 자체가 끊임없는 움직임이기 때문입니다.

그렇다고 하면 깨닫지 못한 움직임이란 무슨 뜻이며, 움직이지 않는 것이 깨달음인 것처럼 이야기하는 것은 무슨 뜻일까?

무상한 변화를 아는 것이 깨달음입니다. 아는 것만이 아니라 마음 속에 담고 있는 기쁨과 아픔 등으로부터 평안해지고, 다시 그와 같은 상황을 만나더라도 자유로운 의지로 사건에 매이지 않는 앎입니다. 변화를 있는 그대로 알아차려 분별과 무상한 변화에 매몰되지 않으면서, 삶 그 자체를 전체적으로 사는 것입니다. 무상한 변화를 따르는 앎이라 앎의 양상도 무상하지만, 알아차림의 특성을 잃지 않기에 '항상한 앎'이면서 '무상한 앎의 양상'에 투철히 깨어 있는 앎입니다. 경계에 현혹되지 않고 경계의 인연을 있는 그대로 고요히 알아차리는 앎입니다.

알아차리는 특성에는 어떠한 색깔도 없습니다. 있는 모습을 그대로 알아차릴 뿐입니다. 무상한 인연의 변화가 앎으로 드러나지만 앎에서만 본다면 앎이라는 특성을 잃지 않기에 언제나 있는 그대로의 인연을 자각하는 앎이 됩니다. 그 앎이 움직이지 않는 앎이면서 깨닫는 작용으로 있다고 할 수 있습니다. 색깔이 입혀지지 않는 알아차림이 '움직이지 않은 앎'으로 본각本覺입니다.

그와 상대하여 무상 속에서 보편을 취해 '나'를 삼고 '대상'을 삼는 순간 연기의 변화를 있는 그대로 자각하지 못하게 됩니다. 자각하는 앎을 주체의 앎으로 여기면서 '아는 나'라는 인식이 전후로 이어지게 되면, 변화 없이도 '아는 나'가 있다는 생각을 하게 됩니다. 연기를 떠나 존재하는 '나'가 됩니다.

이렇게 세워진 나를 인식의 주체라고 여기지만, 그 나는 인식의 대상일 뿐입니다. 나와 나의 것 모두가 대상화된 경계며, 집착에 지나지 않습니다. 그렇기 때문에 '나'를 위한 활동이 집착된 경계에 현혹된 활동일 수밖에 없지요. 앎의 실상을 놓치고 경계 따라 움직이고 있기 때문에 '움직이는 앎'이라고 합니다.

모든 움직임에 투철히 깨어 있는 움직임이 움직이지 않는 것이 되고, 분별로 형성된 보편만을 취해 그것으로 나와 대상을 삼는 순간 움직이지 않는 것이 도리어 움직임이 되어 번뇌가 되는 묘한 상황입니다. 분별된 인연이 앎이면서 경계 따라 흔들리지 않는 앎이 되나, 이와 같은 앎의 상황을 자각하지 못한 앎과 그 앎이 남긴 여력이 업이 되고, 업이 된 '습관적으로 경계 따라 움직이는 앎의 경향성'이 움직이지 않는 앎을 움직이는 앎으로 만들고 만 것이지요.

그러나 습관적인 앎이라고 하더라도 그 앎이 인연에서의 움직임이기 때문에 그 앎의 발생을 꿰뚫어 보게 되면 나와 나의 것에 대한 집착이 허망한 집착인 줄 알게 되고, 허상이 허상인 줄 아는 앎이 습관이 되면 근본 깨달음인 연기의 공성이 드러날 수밖에 없습니다. 집착에 따라 움직이는 인식을 넘어서는 순간, 무상한 인연이 앎으로 드러나는 것을 알되, 알아차림 그 자체는 항상 여여한 모습으로 경계를 따라 움직이지 않고 경계를 있는 그대로 알아차리고 있는 것을 보게 됩니다.

인연을 보는 눈이 생기면 '움직이는 앎'이 '움직이지 않는 앎'이 되면서 분별만을 보는 습관적인 업의 경향성을 벗어나고, 분별과 분별없는 것을 꿰뚫어 보는 습관이 생겨난 것과 같습니다. 업으로 아는 앎이라 업을 넘어선 앎이나 앎이 일어나고 있는 것은 한 장면의 다른 모습일 수밖에 없기 때문이지요. 그렇기 때문에 깨닫게 되면 경계 따라 움직이지 않고, 경계 따라 움직이면 괴로움이 있다고 하는 것입니다. 움직이지 않는다는 것은 번뇌를 만드는 동인動因이 사라졌기 때문이며, 움직인다는 것은 번뇌를 생산하는 동인이 작용하기 때문입니다.

허망한 기억을 가지고 인연을 보는 모습, 능견상

두 번째는 '능견상能見相'입니다. 무명업상의 망념에 의해 성립된 주체와 객체가 인연의 장을 망념에 맞게 재구성할 때 '보는 주체 쪽'을 가리킵니다.

인연의 앎은 알아차림일 뿐 자기 색깔을 갖지 않는 앎이므로 거울이나 허공에 비유하였습니다. 모든 모습들이 그 모습 그대로 온 삶의 인연을 나타내고 있는 것을 그대로 비추어 안다는 뜻입니다. 인연을 있는 그대로 읽는 앎이지요. 인연 따라 변하는 것을 하나도 놓치지 않고 그대로 비춰 아는 것이라 어느 순간의 분별에도 '머물지 않는 알아차림'이면서 전체를 꿰뚫고 있는 앎입니다. 분별된 차이들을 알면서도 차이를 이루는 인연의 공성을 놓치지 않는 앎이 인연일 수밖에 없기 때문입니다.

그러므로 차이들의 다름에만 머물게 되면 모습들의 차이만이 앎이 되면서 인연의 '빔'을 놓치고 맙니다. 다름만을 좇아 바쁘게 움직이는 앎이며, 실재시된 인식 내용을 상속하는 앎입니다. 기억된 인식이 인연에서 일어나는 무상한 변화를 기억된 내용에 맞추기 위해

바쁘게 움직이는 형국입니다.

'빔'을 자각하지 못한 인식인 무명의 인식 활동과 그 흔적인 업식의 허망한 기억(妄念)에 의해서 '보는 주체'와 '보이는 대상'들의 차이가 만들어지고, 만들어진 차이를 집착하며 대상을 주체적으로 자각한다고 여기게 된 것입니다. 이렇게 형성된 인식의 주체를 능견상能見相이라고 합니다. 인연을 있는 그대로 보는 것이 아니라 이미 갖고 있는 인식 내용으로 재구성하여 보는 것이며, 재구성된 인식 내용을 잃지 않으려는 집착이 보는 능력처럼 있는 것입니다.

인연에 덧씌워진 허망한 기억의 모습, 경계상

세 번째는 '경계상境界相'입니다. 능견상이 성립되면서 허망한 경계도 따라 일어납니다. 업식이 갖고 있는 이미지가 대상으로 전환되어 나타난 것입니다. 보는 마음인 능견상과 보이는 대상인 경계상이 무명업상에서 전환된다는 데서는 같지만, 주·객으로 나뉜 것처럼 있다는 데서는 다릅니다. 능견상과 경계상이 업상의 내용이 된다고 할 수 있고, 업상이 능견상과 경계상으로 나타난 것이라고 할 수 있습니다.

분별하고 취착하는 경향성인 업業이 능동적으로 분별 의지를 발동하면서 분별하는 능견상과 분별되는 경계상이 성립되는 것이지요. 능견상에 상대하므로 경계상이라고 할 뿐 순차적으로 생겨나는 것이 아니고, 무명업상에서 동시에 전환되는 것입니다.

다만 능견상에 의해서 대상으로 취착되지 않는 경계들은 없는 것과 같으므로 '보는 것이 없으면 경계도 없다[離見則無境界].'라고 합니다. 그렇지만 경계가 없다면 보는 것도 있을 수 없으므로 경계 없이도 보는 것이 있다고 생각해서는 안 됩니다.

인식마다 분별하는 활동이라는 데서는 무명업상이고, 능견상과 경계상으로 나누어 분별하는 무명업상이라는 데서는 세 가지 모습으로 나눌 수 있지요. 능견상과 경계상이 있으므로 분별하는 업상의 활동이 있을 수 있고 업상의 분별이 있으므로 능견상과 경계상이 있을 수 있으므로, 불각의 세 가지 미세한 모습은 한 가지 모습이면서도 세 가지 모습이고 세 가지 모습이면서 한 가지 모습입니다.

12장. 여섯 가지 거친 깨닫지 못한 모습

28 보이는 경계가 나타났기 때문에 그에 따라 마음과 경계의 분별이 분명한 여섯 가지 깨닫지 못한 모습이 생겨난다.

첫째는 지상智相이다. 경계에 의거하여 분별이 일어나고, 좋아하고 싫어하는 앎이 생기기 때문에 '아는 모습' 곧 지상이라 한다.

以有境界緣故 復生六種相 云何爲六 一者智相 依於境界 心起分別 愛與不愛故

둘째는 상속상相續相이다. 아는 것에 의지해서 괴로움과 즐거움이 일어나고, 일어난 고락이 마음을 깨우고 기억을 상기시켜 전후가 상응하여 끊어지지 않기 때문에 '상속하는 모습' 곧 상속상이라고 한다.

二者相續相 依於智故 生其苦樂 覺心起念 相應不斷故

셋째는 집취상執取相이다. 상속에 의거하여 망념의 경계를 대상으로 괴로움과 즐거움에 대한 인상을 유지하면서 집착하기 때문에 '집착하는 모습' 곧 집취상이라고 한다.

三者執取相 依於相續 緣念境界 住持苦樂 心起著故

넷째는 계명자상計名字相이다. 허망한 집착에 의거하여 '거짓된 이름을 지어 분별하는 모습'을 계명자상이라 한다.

四者計名字相 依於妄執 分別假名言相故

다섯째는 기업상起業相이다. 이름과 문자에 의거하여 분별하고 집착하면서 가지가지 업을 짓기 때문에 '업을 일으키는 모습' 곧 기업상이라 한다.

五者起業相 依於名字 尋名取著 造種種業故

여섯째는 업계고상業繫苦相이다. 업에 따라 과보를 받게 되어 삶이 자재하지 못하므로 '업에 매여 괴로운 모습' 곧 업계고상이라 한다.

六者業繫苦相 以依業受果 不自在故

29 무명에 의해서 번뇌에 물든 마음이 생겨나는 줄을 알아야 한다. 왜냐하면 번뇌에 물든 마음은 모두 연기의 각성을 자각하지 못한 것이기 때문이다.

當知無明能生一切染法 以一切染法皆是不覺相故

지상智相, 업식의 색깔에 맞게 거듭하여 알아차리는 분별

'세 가지 미세한 분별상〔三細相〕'이 성립되고 나면, '경계상'에 의해서 '여섯 가지 거친 분별상〔六麤相〕'이 일어납니다.

여섯 가지 거친 분별상 가운데 첫 번째는 '지상智相'입니다. '지상智相'은 세 가지 미세한 분별상이 만든 분별을 다시 확인하는 분별입니다. 능견상에 의해서 무상한 인연에 업식이 갖고 있는 색깔을 입혀 분별할 수 있는 경계상이 만들어지고, 그렇게 만들어진 경계에 대해 업식의 색깔에 맞게 거듭하여 알아차리는 분별이 지상이기 때문입니다.

세 가지 미세한 분별상이 연기緣起의 장에 대한 잘못된 인식 결과의 축적물이며, 축적된 분별의 주체로서 '아견'을 형성해 가는 것이라고 한다면, 여섯 가지 거친 분별상은 확실하게 형성된 아견을 바탕으로 일어나는 분별입니다.

아견이 형성되고 나면 인식의 주체라고 인식되는 나, 곧 능견상조차 인식의 장에서 소외된 분별이 되고 맙니다. 주체 의식이 주체조차 객체화하는 것이지요. 주체인 듯하지만 주체가 되지 못한 나를 토대로 하는 분별은 무명업식인 망념과 다를 수가 없습니다. 업식의 분별 의지가 '능견상과 경계상으로 분별된 인식의 장'을 만들고 난 뒤에 일어나는 업식의 자기 확인과 같은 분별이 지상일 수밖에 없는 까닭입니다.

그러므로 나와 경계의 분별이 더욱 강해지고 나의 생존에 좋다고 여기는 것에 대해서는 애착심을 내고 그와 반대되는 경계에 대해서는 싫어하는 마음을 일으킵니다. 경계상을 알아차리는 것 같지만, 경계상도 무명의 잘못된 인식에 의해서 만들어진 것이며, 경계를 아는 인식 주체 또한 허상이기 때문입니다. 좋아하고 싫어하는 습관이 아는 모습으로 드러나는 것이지요.

지상智相은 그런 뜻에서 나에 대한 애착을 일으킬 수밖에 없는 기반이 깊어진 것이라고 할 수 있습니다. 그러면서 더욱더 연기의 장에 대한 인식이 어두워지게 됩니다. 왜냐하면 무명업상의 결과에 의해서 세워진 허망한 '나'가 애착을 일으키는 진정한 근거가 되면서, 인식마다 만들어진 '나의 분별'이 되기 때문입니다.

상속상相續相, 지각과 인식 내용이 상속되는 모습

이와 같이 인식 내용이 이어지는 모습이 여섯 가지 거친 분별상 가운데 두 번째인 '상속상相續相'입니다. '나'와 맞는 경계를 좋아하고 맞지 않는 경계를 싫어하는 인식에 의해서 괴로움과 즐거움이 생기고, 생긴 괴로움과 즐거움이 다시 마음을 경각시켜 망념을 일으키면서 좋아함과 싫어함, 즐거움과 괴로움을 상속시켜 가는 것입니다.

즐거움만 있으면 좋을 것 같지만 즐거움이란 늘 괴로움에 상대되는 감정이므로 어느 틈에 올라오는 괴로움을 맛볼 수밖에 없습니다.

즐거움도 괴로움도 무상하기 때문입니다. 즐겁고자 하는 마음이 괴로움을 만드는 마음이 되는 것과 같습니다. 이와 같은 지각과 인식 내용이 다음 찰나의 인식 내용과 상응하면서 끊어지지 않고 상속되는 모습이 상속상입니다. 나와 경계를 분별하고, 좋아하고 싫어하는 마음을 일으키면서 괴로움과 즐거움을 만들고, 만들어진 기억들을 잊지 않고 이어가면서 만나는 경계마다 괴로움과 즐거움의 영상을 재현하고, 재현된 영상들을 상속해 가면서 집착할 수밖에 없게 하는 흐름입니다.

집취상執取相, 괴로움과 즐거움에 대한 집착

상속되는 것이 집착으로 남고 집착이 다시 상속되는 마음이 여섯 가지 거친 분별상 가운데 세 번째인 '집취상執取相'입니다. 기억으로 형성된 경계에 대해 다시 괴로움과 즐거움을 떠올리면서 잊지 않고 갖고 있는 것입니다. 무상을 본질로 하는 연기의 각성에서 보면 기억과 상응하는 것이 있을 수 없습니다. 기억을 꽉 잡고 놓지 못하면서 좋아하기도 하고 싫어하기도 하는 것일 뿐입니다.
 분별과 기억에 의한 인식이 허망한 것이니 그에 따른 괴로움과 즐거움에 대한 집착도 허망한 것일 수밖에 없으나, 그와 같은 집착이 허상인 줄 모르고 집착된 내용들을 기억하는 틀을 만들어 더욱 굳게 집착을 이어갑니다. 기억 틀인 언어문자가 형성되는 것이지요.

계명자상計名字相, 거짓되고 허망한 세상 보기

　언어문자화 된 인식 틀이 형성되면서 분별이 더욱 분명해지고 상속 또한 용이하게 됐습니다. 네 번째 거친 분별상으로 '계명자상計名字相'이 생겨난 것입니다. 인식 내용과 지각된 감정들의 보편성을 확실하게 분별하고, 분별된 내용이 틀림없는 것이라고 착각하면서, 언어문자로 그 정보를 저장하게 된 것이지요.
　나아가 인연의 흐름을 자신이 정리해 놓은 언어문자로 재구성하여 보게 됨으로써 언어의 분별로 읽는 세상이 자신의 경험이 됩니다. 거짓되고 허망한 세상보기가 우리들의 현실 경험의 모든 것이 된 단계입니다.

기업상起業相, 업을 짓고 있는 모습

　다음은 여섯 가지 거친 분별상 가운데 다섯 번째로 '업을 짓고 있는 모습[起業相]'입니다. 세 가지 미세한 분별상 가운데 첫 번째를 무명업상이라고 하고, 여섯 가지 거친 분별상 가운데 다섯 번째를 업을 짓고 있는 단계라고 하면서 '업業'이라는 단어를 쓰고 있습니다. 무명업상에서의 업은 인연의 각성을 자각하지 못하고 분별만을 취해 활동[業]하는 모습이라고 한다면, 기업상에서의 업은 이름이 갖고 있는 분별에 의해서 활동[業]하는 마음작용이라고 하겠습니다.

이런 뜻에서 업業이란 분별〔無明業相〕하고 이름을 짓는 것이며〔計名字相〕, 지어진 이름에 따라 집착하는 경향성이라고 할 수 있습니다. 이름을 만들지만 만들어진 이름의 허상을 알아 언어문자에 걸리지 않는 자유로운 마음으로 분별하는 지혜로운 판단과는 달리, 이름을 만들면서 이름에 매이는 마음작용이 업이라는 것이지요.

수행자도 자칫하면 만들어진 이름, 곧 업에 속기 쉽습니다. 수행을 통해서 현실의 인연 조건이 달라지는 새로운 경험을 실체로서 인식하거나, 수행으로 특별한 실재를 찾고자 하거나, 특별한 능력을 얻고자 하거나, 남과 비교해서 자신을 드러내고자 하는 경우입니다. 이와 같은 마음을 앞세우고 수행을 한다면 수행을 한다고 하면서도 분별하는 업만을 키워 실상을 잘못 판단하게 될 것입니다.

일상과 다른 체험을 한 수행자가 그와 같은 체험으로 자신을 세우고 있는 경우가 허다한 것도, 일상과 선정에 대한 바른 사유가 전제되지 못했기 때문입니다. 체험이 도리어 더욱 강한 '나'를 세우게 되고, 다른 이와 비교하면서 점점 업의 분별만을 더하는 것이지요.

수행은 인연의 장에서 독립된 개체로서의 '나'가 없으며, 모든 인연이 순간순간 '나' 또는 '너'로 나타나면서 인연을 만들고 있다는 것에 온전히 깨어 있는 것이며, 그와 같은 깨달음을 자신의 삶에서 그대로 실천하는 것입니다. 다른 이보다 더 뛰어난 능력을 성취했다고 해서 그것이 실제로 뛰어난 것도 아니며, 그와 같은 능력이 없다고 해서 다른 이보다 부족한 것도 아닙니다.

하나의 생명은 모든 인연들의 관계에 의해서 생명으로 나타나기 때문에 그 생명이 갖고 있는 어떤 능력이나 특징에 의해서 비교 우위를 말할 수 없습니다. 생명은 생명 그 자체로 우주의 생명입니다. 특별한 능력을 성취해서 우주의 생명이 되는 것이 아닙니다.

깨달음이란 스스로도 그와 같고 이웃 생명들도 그와 같은 것임을 사무치게 알고 기뻐하며, 고요한 가운데 온전한 알아차림을 실현하는 것입니다. 특별한 체험으로 수행의 완성을 삼고자 하면 처음부터 무명의 업상에 의한 잘못된 사유 수행이 될 수밖에 없고, 마침내 언어문자의 한정된 경계 속에서 자신을 가두고 말 것이며, 자신뿐만 아니라 함께 사는 이웃들까지 힘들게 만들 것입니다. 업을 만들고 만들어진 업에 의해서 지배받으면서 자신과 이웃의 삶에서 너그러움과 조화와 창조적 연기를 표현하는 자유를 잃어버린 삶입니다.

이와 같은 삶이 여섯 가지 거친 분별상 가운데 여섯 번째 단계인 '업의 과보에 따라 고통 받고 있는 모습〔業繫苦相〕'입니다. 자신의 삶을 창조적으로 살지 못하고 업에 매여 사는 삶입니다.

한정된 업의 마음

이상과 같은 '세 가지 미세한 분별상'과 '여섯 가지 거친 분별상'의 아홉 가지 모습으로 깨닫지 못한 삶을 살고 있는 모습을 근원에서부터 살펴보았습니다. 연기로 어울린 한 삶이며 하나 된 생명으로 법계의 몸이며 마음인 줄 모르는 근본 불각不覺에 의해서 세 가지 미세한 깨닫지 못한 모습 곧 무명업상·능견상·경계상이 형성되고, 그에 따라 지상 등의 여섯 가지 거친 불각의 모습이 생겨납니다.

이와 같은 아홉 가지가 깨달은 모습과 상대한 깨닫지 못한 모습인데, 인연의 공성을 자각한 적이 없기 때문에 인연이 만든 분별에 따라 흔들리는 마음작용이 습관을 이룬 것입니다. 분별된 인식과 형상에 따라 인연을 읽으면서 인연의 실상과 어긋난 듯한 마음 씀이므로 아홉 가지 모두가 업의 다른 모습이라고 할 수 있습니다. 비록 미세하고 거친 차이는 있지만 그 모두가 무명업상의 다른 모습이라는 것이지요.

예를 들어 다섯 번째 불각의 모습인 '업을 짓고 있는 모습[起業相]'은 네 번째인 계명자상에 의해 형성된 언어문자에 따라 분별하면서, 분별된 언어 표현에 흔들리는 모습입니다. 습관화된 업의 인식 구조가 문자로 갈무리되고, 갈무리된 언어 기억에 따라 업을 지으면서 업에 매인 삶을 사는 것이므로 이 또한 무명업상의 구체적인 표현이지요.

물론 무명업상과 상대할 때 거칠기 그지없는 인식의 현행이지만, 무명업상으로 인하여 언어 표현이 가능한 제한된 정보가 만들어지게 된다는 면과, 만들어진 문자의 한정에 따라 업을 일으키고 있다는 면에서 보면, 기업상에서의 업도 무명업상에서의 업과 같은 뜻을 내포하고 있습니다. 한정된 업의 마음 곧 언어문자의 한정을 통해서 세계를 이해하고, 그 이해가 자신의 성향과 맞으면 좋아하고 맞지 않으면 싫어하면서, 그것의 내용이 허상인 줄 모르고 업에 매여 힘겹게 사는 삶의 모습입니다.

그렇다고 그와 같은 인식 결과가 모두 과거의 인식 정보에 지나지 않는 것은 아닙니다. 현재의 인연과 어울려 자신의 정보를 상속시키거나 재구성하기 때문에 무명업상이 먼 과거의 일만이 아닙니다. 언뜻 생각하면 헤아릴 수 없이 먼 과거가 현재의 우리 삶을 만들어 내는 원인 같지만, 시간이란 과거와 현재 그리고 미래로 나눌 수 있는 어떤 것이 아닙니다. 흐른다고 하는 뜻에서 보면 과거에서 미래로 흐르는 것과 같지만, 삶은 언제나 순간순간 자신의 전부를 드러내고 있기 때문에 순간마다 삼세三世가 다 드러나고 있는 현재입니다. 이것 밖에 과거나 미래가 있을 수 없습니다.

과거와 미래란 상속상에 의해서 구성된 시간에 지나지 않습니다. 과거에 살았던 '나'가 현재를 지나 미래로 가는 것이 아닙니다. 그와 같은 '나'는 없습니다. 인연이 무상 속에서 법계 총상으로 언제나 현재로 드러나고 있으므로, 현재는 과거와 미래를 연결하는 중간일 수 없습니다. 오직 현재만이 모든 것입니다.

무상한 흐름에 오롯이 깨어 있는 마음

과거 시점의 무명업상無明業相에 의해서 현재 시점의 업계고상業繫苦相이 있는 것이 아닙니다. 지금의 '나'에 어두운 것에 의해서 시간과 공간이 성립되고, 그것이 아홉 단계의 '깨닫지 못한 모습〔不覺相〕'으로 나타난 것과 같지만, 하나하나 나눌 수 있는 것이 아닙니다. 하나의 모습 속에 아홉 가지가 담겨 있는 모습일 수밖에 없습니다. 업계고상이 아홉 번째의 모습이면서 첫 번째인 무명업상이 고스란히 드러나고 있습니다.

현재 일념을 살펴 알지 못한 무명에 의해서 시간을 사는 것 같은 '나'가 성립되고 깨닫지 못한 모습이 생겨나는 것 같으며, 현재 일념에 분명하게 깨어 있는 마음에 의해서 생사가 사라진 진여열반이 생겨나는 것 같은 까닭입니다. 그렇기에 한 생각이 밝으면 깨달음으로 열반을 구현하고, 한 생각이 어두우면 삼세를 만들어 윤회한다고 하였겠지요. 윤회하는 중생의 세간이 따로 있는 것도 아니고 깨달음의 부처 세상이 따로 있는 것도 아닙니다. 한 생각 밝고 어두운 것에 의해서 홀연히 우리 앞에 펼쳐지는 세상에 지나지 않습니다.

아홉 단계로 불각의 모습을 살펴 이야기하였지만, 그 모두가 한 생각이라고 해도 틀린 것이 아니며, 한 생각이 표출해 내고 있는 다양한 모습이 아홉 가지라고 해도 맞는 말입니다. 한 생각에 홀연히 아견이 사라지면, 무명의 어두움이 걷히고 한 생명으로 어울려 있는 일법계一法界인 연기를 통달하게 되므로, 무명의 모습이 깨달음이 됩니다.

최초에 무명이 있어 깨닫지 못한 세계가 펼쳐진다고 할 수도 있지만 깨닫고 보면 처음부터 깨달음이었다고 할 수 있는 까닭입니다.

법계의 무상한 변화가 그 자체로 움직이는 모습〔動相〕이기 때문에 움직임만을 놓고 보면 무명일 수밖에 없을 것 같으나 움직임을 아는 것 또한 움직임과 함께하니 움직이지 않는 것만을 깨달음이라고 할 수 없지요. 움직이면서 움직이지 않는 앎이 무명과 깨달음을 넘어서는 깨달음이라고 할 수 있고, 깨달음이라고 이름할 수 없는 깨달음이라고 할 수 있습니다.

법계의 움직임 속에서 움직임을 모르는 무명에 의해서 삼계가 펼쳐지므로 무명이 시간의 시작이라고 할 수 있지만, 시간에 대한 인식이 발생하는 순간 무한 과거가 형성되는 것과 같으므로 무명은 시작이 없지요. 그래서 '시작이 없는 무명'이라고 합니다. 시간이라는 인식의 현행에 의해서 시간이 형성되면서도 시작이 사라진 것과 같습니다.

무명에 의해서 시간이 형성되지만 무명 그 자체를 시작 없는 시간으로 만드는 법계의 인연에 의해서 무명의 시간 인식이 허망할 수밖에 없습니다. 시간을 만들지 않는 무상이 시공간을 분별하고 기억하는 무명을 무지가 되게 하고 삼계가 허망한 것이 되게 한다는 것입니다. 허망한 삼계와 잘못된 인식인 무명이 법계의 무상한 인연에서 일어난 것과 같고, 허망함을 알고 잘못된 인식인 줄 깨달으면 없어지는 것과 같지만, 생겨나고 없어지는 것이 생겨나지도 않고 없어지지도 않는 것과 항상 함께 있으니, 시작이 있다고도 할 수 없고 없다고도 할 수 없지요.

있지도 않고 없지도 않는 시간 곧 시작이 없는 시간이 설정되면서 무한한 과거와 무한한 미래가 성립되니 모든 곳이 무한한 곳이 될 수밖에 없고, 실상을 깨닫고 보면 무한이 사라진 현재 속에 모든 것이 응축되어 있으니, 깨닫거나 깨닫지 못했거나 한순간이 무한이 되고 무한이 한순간이 됩니다.

깨달은 마음인 진여眞如와 분별하는 마음과 깨달아 가는 마음의 생멸상生滅相이 한 치의 오차도 없이 함께 있는 것과 같습니다. 아울러 동시에 서로의 세계를 비우게 한다고 보면 생사가 있는 곳에서는 생사가 열반을 비우고, 열반이 구현되는 곳에서는 열반이 생사를 비웁니다. 생사의 윤회 속에서 열반을 살고, 열반으로 생사를 삽니다. 생사가 열반이며 열반이 생사일 때만이 이와 같은 사실이 성립되니 중생의 '마음 하나[一心]'가 진여이면서 생멸이라는 뜻이 드러납니다.

그렇기 때문에 무상한 인연의 움직임에 마음이 흔들리는 순간, 우리네 삶은 생사의 분별로 물들게 되고 낱낱 활동들도 깨닫지 못한 마음이 되나, 무상한 흐름에 오롯이 깨어 있는 흔들리지 않는 마음은 생사 속에서 생사를 떠난 열반으로 모든 다름을 나타냅니다.

깨달은 마음인 진여眞如와 깨닫지 못한 마음인 생멸生滅이 다른 실체를 갖는 마음으로 함께 있는 것이 아닙니다. 무명일 때는 마음 하나 그 자체가 무명일 수밖에 없고 깨닫게 되면 마음 하나 그 자체가 깨달음이 되므로, 마음 하나에 진여가 드나드는 진여문眞如門이 있고 생멸이 드나드는 생멸문生滅門이 있습니다. 진여도 없고 생멸도 없다고 할 수 있으며, 생멸이면서 진여이며 진여이면서 생멸이라고 할 수도 있습니다.

 진여에서 생멸을 볼 때 일어나는 마음마다 법계를 장엄하는 마음이 되고, 생멸에서 진여를 볼 때 생사가 없는 일법계의 고요함이 드러난다고 할 수 있지요. 생사가 진여를 진여이게 하고, 진여가 생사를 생사이게 하면서 둘인 듯 하나인 듯 작용하는 세계가 중생의 마음 씀씀이입니다. 진여의 같음만으로 우리의 삶을 규정하고 낱낱 생명 활동의 다름을 부정하는 것도 옳지 못하며, 생멸의 다름만으로 우리 삶을 보는 것은 앞서의 아홉 가지 깨닫지 못한 모습을 만드니 진여로서 어울린 한 삶임을 모르는 것입니다.

 생멸과 진여가 서로의 경계를 허물면서 생멸이 되고 진여가 되므로 본래 깨달음인 듯한 본각에서 깨닫지 못한 세계가 펼쳐졌고, 깨닫지 못한 망상 속에서 진여가 깨달음의 빛으로 작용할 수 있습니다.

13장. '깨달음'과 '깨닫지 못함'

30 '깨달음'과 '깨닫지 못한 것'에 두 가지 모습이 있다. 하나는 이 둘의 같은 모습이고, 다른 하나는 이 둘의 다른 모습이다.
'깨달음'과 '깨닫지 못함'이 같다는 것은 무슨 뜻인가? 비유하자면 '가지가지 그릇이 모양은 다를지라도 모두 흙으로 빚어졌다'는 것과 같다. 곧 번뇌가 원래 없는 연기의 각성인 '무루無漏'와 연기를 자각하지 못한 '무명無明', 그리고 무명에 의해서 분별된 모든 '환幻과 같은 활동'이 그 바탕에서 보면 똑같이 진여의 각성과 각성의 활동이라는 것이다.

復次 覺與不覺有二種相 云何爲二 一者同相 二者異相 言同相者 譬如種種瓦器 皆同微塵性相 如是無漏無明種種業幻 皆同眞如性相

그렇기 때문에 경전에서는 "연기인 진여의 뜻에 의지해서 모든 중생이 본래 열반의 삶을 살고 있다."라고 말한다. 아울러 "깨달음이란 수행으로 이루어지는 것이 아니며, 수행으로 만들어지는 것도 아니며, 어떤 경우라도 얻을 수 있는 것이 아니며, 형색을 통해서 볼 수 있는 것이 아니다."라고 말한다.

是故 修多羅中 依於此眞如義故 說一切衆生本來常住 入於涅槃 菩提之法 非可修相 非可作相 畢竟無得 亦無色相可見

만일 색상을 통해서 볼 수 있는 것이라면 그것은 환과 같은 업에 의해서 만들어진 것으로, 여래장이 함장하고 있는 가지가지 덕상〔不空之性〕이 나타난 것〔智色〕이 아니다. 지혜의 덕상德相은 색상을 통해서 볼 수 있는 대상이 아니기 때문이다.

而有見色相者 唯是隨染業幻所作 非是智色不空之性 以智相無可見故

'깨달음'과 '깨닫지 못함'이 다르다는 것은 무슨 뜻인가? 비유하자면 '가지가지 그릇의 모양이 각기 다른 것'과 같다. 곧 '연기각성인 번뇌 없는 무루無漏의 지성智性으로 아는 것'과 '분별만을 아는 무명無明으로 아는 것'은 다르다는 것이다. 무루의 지성은 각기 다른 모습으로 나타나는 모든 곳에서 각기 다른 모습을 분별하는 앎으로 작용하되, 곧 '분별로 물든 형상을 따르되 물든 모습 그대로를 되비추는 차별의 앎'이지만, 무명은 그 자체가 '분별과 번뇌를 본성으로 하는 차별의 앎'이기 때문이다.

言異相者 如種種瓦器 各各不同 如是無漏無明 隨染幻差別 性染幻差別故

무상을 사무치게 아는 것이 깨달음

깨달은 마음이든 깨닫지 못한 마음이든 그 마음의 실체가 따로 없고 뭇 생명들의 마음 씀 하나하나가 이 두 마음을 다 담고 있다고 하였습니다. 생명들의 마음 씀을 떠나서 다른 실체로서 그와 같은 마음이 있다고 하면 우리네 삶과는 아무런 관계도 없겠지요.

'진여眞如 또는 지성智性'과 '생멸生滅 또는 분별'이 우리의 모습일 때만 뜻이 있는 것이며, 지금의 활동에서 작용하고 있어야 우리네 삶의 모습이라고 할 수 있습니다. 마음 하나 일어나고 사라지는 그 모습이 진여와 생멸의 인연을 담고 있어야 마음의 흐름을 지켜보고 알아차릴 때 그 가운데서 깨달음의 작용도 있고, 흐름에 휩쓸리는 깨닫지 못한 작용도 있겠지요.

살아온 날을 돌이켜보면 꿈같이 지내온 세월, 무상한 것이 너무나 확실합니다. 일상의 삶도 꿈같은 무상이며 깨달음도 무상입니다. 무상하지 않는 어떤 것을 아는 것이 깨달음이 아니고 무상을 사무치게 아는 것이 깨달음입니다. 무상이라는 사실에 철저한 깨달음은 무상하지 않는 것처럼 생각되지만, 무상에 빈틈없이 깨어 있는 알아차림이 깨달음이므로 깨달음이야말로 무상을 제대로 산다고 하겠습니다.

『열반경』에서 상常·락樂·아我·정淨〔涅槃四德〕을 말하면서 항상함〔常〕 등이 열반의 덕성을 나타낸다고 이야기하고 있지만, 그것들을 일상의 무상 너머에 있는 항상함 등으로 이해해서는 안 됩니다. 무상이 그 자체로 항상함이라고 이해해야 합니다.

그렇다면 무상無常이 어떻게 항상恒常할 수 있을까. 상호 의존하고 있는 인연의 총상이 그에 대한 답을 하고 있습니다. 연기의 장에서 모든 것의 흐름이 항상 변하고 있기에 변화의 다름이 무상처럼 보이지만, 실상은 무상이 놓인 자리가 항상 우주 법계의 전체입니다. 무상한 다름 속에 다른 일체의 다름이 상대되어 있으므로 무상한 어떤 것만 보이는 것은 무상을 제대로 보는 것일 수 없습니다. 무상인 것 자체가 모든 것의 드러남이면서 다름으로 무상인 것을 볼 수 있어야 합니다.

무상 속에 그 모두를 담고서 무상으로 변하고 있는 연기 법칙은 그 자체로 변하지 않는 전체의 법칙이기 때문에 항상한 것과 같습니다. 그러나 항상한 연기법의 법칙성이 무상한 낱낱 밖에 있는 것이 아니므로 무상이 항상 속에서 무상하고, 항상이 무상에서 항상한다고 하겠습니다. 깨달은 삶을 사는 열반이란 '항상함[常]'과 '항상하지 않음[無常]'을 동시에 읽을 수 있는 눈을 뜬 것으로 어느 한쪽으로 '치우치지 않는 삶'입니다.

무상한 흐름이란 법계의 인연이 앎으로 드러난 것입니다. 무상한 '다름'들이 연기의 앎이기 때문입니다. 앎이 연기의 변화로 자신의 모습을 각인시키면서 인연의 흐름을 연출하고 있습니다. 그렇기에 무상 속에서 늘 다른 것과 상대한 '다름'들이 그 자체로 자신의 모습을 남기게 되고 우리의 기억을 형성하면서 인연을 읽을 수 있지요.

우리네 기억이 누구의 기억인 것 같고, '누가' 기억의 주체인 것 같지만, '누구'도 '기억'도 그것만으로 존립할 수 없는 법계의 특성이 오히려 '누구'와 '기억'을 만들어 대물림하기에 '누구'와 '기억'의 다름을 읽을 수 있습니다. 다름으로 읽혀질 수 있는 동일성이 기억되지 않는다고 하면 앎이 있을 수 없겠지요. 법계의 연기가 무상으로 흐르고, 그 무상한 '다름들'이 자신의 얼굴을 기억시키면서 모든 인연의 '다름들'이 앎으로 드러나게 된다는 것입니다. 법계가 만든 인연의 다름이 다름을 다름으로 읽을 수 있게 하고, 기억할 수 있게 하는 것이 앎이라는 것이지요. 흐름의 다름에서만 보면 '무엇'일 수 없고, 인연의 장이 만든 다름에서 보면 '무엇'일 수 있는 상태 곧 해체와 성립을 동시에 구현하고 있기에 앎이 법계 인연의 표현일 수 있습니다. 깨달은 앎이든 깨닫지 못한 앎이든.

무상한 다름이 인연을 읽게 하는 앎이라는 데서는 깨달은 작용〔覺〕과 같고, 읽혀지는 순간 무상을 놓치게 하는 앎이라는 데서는 인연을 자각하지 못하게 하는〔不覺〕 면이 있습니다. 하나의 흐름에서도 전후를 비교하지 않으면 흐름의 작용을 알 수 없고, 이웃 항들과의 비교가 없다면 비교되는 무엇도 알 수 없으니, 앎이란 깨달음이면서 깨닫지 못함이 함께 있는 것과 같지요. 앎을 이끌어 내는 다름들이 비교할 수 있는 다름들이어야 현재를 읽을 수 있기 때문입니다.

앎의 쌓임만큼 연기법계의 무상한 세월을 살아왔다고 할 수 있으며, 동시에 그 앎만큼 무상한 연기의 다름을 놓치고 있다고 할 수 있습니다. 기억된 앎으로 현재를 읽으나 기억만큼만 읽기에, 연기법계의 다름을 놓치고, 기억된 앎만을 취착하여 알 수밖에 없겠지요.

다름으로 읽혀진 분별을 취착하는 앎이 무명無明입니다. 분별 속에 들어 있는 무상을 잊고, 다름만으로 분별된 것을 앎으로 삼고 있는 것입니다. 본래 깨달음[本覺] 속에서 깨닫지 못함[無明]이 생겨난 것과 같습니다. 그러므로 무명을 여의고 깨달음이 가능합니다. 깨달음이란 '다름'들의 연기가 함께 읽혀지고, 법계가 한 삶임을 보게 되면서, 분별만을 보는 망념의 흔적이 완전히 사라지는 것입니다[通達一法界].

열반은 수행으로 얻어지는 것이 아니다

'깨달음'과 '깨닫지 못함'은 실상에서 보면 아무런 차이가 없습니다. 깨닫거나 깨닫지 못하거나 인연의 다름을 읽고 있는 것은 같은 장면의 다른 모습입니다. 다름을 드러내는 인연이 연기의 각성覺性이며 지성智性이기 때문에 무엇을 알아차리는 주체로서 인간의 내적 실체인 양 사유되는 각성이나 지성도 없고, 다름만의 실체도 없는 줄 알아야 합니다.

이것을 가리켜서 "가지가지 그릇들의 모습은 다르지만, 그릇들이 흙을 바탕으로 하고 있다는 데서는 같다."라고 비유하고 있습니다다. 그릇만을 보는 것은 깨닫지 못한 모습이며, 그릇과 흙을 함께 보는 모습이 깨달은 모습이라는 뜻입니다. 모든 형상들은 형상들만의 특성을 갖고 있으면서, 동시에 형상을 이루기도 하고 해체하기도 하는 연기의 변화가 함께하고 있으므로 깨달음과 깨닫지 못함이 한 장면〔同〕의 다른 모습〔異〕일 수 있습니다.

　무상無常한 인연이란 고정된 형상을 갖지 않으니, 형상마다 '빈 모습〔空相〕'입니다. 항상 형상으로 나타나지만 어떤 형상에도 머물지 않는 전체 인연의 모습입니다. '빈 모습'이 '모습과 상대한 빈 모습이 아닙니다. '모습'도 '빈 모습'도 모두 빈 모습입니다. 그릇의 모습으로 나타났을 때는 자신의 모습이 있는 것 같으나 결정된 형상을 갖지 않는 흙이기에 어떤 모습으로든 나타날 수 있는 것과 같습니다. 있기는 있는 것 같으나 무엇이라고 말할 수 없으므로 언어 표현을 넘어섭니다.
　마음작용 또한 이와 같습니다. 결정되어 있지 않는 인연에서 홀연히 일어나는 마음작용이기에, 앞으로 결정된 것과 같은 마음작용 하나하나가 인연을 다 드러내는 마음이 됩니다. 눈의 특성이 어떤 색깔을 보는 눈으로 결정돼 있지 않기에 붉은 꽃을 보다가 푸른 잎도 볼 수 있는 것과 같습니다. 결정돼 있지 않는 인연이 앞으로 결정되면서도 그 앞에 머물지 않기에 무상이면서 앞이 되지요.
　형상으로 드러난 그릇의 모습만을 보면 다 다른 것 같지만 그릇을 이루고 있는 흙에서 보면 다른 것이 없습니다. 흙의 모습이 결정돼 있지 않으므로 모든 모습의 그릇으로 나타날 수 있듯, 빈 모습이 모든 모습을 성립시킨다는 데서 빈 모습이 곧 모든 모습이며, 모든 모습이 빈 모습에서 모습입니다. 어느 것이든 결정된 모습이 없습니다〔空卽是色 色卽是空〕.

무루인 연기법의 '공성空性'과 무상이 연출하고 있는 '지성智性의 작용'과 연출된 모양만을 취해 그것들의 다름만을 읽고 있는 '무명無明'이 근본에서 보면 다를 수가 없습니다. '무명無明'과 무주無住인 '연기緣起'가 진여를 바탕으로 한다는 데서는 같습니다〔皆同眞如性相〕.

모든 번뇌를 만들고 있는 근거인 무명이 그 자체로 연기의 무상이 연출하고 있는 작용이기에 모든 중생들이 본래 열반으로 살고 있으며〔本覺〕, 열반으로 살 수 있습니다〔始覺〕. 마음 하나의 경험들이 모두 진여를 근본으로 하여 일어나고 사라지는 작용입니다.

그러므로 무상이면서 동시에 무상 가운데서 일어나고 있는 갖가지 다름들의 동일성, 곧 무상에 의해서 읽혀지고 있는 언어화된 세력도 그 자체로 진여를 벗어날 수 없습니다. 비록 언어문자로 표현되고 그것에 의해서 갖가지 분별과 고통과 선악시비 등이 일어나고 있지만, 그것이 진여를 떠날 수 없으므로 그 모습들이 그 자체로 허구가 될 수밖에 없습니다. 만일 번뇌를 만들고 있는 무명의 허상들이 진여와 상관없는 것이라고 하면, 허상이라든가 허구라고 할 수 없겠지요

'형상'에서 '형상 없음'을 함께 보게 될 때

그렇기에 열반은 수행으로 얻어지는 것이 아니라고 하며, 깨달음에 의해서 만들어지는 것이 아니라고 합니다. 비록 무명업상에 의해 일상의 앎이 바른 앎이 아니라고 하더라도 진여인 연기각성을 한 치도 벗어난 것일 수 없기 때문입니다. 중생이면서 열반이며, 열반이면서 사바娑婆의 괴로움이 계속되는 현재입니다.

실상에서 보면 만들어진 중생도 없고 만들어진 깨달음도 없지만, 무명에 의한 분별하는 습관이 중생의 삶을 만든 것과 같고, 수행으로 얻게 되는 형상을 보되 형상에 매이지 않는 인식의 습관이 깨달음을 만든 것과 같습니다. 수행으로 만들어 가는 습관이지만 만들어진 습관의 허구를 잊지 않기에 인식에서 자유로움이 생겨나고, 자유로운 힘으로 형상에 묻히지 않는 습관이 커지면서 형상 속에서 인연의 '빔〔空〕'을 보게 됩니다.

'형상'에서 '형상 없음'을 보니 형상도 형상에 머물지 않고, 형상 없음에서 형상을 보니 형상 없음도 형상 없음에 머물지 않습니다. 머물지 않기에 곧 형상에서 형상 없음을 볼 수 있고 형상 없음에서 형상을 볼 수 있기에, 형상과 형상 없음의 분별이 가능하고 형상들의 다름도 읽을 수 있지요. 모든 것이 '형상'도 아니고 '형상 없음'도 아님을 알아야 합니다. 그래서 "깨달음은 볼 수 있는 형상이 아니다."라고 하였습니다.

'형상도 아니고 형상 아님도 아닌 형상'이면서, 동시에 형상이 해체되고 있고, 해체된 형상이 다시 형상일 수밖에 없으므로 언어 표상을 넘어섰다고밖에 이야기할 수 없지요. 형상으로 또는 형상 없음으로 우리네 삶을 보려 하거나 깨달음을 이해하려는 것은 잘못된 시도일 수밖에 없는 이유도 여기에 있습니다.

있음 또는 없음으로 보는 것은 인연의 무상성을 잊고 머무는 분별입니다. 분별된 형상에 머무는 인식은 만들어진 것으로 허구 또는 환상입니다. 형색形色으로 나타난 것이든 형색으로 나타나지 않는 것이든, 분별에 머무는 것은 무상성에 어긋난 것으로 모두가 환상입니다. 연기가 나타내는 앎은 색도 색에 머물지 않고, 색 아님도 색 아님에 머물지 않습니다. 앎과 분별이 있되 머물지 않으므로, 허구가 허구인 줄 알고 환상이 환상인 줄 압니다. 머물지 않음을 보고 허구가 허구인 줄 아는 분별이므로 "지성의 색깔은 비어 있지 않다〔智色不空之性〕."라고 합니다.

비어 있지 않는 것이 지성智性의 색이지만 비어 있지 않다는 것조차 비우는 것이 지성입니다. 연기의 흐름이 지성이기에 비어 있지 않다고 해도 맞지 않고 비어 있다고 해도 맞지 않습니다. 진여眞如에 공空과 불공不空의 두 가지 면이 있는 이유입니다. 인연의 공성으로 무상한 변화를 실현하는 지성은 어떤 형상으로도 나타낼 수 없기에 텅 빈 것과 같으며, 분별된 낱낱이 연기인 지성의 작용이라고 하는 데서 보면 모든 형상이 지성이라고 할 수 있기에 텅 비어 있지 않는 것과 같습니다. 그렇기에 지智의 모습은 볼 수가 없습니다. 비어 있지 않지만 분별된 형상으로 그릴 수 없고, 분별된 형상을 떠나 있지만 모든 분별이 그 가운데서 일어나고 있기 때문입니다.

지성의 특성은 있는 것도 아니고 없는 것도 아닙니다. 이와 같은 특성이 있기 때문에 무상한 인연들이 제 모습을 나타낼 수 있으며, 무상으로 나타나는 인연들이 다시 지智의 모습을 성립시키고 있습니다. 모든 인연이 만나 하나하나의 모습을 이루면서도 인연이기에 제 모습만으로는 어느 것도 있을 수 없으니, 인연이란 모습의 이룸과 모습의 해체를 동시에 실현하고 있습니다. 이와 같은 이룸과 해체를 통한 인연의 흐름이 지성입니다. 모습으로 드러난 것과 그 모습을 해체하는 것이 함께하면서, 서로가 서로를 성립시키는 것이 인연의 흐름이며 변화며 지성입니다. 어느 것도 한 가지 모습만으로 자신의 정체성을 삼을 수 없습니다.

모든 그릇과 흙이 다른 것 가운데 서로를 성립시키면서 제 모습을 갖지 않는 총상으로 하나가 되듯, 깨달음도 깨닫지 못함도 인연의 무상에서 보면 하나입니다. 이룸과 해체 가운데 어느 하나라도 그때의 모습으로 자신을 삼는 순간 그 모습은 해체를 동반하지 않는 것으로 망념의 분별에 머무는 것입니다. 망념에 머무는 것은 인연의 무상과 어긋나니, 인연 속에서 인연을 등지고 홀로 서 있는 듯한 것이 되고 말지요.

허깨비와 같은 앎

　분별한다는 것은 분별된 모습만이 기억으로 남는 것이 아닙니다. 기억도 분별된 특성의 하나로 남고, 분별하고 기억하는 지성조차 지성이라는 자성을 갖는 것으로 분별되어 기억으로 남게 됩니다. 지성조차 기억된 분별이 되면서 분별과 해체를 넘나드는 지智의 성격 가운데 한쪽으로 치우친 지智만 남는 꼴이 된 것입니다. 이것은 지성 스스로 지성을 등지는 결과가 되므로 오염된 지성이라고 할 수 있습니다.

　지성은 파괴될 수도 없고 오염될 수도 없지만, 한쪽에 머무는 것이 오염됐다는 것이지요. 지성 스스로 지성을 등진 것과 같습니다. 지성 스스로 분별에 머무는 인식 상태가 깨닫지 못한 상태입니다. 연기인 '지'의 작용에 온전히 깨어 있지 못한 상태(不覺)가 되면서 앎이 발생하는 인연의 장을 놓친 것입니다.

　무루無漏의 인연으로 작용하고 있는 연기의 각성이 깨닫지 못한 상황에서도 작용하고 있지만, 물든 지성은 그것에 대해 모르는 상태입니다. 이 상태에서도 연기의 각성은 그 특성을 잃지 않기 때문에 번뇌가 없습니다(無漏). 무루의 연기각성이 무명에 물든 허망한 차별을 따르고 있기는 하지만 깨달음의 장인 인연 자체 곧 진여자성은 물들 수 없습니다(隨染幻差別).

　물들지는 않지만 무명이 될 수밖에 없는 것은 각성이 작용하고 있는 인연의 장을 자각한 적이 없기 때문이며, 인연의 장을 자각하기 위한 의지가 발생하는 것도 불각무명不覺無明이 형성되고 나서부터이기 때문입니다. 연기각성이 스스로를 자각할 필요가 원래부터 있을 까닭이 없었다는 것입니다. 반드시 무명의 과정을 지나야만 연기를 자각할 수 있으니, 앎이란 항상 무엇과 상대할 때 앎으로 드러날 수밖에 없기 때문입니다. 불각을 통해서 각성을 자각할 수 있게 된다는 것입니다.

연기의 장은 물들었다든가 물들지 않았다든가라고 말할 수 없습니다. 인연의 앎을 자각하지 못한 앎을 물들었다고 할 뿐입니다. 중생이 한 번도 깨달은 적이 없는 이유이지요. 중생이 되고 나서 중생의 앎과 상대하는 깨달음이 있으니까요.

인연의 앎을 본각本覺이라고 할 수 있지만, 깨달음과는 아무런 상관이 없다고 할 수 있습니다. 반드시 인연의 무상이 나타내는 온갖 다름들만을 기억하고, 그것이 본래 모습인 줄 잘못 아는 무명화의 과정을 지나고 나서, 무명 속에서 고苦의 아픔을 맛보아야만 잃어버린 고향을 찾게 되고, 떠난 적이 없는 고향에서 연기의 각성을 처음으로 깨닫게 될 때 본각도 본각이 됩니다.

시각始覺이야말로 처음으로 자신의 모습을 깨닫는 것이면서 본각을 본각이게 합니다. 원래부터 각성으로 작용하고 있는 인연의 흐름을 처음으로 자각하면서 스스로가 우주의 인연으로 원래부터가 부처님인 것을 보고 깨달은 것입니다. 무명화된 앎이 앎이면서도 잘못된 앎으로 허깨비와 같은 앎이 되는 이유입니다. 시각의 과정을 거치지 않는 앎은 바탕부터가 물들어 있는 앎과 같지요.

물듦과 깨달음은 한 장면의 다른 모습

인연의 각성인 본각本覺이 본각 상태를 자각하지 못함으로써 인연이 만든 분별이 무명의 작용이 되면서 점점 본각의 상태로부터 멀어져 가는 것이 무명無明에서 업계고상業繫苦相까지의 구상차제九相次弟입니다. 본각이 무명이 된 것과 같으므로 근원부터가 물들어 있다고 할 수 있습니다. 앎이면서 제대로 된 앎일 수 없기에 자신의 삶조차 허망한 삶으로 인도하니, 자각되지 않은 본각이란 성품 자체가 물들었다고 할 수 있지요.

무루지성無漏智性이 잘못된 앎을 따르는 것 같기도 하고, 잘못된 앎으로 물든 것 같기도 합니다. 알아차림 그 자체로만 봤을 때는 "물들지 않고 물듦을 따르고 있다〔隨染幻差別〕."고 이야기할 수 있고, 분별에 머물러 있는 앎에서 봤을 때는 "앎 그 자체가 물들어 있는 것과 같다〔性染幻差別〕."고 하겠습니다.

여기서 "…이다"라고 결정하여 이야기하지 않고 "…같다"라고 이야기하고 있는 것은 물들지 않는 지성이나 물든 지성이나 실상에서 보면 그 자체의 자성이 없기 때문입니다.

인연의 변화로 나타나는 온갖 모습이 인연의 얼굴이면서 분별된 앎으로 각인되므로, 지성이라고 할 수 있는 자성을 갖는 지성이 있어 아는 것이 아니고 인연의 다름을 지성이라고 할 뿐입니다. 자성이 없으므로 차별만을 기억하는 물든 분별을 따르는 지성도 없고, 차별

인연이 지성일 수밖에 없으므로, 분별된 차별을 떠나서는 물들지 않는 인연도 없습니다.

'연기각성의 무명화'가 '물듦'이 되며, '물듦에서 각성'이 '깨달음'이 되므로, 물듦과 깨달음은 한 장면의 다른 모습이라고 해야겠지만, 그 둘을 나눌 수도 없으니 다르다고도 할 수 없고, 깨달음이 발현되고 보면 물듦과 깨달음이 같지도 않으니 다르지 않다고도 할 수 없지요. '깨달음'과 '깨닫지 못함'의 다른 모습이 무루의 연기緣起와 무명의 염환染幻으로 뚜렷한 차이를 보이고 있는 것은 틀림없지만, 두 가지가 같은 장면의 다른 모습인 것을 잊고서 다름만을 보아서는 안 됩니다.

가지가지 그릇의 다름을 다름만으로 읽고 있는 그것만이 물든 것일 뿐, 다름 그 자체가 물든 것이 아닙니다. 시각始覺의 과정을 거치지 못한 상태에서는 모든 다름을 다름으로만 알 수밖에 없는 지성이기 때문에 그 다름이 자성을 갖는 실체로서의 다름이 되고 말았지요. 그러나 그와 같은 앎의 작용도 본래 '연기의 하나 된 장면'에서 작용하는 지성 본래의 모습입니다. 비록 망념의 잘못된 앎으로 작용하고 있지만 마침내는 망념을 여의고 깨닫게 될 수밖에 없는 까닭도 여기에 있습니다.

망념에 물들었다는 것은 망념의 습관이 강하다는 정도를 나타냅니다. 그러므로 망념이 본래 없는 줄 알았다고 하더라도 습관이 된 망념의 관성을 완벽하게 지우지 못하면 궁극의 깨달음이 아닙니다. 자성이 없는 것을 아는 것을 해오解悟라고 하고, 망념의 관성 곧 잘못된 분별 인식에 젖은 흔적을 온전히 제거했을 때를 증오證悟라고 하는데, 증오를 성취하여야만 진정한 깨달음입니다.

시각으로 미세한 망념의 흔적을 지우고 날 때 비로소 연기의 각성을 볼 수 있고, 본각을 체득한 증오가 되어야 자성 없는 연기 공성의 지혜와 무량한 자비 방편을 실천할 수 있는 지혜를 이룹니다. 이 모두가 마음 하나를 살펴 알아차리는 데서 이루어지므로 '모든 것이 마음인 줄 알아차리는 것'이 『대승기신론』에서 제시하는 수행 내용입니다. 마음작용 하나하나가 불생불멸과 생멸을 함께 드러내고 있는 것이 인연의 총상이기 때문입니다. '깨달음'과 '깨닫지 못함'이 마음 씀 하나하나에 함께 있습니다. 중생이면서 부처인 상태입니다. 이 상태에서 언젠가는 고苦를 넘어서려는 의지가 반드시 발생하므로 마침내 모든 중생이 부처가 될 수밖에 없습니다.

14장. 생멸심이 있게 되는 인연

31 생멸심이 있게 되는 인연은 마음[아려야식]에 의거하여 의意와 의식意識이 생겨나고 없어지기 때문이다.

復次 生滅因緣者 所謂衆生依心 意意識轉故

32 이것이 뜻하는 것은 다음과 같다. 생멸과 불생불멸이 함께 있는 아려야식[心]에는 깨달음[不生不滅:明]과 깨닫지 못함[生滅:無明]이 함께 있다는 것이다. 그러므로 아려야식에 의해서 무명이 있다고 말한다.

此義云何 以依阿黎耶識說有無明

33-1 생멸이 불생불멸이며 불생불멸이 생멸인 줄 자각하지 못한 상태에서 생멸만을 알아차리는 작용이 무명이다. 무명 때문에 깨닫지 못한 상태가 생겨나고[不覺而起], 그것에 따라 인식 주관[能見]과 인식 대상[能現]이 생겨, 인식이 발생하며[能取境界], 인식의 내용을 기억하여 대물림[起念相續]하게 된다. 이 과정 전체가 마음

에 의거하여 생겨난 '의意'다.

不覺而起 能見能現 能取境界 起念相續 故說爲意

이 '의'에 다섯 가지 이름이 있다.

첫째는 업식業識이다. 연기의 각성을 자각하지 못한 힘인 무명에 의해서 마음이 깨닫지 못한 상태로 움직이는〔業〕 인식〔識〕이라는 뜻이다.

此意復有 五種名 云何爲五 一者名爲業識 謂無明力 不覺心動故

둘째는 전식轉識이다. 움직이는 마음에 의해서 대상을 분별하는 인식 주체가 성립된 상태를 뜻한다.

二者名爲轉識 依於動心 能見相故

셋째는 현식現識이다. 마음이 움직이면서 그 움직임 자체가 갖가지 경계로 나타난 것을 뜻한다. 마치 밝은 거울에 색상이 나타나듯 현식 또한 그와 같다. 다섯 가지 감각 대상에 따라 곧바로 마음이 형상을 나타내는 것이다. 언제나 움직임 따라 현상이 나타나서 항상 인식 주관의 대상이 되기 때문에 현식이라고 한다.

三者名爲現識 所爲能現一切境界 猶如明鏡 現於色像 現識亦爾 隨其五塵 對至卽現 無有前後 以一切時任運而起 常在前故

넷째는 지식智識이다. 인식주관인 전식과 인식대상인 현식이 상대한 상태에서 오염汚染과 청정淸淨을 분별하는 인식을 뜻한다.

四者名爲智識 謂分別染淨法故

다섯째는 상속식相續識이다. 분별된 기억이 전후로 이어져 상응하면서 끊어지지 않는 인식을 뜻한다. 과거의 무량한 세상을 살아오면서 지었던 선업과 악업을 잊지 않고 기억하다가, 인연이 성숙되면 현재와 미래에서 괴로움과 즐거움 등의 과보를 어긋남이 없이 받게 하기 때문이며, 또한 지금 이 자리에서 이미 지난 일을 홀연히 기억하게 하고, 오지 않는 미래의 일을 느닷없이 걱정하게 하기 때문에 상속식이라고 한다.

五者名爲相續識 以念相應不斷故 住持過去無量世等善惡之業 令不失故 復能成熟現在未來苦樂等報 無差違故 能令現在已經之事 忽然而念 未來之事不覺妄慮

머묾 없는 알아차림과 기억

우리네 일상은 사건·사물들을 분별하여 알아차리고 기억하며, 다음 상황에 대해서 예측하면서 사는 것이라고 할 수 있습니다. 현재의 일을 분명하게 알아차리면서 할 수도 있고 습관적으로 하기도 하겠지요. 습관적으로 하는 것은 새삼스럽게 알아차릴 필요 없이 이미 알고 있던 대로 하는 것이라 현재의 일이 과거와 같고, 미래 또한 상속되는 과거이겠지요. 현재를 살면서 현재를 놓치는 것입니다.

현재를 분명하게 알아차린다는 것은 한 생각에 담겨 있는 삼세를 보는 것이며, 삼세를 만들지 않는 분명한 판단으로 삼세를 넘어서는 것입니다. 그러므로 알아차림이 없는 현재는 현재일 수 없습니다. 습관적인 마음에는 '분명하게 분별하고 새로운 기억을 만들면서 삼세를 창조하는 지성智性의 작용'이 살아 있지 않기 때문이며, 분별된 것과 기억된 것이 마음에 의해서 만들어진 것인 줄 모르기 때문입니다.

만들어진 분별과 기억인 망념에 물든 마음작용이 생멸심生滅心이라고 한다면, 현재에 대한 분명한 알아차림과 새로운 기억으로 미래를 창조하는 마음작용은 진여심眞如心입니다.

인연의 흐름을 분명하게 알아차리는 머묾 없는 마음은 인연이 만든 분별을 새롭게 알아차리므로 기억된 분별이라고 하더라도 상속된 기억만이 아니며, 기억에 의해 다음 찰나의 분별이 새로운 분별임을 알아차릴 수 있으므로 기억으로 남으면서도 새로움을 창조합니다. 머묾 없는 알아차림과 기억이 한 찰나의 두 가지 마음작용처럼 있으면서 창조적인 마음 활동을 일으키는 동력입니다. 기억이면서 머묾 없는 분별이며, 머묾 없는 분별이 기억으로 머물기에 지성智性의 작용은 '머묾'도 없으며 '머물지 않음'도 없습니다.

만일 알아차림과 분별, 그리고 기억이 없다고 하면 마음이라고 할 수 없겠지요. 그런 뜻에서 마음이 있고 나서 분별과 기억이 있는 것이 아니라, 분별과 기억이 그 자체로 마음의 작용이면서 다른 한편 늘 새롭게 분별과 기억을 하고 있습니다.

마음작용은 분별하면서도 분별에 머물지 않고 기억하면서도 기억에 매몰되지 않는 면이 있기에 분별도 할 수 있고 기억도 할 수 있으며, 분별하고 기억하는 것이 마음작용이기에 분별에도 머물고 기억에 매몰되기도 합니다. 새롭고 기억에 매몰되지 않는 작용에서는 청정한 마음이 될 것이고, 분별과 기억에 머물러 있다면 오염된 마음이 되겠지요.

그러므로 중생들의 마음에 진여의 모습과 생멸의 모습이 함께 있다고 했겠지만 두 가지 마음이 따로 있는 것은 아닙니다. 분별과 기억이 생멸하는 마음도 되고 생멸하지 않는 마음도 되며, 분별에 머물지 않고 기억에 머물지 않는 것도 생멸하는 마음도 되고 생멸하지 않는 마음도 됩니다.

생멸을 떠난 것이 진여라고 하지만 생멸을 떠나 있는 진여도 없고, 진여를 떠난 것이 생멸이라고 하지만 진여를 떠나 있는 생멸도 없습니다. 그런데도 생멸이 있는 것은 진여도 없고 생멸도 없으며 진여이면서 생멸이며 생멸이면서 진여인 마음 그 자체를 자각하지 못한 마음에 의해서 진여가 없어지고 망념이 생겨나는 것과 같고, 이것을 자각한 마음에 의해서 망념이 없어지고 진여가 생겨나는 것과 같기 때문입니다.

생멸이 일어나게 되는 원인이 마음에 있다는 것이지요. 그러므로 "왜 생멸이 있는가?"라는 물음에 대하여 "마음에 의지해서〔依心〕"라고 대답하는 것입니다. 마음에 의지한 생멸이기에 생멸이 마음과 다른 것일 수도 없고, 마음의 알아차림과 기억이 진여도 되면서 생멸도 되기에 생멸이 의지할 마음이 따로 있는 것도 아닙니다. 마음 하나에 진여와 생멸이 함께 있으니 일어나는 마음마다 진여眞如이면서 생멸生滅일 수밖에 없습니다.

깨닫기 전까지는 생멸의 분별만을 보기 때문에 오염된 마음으로 청정하지 못하다고 할 뿐, 깨닫는다고 하여 다른 마음을 얻는 것이 아니며 알아차림과 분별과 기억이 없는 것도 아닙니다. 깨닫고 난 뒤에는 분별과 기억의 특성도 공성임을 체득하여 알기 때문에 분별과 기억에 매이지 않을 뿐입니다. 인연의 변화를 있는 그대로 알아차리는 마음이 인연의 변화가 되면서, 동시에 변화를 분별하고 분별된 기억이 인식의 대상인 줄을 분명하게 아는 것이라고 할 수 있습니다.

인연의 흐름에서 보면 분별된 기억은 과거의 흔적이지만, 과거가 현재의 인연을 분명하게 분별하고 이해하게 하는 준거 틀이 되기 때문에 기억이 현재를 이해하는 방편이 됩니다. 기억을 방편으로 삼아 현재를 분명하게 인식하면, 분별과 기억조차 공성인 줄 알기 때문에 분별과 기억에 매이지 않게 되므로, 매임 없는 분별과 기억이 새롭게 인연을 창조하는 청정한 거울 같은 마음 씀이 되지요. 이 마음이 깨달은 마음입니다.

'청정한 알아차림'과 '물든 알아차림'

본래부터 청정한 거울 같은 마음은 분별과 기억을 대상으로 하더라도 그것을 있는 그대로 알아차리고 있기 때문에 물들 수 없으나, 분별과 기억만으로 대상을 본다면 현재의 창조적인 인연의 변화를 그대로 알아차리는 마음작용이 없는 것과 같으므로 물들었다고 말할 수 있습니다. 물들 수 없는 청정한 알아차림과 물든 것 같은 분별과 기억이 함께 있는 상태를 '아려야식〔藏識〕'이라고 합니다.

'물든 것 같다고 하는 것은 청정한 알아차림은 물들 수 없기 때문이며, 번뇌를 발생시키는 분별과 기억조차 그대로 알아차리고 있기 때문입니다. 허상일지라도 허상 그대로를 알아차리며, 번뇌가 발생되고 나서 번뇌의 속성에 대해 살피고 반성을 하게 될 때도 그대로 알아차립니다.

그렇기에 알아차리는 본성을 깨달은 마음이라고는 하지 않습니다. 청정과 청정하지 않는 상태에 대한 자각이 있고 나서야 깨달은 마음이 됩니다. 깨닫고 나면 알아차림이 총체적으로 깨달음이 되어 알아차리는 본각本覺과 깨달은 마음인 시각始覺이 하나가 되고, 깨닫지 못할 때는 깨닫지 못한 상태의 '물들지 않는 알아차림'과 '분별'과 '기억'이 함께하면서 총체적으로 깨닫지 못한 마음이 됩니다.

이와 같이 깨달은 마음일 수도 있고 깨닫지 못한 마음일 수도 있는 중생의 마음이 아려야식阿黎耶識입니다. 깨닫지는 못했지만 오염되지 않는 알아차림이 있고, 분별과 기억을 알아차린 내용으로 저장하고 있는 것과 같기 때문입니다. 그러므로 아려야식을 '분별하며 〔識〕 기억된 분별을 저장〔藏〕'하고 있다는 뜻으로 창고식〔藏識〕이라고 합니다.

하나의 마음작용에 분별과 부분별이 함께 있으나, 무분별의 공성을 보지 못한 상태는 분별된 기억만을 저장하고 있는 듯합니다. 그래서 인식이 저장되어 있는 창고라는 뜻으로 아려야식이라고 이름한 것이지요. 창고가 있고 그 속에 분별된 기억이 담겨 있다는 것이 아니라, 모든 분별들의 기억이 창고와 같다는 것입니다. 현재 인식이 잠재된 기억에서 생겨났거나 영향을 받고 있다는 뜻〔種子生現行〕과 현재 인식에 의해 새로운 기억이 생긴다는 뜻〔現行熏種子〕과 영상들끼리의 재구성에 의해 새로운 기억이 형성된다는 뜻〔種子生種子〕을 창고에 비유한 것입니다.

하나의 앎마다 연기의 공성과 분별된 기억들이 함께 있기 때문에 불생불멸과 생멸이 화합하고 있는 상태를 아려야식이라고 하며, 기억된 하나하나에서 보면 분별된 것들이지만 기억들의 통합은 그 자체로 단일한 아려야식이 되므로 아려야식과 기억들과는 같기도 하고 다르기도 하다고 합니다. 기억들이 없이는 아려야식이 없지만 아려야식이라는 단일체로서 총합된 인식은 낱낱 기억들을 넘어섭니다. 그렇기에 '진여문의 마음'도 '생멸문의 마음'도 모든 것을 다 포섭하고 있다고 하였습니다.

마음에 의거하여 의와 의식이 생겨난다

그러나 깨닫지 못하면 청정도 청정이라고 할 수 없고, 늘 분별된 기억만을 인식의 대상으로 남기면서 그것을 다시 알아차릴 수밖에 없습니다. 습관적인 인식의 틀이 형성된 것입니다. 이 틀을 '의意'라고 하고, 의意를 통한 인식활동을 '의식意識'이라고 합니다. 그렇기 때문에 "마음에 의거하여 의와 의식이 생겨난다[轉變]."고 합니다.

마음은 '알아차림'과 '분별'과 '분별을 기억하는 특성'을 함께 갖고 있지만, 의意는 기억된 분별 내용만을 알아차림의 기반으로 삼습니다. 그런 뜻에서 '의'란 기억하는 것과 기억된 것만으로 세계를 인식하는 습관으로, 마음이 가지고 있는 특성 가운데 하나인 '분별을 그대로 되비추는 거울 같은 마음의 특성'을 알아차리지 못하는 인식 틀입니다. 분별하되 분별을 떠나 있고, 기억하되 기억에 매이지 않는 마음의 청정성이 감추어진 상태입니다. 그렇기 때문에 "아려야식에 의거해서 무명이 있다."고 합니다.

분별과 기억의 작용을 스스로 자각하지 못한 상태에서 아려야식에 담겨 있는 결정된 분별과 기억에 의해서 인연의 장이 일정한 색깔을 갖게 됩니다. 인연의 변화가 기억된 분별이 되고 결정된 인식 내용을 갖게 되면서[아려야식], 인연에 변화를 자각하지 못한 무명이 있게 되고, 무명에 의해서 마음작용 그 자체를 자각할 수 없어 마음이 연기의 각성으로 있는 줄 모르게 된 것이지요.

그러나 무명에 앞서 아려야식이 무명의 원인으로 있다는 뜻이 아닙니다. 인연의 각성을 자각하지 못한 상태이면서 동시에 인식 내용으로 남게 되는 분별을 만드는 것이 무명이며, 만들어진 분별을 저장하고 있는 것이 아려야식이기 때문입니다. 연기의 장을 자각하지 못하는 무명에 의해서 아려야식이 있다고 해도 틀린 말이 아니며, 인연에 의해서 분별된 모습을 기억하게 됨으로써 무상한 인연을 자각할 수 없게 하는 아려야식에 의거하여 무명이 있다고 해도 맞는 말입니다.

'각성되지 않는 마음'과 '무명'과 '아려야식'은 한 사건의 세 가지 모양이라고 할 수 있습니다. 무명 그 자체가 분별하는 앎이며 기억하는 앎이기 때문에 무명 다음에 깨닫지 못한 상태가 있는 것이 아니라, 무명이 그대로 깨닫지 못한 마음입니다. 인연의 다름을 분별하여 알아차리면서도 분별과 무분별을 함께하고 있는 마음을 자각하지 못한 마음이 무명이며 아려야식입니다. 다만 무명이란 뜻이 인연의 공성을 자각하지 못한 것을 강조하고 있다면, 아려야식은 습관화된 무명의 힘이 갈무리되어 있다는 것을 강조한 것이라고 하겠습니다.

일상의 앎이 '깨달음'도 되고 '깨닫지 못함'도 되는 묘한 중첩이 중생심衆生心입니다. 그 가운데 분별하고 분별된 앎이 기억으로 대물림하는 것을 의意라고 했습니다. 분별과 무분별 가운데서 분별만을 알아차리는 무명이 남긴 앎이면서, 다음 앎조차 분별된 것과 기억된 것으로 알게 하는 의식意識의 근거가 되므로, 현재 의식이 현재를 제대로 알 수 없게 되는 것이지요.

중생의 마음에 의거하여 의와 의식이 생겨나고 없어지는 것이 생멸의 인연입니다. 생멸의 인연을 갈무리하는 아려야식에 의거해서 인식의 근거인 의意가 생겨나고, 의에 의해서 재구성된 분별을 앎의 대상으로 하는 의식意識이 생겨나는 것이 생멸심이 있게 되는 인연이라는 것이지요.

인연에서 보면 무상한 변화 하나하나가 인연의 총상이 되므로 생겨났다거나 없어졌다고 할 수 없고, 낱낱의 모습도 생겨난 것이면서 머묾 없이 소멸하는 지금일 수밖에 없으므로 생멸이라고 말할 수 없는 데 반하여, 생멸은 늘 과거와 미래를 이어가는 시간의 인식에서만 성립된다고 이야기할 수 있습니다. 의와 의식의 상속에 의한 기억과 추상으로는 생멸도 있고 시간도 있다는 것입니다. 그러나 현재의 시점 자체가 머묾 없는 무상이니 현재가 있을 수 없고, 현재가 없으니 과거와 미래 또한 없습니다.

분명히 생겨나고 없어지는 것 같지만 실상이 아닙니다. 무명에 의한 분별된 인식의 총상과 총상의 주체라고 여기는 자아의식의 근거가 되는 의意의 분별 때문이라고 이야기할 수밖에 없습니다. 마음 자체가 무상한 인연의 변화를 아는 것이므로 분별이 없을 수는 없으나 분별로 남는 인식은 분별된 영상 속에만 있으며, 기억된 분별의 총상인 의意에 의해서 현재를 그렇게 읽고(意識) 있는 것에 지나지 않습니다.

마음이 펼쳐지고 있는 인연에서 각성되지 않는 앎, 곧 무명이 남긴 흔적에 의해서 생멸이 있는 것처럼 보이나, 흔적을 갈무리하는 아려야식이 없다면 각성되지 않는 앎 또한 있다고 할 수 없기에 아려야식에 의거하여 무명이 있다고 하였습니다. 그렇지만 분별된 인식 결과가 기억으로 남겨지기에 분별하는 인식이 무명이 되고, 무명이 분별하기에 분별된 인식이 기억으로 남겨진다고 보면, 아려야식이 무명을 성립시키고 무명이 아려야식을 성립시킨다고 하겠습니다.

무명과 아려야식의 성립에는 선후가 없다는 뜻입니다. 다만 인식의 인연을 자각하지 못했다고 하더라도 인식 그 자체가 무명일 수는 없기 때문에 아려야식에 의해 '분별 의지와 분별된 기억의 갈무리'가 없었다면 무명이 성립될 수 없다는 뜻을 나타내기 위하여 아려야식에 의거하여 무명이 있다고 하였겠지요. 그러므로 분별 의지와 기억을 담고 있는 것을 아려야식阿黎耶識이라고 할 수도 있고, 기억을 아려야식이라고 할 수도 있습니다.

기억의 총상인 아려야식 또는 기억하는 아려야식阿黎耶識이 있기 때문에 무명無明이 있고 그에 따라 인연을 바르게 읽지 못하는 불각不覺이 생겨나서 '보는 자〔能見〕'와 '보이는 대상〔能現〕'이 성립됩니다.

앞서 말씀드렸듯이 먼저 아려야식이 있고 나서 무명이 있는 것처럼 생각하거나, 무명이 있기 때문에 아려야식이 생겨난다고 생각해서는 안 됩니다. 분별과 기억에 의해서 무명과 아려야식이 동시에 형성되기에 아려야식에 의지해서 무명이 있다고 이야기하는 것이지, 무명보다 먼저 있는 아려야식이 무명의 근거가 된다는 뜻이 아닙니다.

무명이 아니었다면 분별이 없고, 분별이 없다면 기억된 분별도 없기에 무명과 아려야식은 어느 것이 먼저 존재하고 나서 다른 것이 형성되는 것이 아닙니다. 단지 분별된 기억들의 총합이란 뜻에서는 아려야식阿黎耶識이, 끊임없는 분별이라는 뜻에서는 무명無明이 강조됩니다.

생각을 돌이키고 보면 언제나 현재

무명이란 인연이 만든 분별이 공성임을 자각하지 못한 인식이기에, 분명한 인식(明)이 없음(無), 밝게(明) 알아차리지 못함(無)을 뜻하지만, 무명만이 잘못된 인식을 만들어 내는 어떤 것이 아닙니다. 인연과 무명과 기억이 합쳐져 잘못된 인식을 만듭니다. 무상한 인연을 기억된 분별로 읽으면서 그것이 현재의 인식이라고 읽고 있는 것이 무명이면서 허망한 기억(妄念)이며 잘못된 인식이라는 것입니다. 잘못된 인식에 의해서 기억들의 총상이 인식 주체로서 자아가 되고 분별된 기억들의 영상이 인식 대상이 되면서 허망한 기억을 이어가고 있는 상태입니다.

이렇게 형성된 기억과 분별을 상속하는 총체적인 힘을 의意라고 하며, 이 의를 나누면 다섯 가지가 있습니다.

첫 번째는 '업식業識'입니다. '업'이란 '활동한다'는 뜻입니다. 인연이 만든 분별에 흔들려 인연의 공성을 깨닫지 못한 마음의 작용이며, 그 작용이 남기는 여력餘力을 아울러 뜻합니다. 여력이 기억이 되므로 나중에는 기억된 습관대로 인연을 분별한다는 뜻을 강조하게 됩니다〔習氣〕. 습관적인 분별이며 기억이기 때문에 상속이라고도 할 수 있습니다. 인식마다 습관의 색깔을 입히는 것이지요. 따라서 '업식'이란 의의 나섯 번째인 '상속식'과 연결됩니다.

그렇기 때문에 다섯 가지 의가 따로 있는 것이 아니라 의意에 대한 다섯 가지 관점이라고 할 수 있습니다. 분별의 여력으로 형성된 기억인 업식業識이, 현재의 인연에 자신의 색깔을 입히면서〔轉識〕, 자신의 경계를 만들고〔現識〕, 만들어진 경계를 자신의 기억과 상응하여 다시 알아차리면서〔智識〕, 분별된 기억을 상속시켜 가는 것〔相續識〕이 의라는 것이지요.

업식의 내용이 분별과 기억이듯 업식이 상속되는 의식 또한 분별과 기억일 수밖에 없습니다. 상속되는 의식이므로 현재의 앎이면서 늘 과거와 현재 그리고 미래가 겹쳐 있습니다. 의식하는 순간 삼세〔과거·현재·미래〕라는 시간이 형성되므로, 이미 있는 삼세의 시간을 따라서 업식의 분별을 상속해 가는 것이 아니라 의식의 작용마다 삼세를 만들기에 상속이라는 것입니다.

상속의 내용을 보면 기억된 분별이며, 기억된 분별이기에 상속이라고 말할 수 있습니다. 기억된 분별을 크게 나누면 '청정'과 '물듦'이 있습니다. 머물지 않는 분별을 청정이라고 한다면 머무는 분별을 물듦이라고 할 수 있습니다. 머물지 않는 분별인 마음과 경계의 '인연'을 분별된 기억으로 다시 분별하는 것이 머무는 분별입니다.

그러므로 지식智識을 상속된 청정과 물듦을 분별하는 앎이라고 합니다. 무명업식에 의해서 변화의 무상을 읽지 못하는 것이 물듦이기 때문에 인연법을 알아차리지 못한 지식智識은 청정과 물듦으로 분별할 수밖에 없습니다. 오염된 분별로만 보면 업식에 담겨 있는 망념의 현행이지만, 망념이 망념인 이유가 머묾 없는 인연의 흐름과 함께하면서도 그 흐름과 어긋나기 때문입니다. 그런 뜻에서 청정과 물듦에 대한 분별이 지식의 내용이면서도, 지식 그 자체가 법계의 총상이 됩니다.

무상無常은 단지 무상이라는 특징만 있는 것이 아니라 매순간 인식의 다름을 만들고 있기 때문에, 다름을 통한 앎이 근본적으로 발생할 수밖에 없습니다. 무상이 무상이라는 항상한 모습으로 다름들을 기억시키고 있다고 하겠습니다. 무상과 무아가 끊임없이 다른 모습을 만들면서 무상과 무아를 드러내기에 분별이 생긴다는 것입니다.

무상無常과 상대해서 항상이라고 분별하면 '물든 분별'이 되고, 항상과 상대한 무상이라고 분별해도 '물든 인식'이 됩니다. 무상과 분별은 한 모습의 다른 면이기 때문에 무상도 아니고 항상도 아닌 줄 알아야 합니다. 무상을 인연의 무상이라고 생각하지 않고 무상이라는 개념이 분별로서 항상하게 되면 언어 표현의 분별에 머물러 물든 인식이 됩니다.

업식業識이 만드는 이미지가 언어로 저장되고, 지식智識은 저장된 언어 이미지가 드러내는 분별 현상을 재인식하는 과정이기에, 물든 인식이면서 상속된 인식이며 상속되는 인식이라고 하겠습니다. 이와 같은 인식을 의意의 네 번째 작용인 '지식智識'이라고 합니다.

그러나 지식만으로 독립된 의意의 영역이 따로 있다고 할 수 없습니다. '의'의 다섯 가지 모두가 통합된 데서 하나하나의 영역이라고 해야 합니다. 업식이 만들어 놓은 분별된 영상 이미지와 언어 표상 이미지를 인연의 흐름과 상응하여 드러내는 전식轉識의 역할과 드러난 이미지인 현식現識을 통해서 청정과 물듦을 분별하는 앎이 지식智識이며, 이 모두가 상속되는 인식이기 때문에 상속식相續識이기도 합니다.

남아 있는 '업식의 분별 이미지만으로 아는 것'은 분별이 없는 데서 분별이 일어난 줄 모르는 것이며, 일어난 분별일지라도 자성自性이 없으므로 무분별인 줄도 모르는 것입니다. 무분별의 장에서 발생하는 분별을 재구성된 이미지만으로 아는 것이며, 그것을 다시 기억하여 상속하므로 모든 앎이 상대적 견해로만 남게 됩니다. 비교를 떠나 있는 앎을 이해하지 못한 앎이 '의意'의 앎[識]입니다.

인연의 다름들이 기억으로만 남아 있다면, 그것은 기억일 뿐 다음 찰나에 별다른 영향을 준다고 할 수 없겠지요. 그러나 기억될 뿐만이 아니라 다음 찰나에 일어나는 분별을 비교하고 판단하는 근거가 되기 때문에 분별하는 앎이 계속됩니다. 이미 갖고 있는 다름들이 그 자체로 다음의 다름을 이해하는 기준으로서 자기 역할을 능동적으로 한다는 뜻입니다. 기억도 기억으로 남는 것이 아니라 기억이면서 동시에 앎으로 자신의 얼굴을 드러내 기억을 상속해 가는 것입니다.

　기억된 영상을 능동적으로 드러내는 역할을 하는 것을 '전식轉識'이라고 합니다. 기억으로 남아 있는 것이 아니라 기억을 현실의 인식으로 전환시킨다는 뜻입니다. 그런데 자신의 기억된 앎을 현재 인식으로 전환시키려면 현재의 인연에 맞추어야 합니다. 맞추지 못하면 제대로 된 앎이 발생할 수 없습니다. 전식이란 단순히 기억된 앎을 무상한 인연이 만들고 있는 다름에 덧씌우는 역할만을 하는 것이 아니라, 무상이 만든 다름을 보고 그것과 비슷한 기억을 통해서 현재를 해석하는 것입니다. 인연의 무상한 모습을 능동적으로 보고 알아차리되, 기억된 영상과 일치하도록 재구성하여 알아차리는 앎을 이어가는 작용이라고 할 수 있습니다.

　그런 뜻에서 두 번째를 '전식轉識'이라고 하고 세 번째는 '현식現識' 곧 '나타난 식'이라고 합니다. 현식이란 기억된 영상과 언어 표상으로 인연을 분별하기 위해서 전식이 드러낸 식識입니다. 나타난 영상인데도 그것을 식이라고 하는 것은 외부의 영상이 아니라 식이 갖고 있는 분별된 영상이며 언어 표상이기 때문입니다.

　지금까지 말씀드린 다섯 가지 모두가 의意 하나의 작용이기 때문에 첫 번째부터 다섯 번째까지가 순서대로 발생한다고 여겨서는 안 됩니다. 일상의 의식이 작용하기 바로 직전까지 이미 기억으로 있는 의식의 근거가 '의'이기 때문입니다. 의에 다섯 종류가 있는 것이 아니라 의식이 일어나는 한순간의 앎이 그대로 의意가 되고 의식意識이 되기도 하므로 한 생각에 의意의 다섯 가지 앎이 일어나고 있습니다.

'의'의 상속에 의해서 현재 의식이 발생하므로 상속식相續識을 의식이라고 합니다. 상속된 식이며 상속되는 식입니다. 현재 생겨나고 사라지는 모든 의식이 그 자체로 상속된 식이면서, 다시 다음 인식을 낳는 의근으로 상속된다는 뜻입니다. 한 생각이 일어나기 직전의 상속식을 의근意根이라고 하며, 현재 의식은 상속식이 현재를 읽는 앎으로 드러난 것입니다. 의의 다섯 가지 인식 작용이 총체적으로 상속되면서 후찰나에서 보면 의근이 되며, 인식이 일어나고 있는 현재에서 보면 의의 식識으로 의식이 되며, 다음 찰나의 의근으로 현재의 인연을 총체적으로 갈무리하면서 상속되고 있습니다.

상속에 머무는 것이 아니라 상속된 영상을 현재의 인식인 연緣에 맞게 대상으로 나타나므로 언제나 현식現識입니다. 과거의 기억된 영상만으로 대물림되는 것이 아니라, 의식으로 나타나면서 상속된 영상도 변하게 되며, 그것이 다음 찰나에 다시 영상으로 나타나므로 언제나 '나타난 식'이라는 것입니다.

나타난 영상을 식識이라고 하는 것은 대상이 대상으로 실재하는 것이 아니라 의식에 의해서 파악된 인식의 내용이 다음 찰나에 영상으로 나타나 인식의 대상인 경계가 되기 때문입니다. 나타난 영상일 뿐만 아니라 영상 그 자체도 인식이 된다는 뜻에서 현식現識이라고 합니다.

현식現識은 앞서 말씀드렸듯이 전식轉識과 동시에 나타나기 때문에 거울과 영상이 함께 있는 것과 같습니다. 의식의 근거가 되는 의의 분별 능력을 '거울'이라고 한다면, 의가 담고 있는 분별된 기억을 거울에 비친 '영상'이라고 할 수 있습니다.

분별하는 능력과 분별된 기억이 거울과 거울에 비친 영상처럼 함께 있다가 의식으로 나타날 때 근根인 '의'와 경境인 '영상'이 따로 있는 것처럼 일어나서 현재의 의식 활동이 발생합니다. 이미 함께 있는 것인데도 불구하고 마치 의 밖에 대상으로 있는 것과 같이 보이는 것이지요.

의와 대상이 함께 있는 것이 업식業識이며, 의와 대상으로 분별해 내는 능력이 전식이면서 현식에서 보면 인식 주관처럼 있다고 할 수 있고, 그때 '의'의 대상처럼 나타난 영상이 현식입니다.

이렇게 나누어진 인식 주관인 것과 같은 전식轉識과 인식 대상인 것과 같은 현식現識 사이에서 업식의 분별 내용을 재확인하고 재구성하는 인식이 지식智識이며, 재구성된 인식 내용을 상속시켜 가는 것을 상속식相續識이라고 하며, 상속식에 의해 재구성된 현재의 인연을 인식하는 것을 의식意識이라고 합니다.

인식 작용이 일어나는 순간은 전식이 업식에 담겨 있는 기억된 영상을 인식 대상으로 나타내고 있는 순간입니다. '현실 인연'과 '업식이 재구성하는 인연'이 겹치는 순간이라고 할 수 있습니다. 여기에서 청정과 물듦을 분별하는 지식의 인식 작용이 일어나면서 상속된 업식의 경향성을 확인하고, 지식에 의해서 다시 재구성된 분별의 기억[念]이 상속되는 것이지요.

　업식부터 상속식까지가 순차적으로 일어나는 것이 아니기에 오의五意가 총체적으로 작용하는 것 자체가 지식이라고 해도 지나친 말이 아닙니다. 단순히 네 번째의 지식智識이 아니라 오의 자체가 언제나 분별의 망념으로 세계를 재구성하여 나와 나의 것 등으로 알아차리는 작용을 그치지 않고 계속하면서 현실 인식을 업화業化시킨다고 하는 뜻입니다.
　여기서 보면 모든 의가 오직 앎[識]이라는 사실을 통해서 드러나고 있습니다. 그렇기 때문에 인연의 각성을 알아차리지 못한 무명에 의해서 분별의 망념이 생기고, 기억된 업식의 망념에 의해서 의와 의식이 발현되기 때문에, 업식부터 상속식까지의 다섯 가지 의意로 생멸의 인연을 이야기합니다.
　앎이 일회적인 사건에 그치는 것이 아니라 상속되면서 삼세를 만들게 된 것입니다. 기억된 과거의 모든 괴로움과 즐거움의 과보가 계속 이어지고, 현재와 미래의 일들에 대해서 추상하지만, 삼세와 사건들이 망념에 의해서 만들어진 줄을 모르고 실재한다고 잘못 알면서 쓸데없는 근심 걱정을 하는 것입니다.

15장. 삼계는 오직 마음이 지은 것

33-2 이런 까닭에 삼계가 다 허망하고 조작된 것이며, 오직 마음이 지은 것이라고 한다. 기억된 마음을 떠나면 다섯 가지 감각의 대상과 인식의 대상은 없다. 사유의 대상인 모든 것〔法〕은 마음에서 생긴 것이며 허망한 기억이 만든 것이므로, 모든 분별은 스스로의 마음을 분별하는 것이다.

是故三界虛僞 唯心所作 離心則無六塵境界 此義云何 以一切法 皆從心起妄念而生 一切分別卽分別自心

그러나 마음은 마음 스스로를 볼 수 없으며, 마음이라고 하는 모습 또한 있을 수 없다. 모든 경계는 중생들이 연기의 각성을 자각하지 못한 무명에 의해서 자신의 마음속에 자리잡고 있는 줄 알아야 한다.

心不見心 無相可得 當知世間一切境界 皆依衆生無明妄心而得住持

모든 것(法)은 거울 속에 비친 영상과 같이 실체가 없다. 오직 마음이 만든 것일 뿐 허망한 것이다. 왜냐하면 마음이 생겨나면 가지가지 것(法)들이 생겨나고, 마음이 없어지면 가지가지 것(法)들이 없어지기 때문이다.

是故一切法 如鏡中像 無體可得 唯心虛妄 以心生則種種法生 心滅則種種法滅故

살아 있음도 죽음도 모두 생명의 아름다운 표현

마음이 일어나면 온갖 것들이 생겨나고, 마음이 사라지면 그것들도 사라집니다. 마음이 일어나면 매임 없는 무상한 비춤도 생겨나고, 인연이 다하면 비춤조차 사라집니다.

일어나고 사라지는 모든 것이 마음이 만든 줄 모르고, 그것이 실재한 줄 알며, 그것에 대해 집착하는 정도에 따라 욕계欲界와 색계色界와 무색계無色界가 성립됩니다. 욕망과 집착의 정도가 다른 것에 따라 이름을 달리할 뿐 무상을 온전히 살지 못한다는 데서는 차이가 없습니다. 집착일 뿐 실재하지 않기에 삼계를 허망한 세계라고 합니다.

거짓이고 허망한 것을 마음이 만든 것이라고 했지만, 마음만이 허망할 뿐 만들어진 것조차 있을 수 없으니, 허망을 잡고 있는 마음이 거짓이 될 수밖에 없어 삼계를 거짓이라고 합니다. 이것이 세월을 두고 대물림된 의意의 실상입니다.

　의意가 비어 있는 마음 밭에서 생겨났지만, '빔'을 놓치고 생겨난 그림자만을 보게 되면서, 그림자가 실상처럼 드리워져 모든 것이 헛것이 된 것이지요. 그러나 마음 밭이란 거울처럼 빈 모습입니다. 그래서 그 가운데 온갖 허상들이 무상으로 일어났다 사라질 수 있습니다. 일어났다 사라지는 허상 덕에 마음 밭의 '비어 있음'이 크나큰 공덕功德이 되나, 허상이 없다면 마음의 공덕도 없기에 마음의 공덕도 허상입니다.

　무엇 하나 허虛하지 않는 것이 없으며, 그래서 무엇 하나 그 자체로 실實하지 않는 것도 없습니다. 마음과 현상은 그 모습 그대로 온 생명을 연출하고 있는 생생한 살아 있음이며 실實이며 아름다움입니다. 무엇 하나도 빠뜨리지 않는 온갖 삶들의 어울림에서 피어나는 꽃입니다.

　그렇기에 허상임을 모르다가 허상임을 알게 되면 허상이 거짓이 아니니, 살아 있음도 죽음도 모두 생명의 아름다운 표현이 됩니다. 거짓을 보면 마음 밖의 경계가 사라질지니 보이는 것마다 빛이요 나눔이요 어울림이며, 듣는 것마다 법음이 되어 아름다움을 드러낼 것입니다.

　그래서 마음이 사라지면 육진경계六塵境界 곧 보고 들리는 대상도 없다고 했습니다. 누가 보고 듣는 것이 아니라 보고 듣는 것 속에 누구도 있고 무엇도 있는 하나 된 무상無常입니다. 그래서 무상은 무상이 아니라 깨달음의 빛으로 온 생명을 낱낱의 모습으로 드러나게 하는 부처님의 작용이며, 진여가 생멸의 흐름 속에서 지혜로 작용하고 있는 것입니다.

만나는 경계마다 고요한 비춤으로 기쁨과 즐거움이 될 때가 지혜의 작용이 깨어나는 것과 같으며, 육진경계六塵境界와 삼계三界를 조작하는 마음이 없어진 것과 같습니다. 그래서 삼계를 조작하는 마음을 떠나면 육진 경계가 없다고 하였지요. 고요한 비춤 곧 마음 살핌과 알아차림이 분명하면 온갖 허상이 사라지고 실상조차 없는 자리에서 모습마다 생멸 속에서 생멸을 떠나 있는 것을 봅니다.

마음이 마음을 볼 수 없다

마음 살핌과 알아차림이 익어지면서 마음도 제 모습을 갖고 있는 실체가 아닌 줄 알게 된 것입니다. 마음이란 늘 작용할 때만 알아차리는 주체처럼 있기 때문에 작용을 떠난 곳에 마음이라고 할 어떤 것이 있는 것이 아닙니다. 일어나는 마음마다 마음이면서 작용이며 그것이 모든 인연의 모습이 되기 때문에 마음이라는 것만으로 제 모습이 있을 수 없습니다. 그런 뜻에서 "마음이 마음을 볼 수 없다〔心不見心〕."라고 하였습니다.

본다는 것이 전체의 인연입니다. 그것 밖에 마음이 따로 없습니다. 인연이란 무상한 변화로 잠시도 머물지 않고 분별의 형상을 만들면서 형상을 비우고 있습니다. 비우고 있는 것에서 보면 형상을 갖고 있지 않은 것이 마음이며, 형상을 분별한다는 데서 보면 형상마다 마음입니다.

형상이 없는 거울이 모든 것을 비추는 것과 같습니다. 거울이 자신의 색깔을 특별히 갖고 있거나 비출 내용으로 형상을 갖고 있다고 한다면 비춘다는 뜻이 성립될 수 없겠지요.

거울이 비추어진 형상과 어울려야 거울일 수 있듯이, 마음도 마음이라고 할 수 있는 것이 있는 것이 아니라 전체의 인연이 마음에 비친 그림처럼 그렇게 나타난다는 것입니다. 인연이 마음도 되고 마음에 비친 형상도 되는 것이지요. 그러므로 인연 밖에 마음도 없고 형상도 있을 수 없습니다.

그래서 "마음이 마음을 보지 못하니 마음이라는 형상이 없기 때문이다〔心不見心 無相可得〕."라고 하였습니다. 마음이 인연에서 마음인 것이지요. 형상과 상대한 마음이라는 것도 형상을 떠나 따로 없고, 마음에 비친 형상도 마음 밖에 따로 없는 줄 알아야 합니다.

따로 따로 있다는 생각이 있는 한 그 마음은 인연이 된 마음이 아닙니다. 마음이 마음 스스로를 허상으로 만들면서 그 허상에 집착하고 있는 것입니다. 인연의 무상을 알 수 없어 힘든 삶을 살게 되는 것이지요.

마음 살핌과 알아차림이 무엇보다 중요한 이유가 여기에 있습니다. 마음 하나 살피는 것이 단순히 마음만을 살펴 알아차리는 것이 아니라 그 자체가 법계의 인연임을 알아차리는 것이며, 무상과 무아를 철저하게 인식하는 것입니다. 그렇게 될 때 나에 대한 집착과 나의 소유에 대한 집착에서 벗어날 수 있습니다. 집착된 것이 집착된 대로 있는 것이 아니라 허망한 것을 집착하고 있기 때문이지요.

주먹으로 허공을 움켜쥐면서 허공을 갖고 있다고 여기지만 원래부터 주먹 속에 허공이 잡혀 있을 수 없다는 것을 알게 되는 것과 같습니다. 허공을 갖고 있다는 마음만 있을 뿐이지요. 그 마음을 떠나서 보면 잡힌 허공도 없고 잡고 있는 마음도 없습니다.

마음이 생겨나면 가지가지 분별이 실재처럼 있고, 마음이 없어지면 그들 또한 없어집니다. 허공을 잡고 있는 것과 같은 마음이 생멸하는 마음이며, 망상의 마음이며, 무명의 작용입니다. 망념에 의해 만들어진 형상의 이미지와 언어 표상 이미지를 실체라고 보는 것입니다. 머묾 없는 분별이 인연의 모습이기 때문에 분별에 머물러 있는 마음이 망상이며 무명이면서도 무상한 인연을 떠날 수 없으니, 망념 또한 인연에서 망념일 수밖에 없습니다.

각성覺性도 인연의 얼굴이며, 무명無明 또한 인연의 얼굴입니다. 각성이 무명과 상대한 앎이긴 하지만, 무명 또한 각성과 상대한 앎입니다. 앎이라는 데서는 차이가 없습니다.

그러므로 중생의 생멸을 이루는 것도 마음 하나 일어나고 사라지는 데에 있으며, 깨달음 또한 마찬가지입니다. 중생의 마음마음이 윤회하는 마음이 되기도 하고, 부처를 이루는 생명의 본 모습도 됩니다. 그러니 생멸인연을 살피고 있다고 해서 그것이 깨달음과 다른 것만으로 있는 생멸인연을 이야기한다고 생각해서는 안 됩니다.

　마음이 마음이라는 자성을 갖는 어떤 것으로 마음일 수도 없으나 마음 밖에 있는 다른 것도 아니므로, 마음 하나하나의 작용인 알아차림이 '미묘한 창조를 하나도 빠뜨리지 않고 이루고 있는 미묘한 것 가운데 미묘한 것'이라고 하였겠지요.

16장. 의식이란 상속식이다

34 의식意識이란 무엇인가? 의식이란 다섯 가지 의意 가운데 상속식相續識을 말한다. 마음[아려야식]과 상속된 의[상속식]에 의해서 생겨난 의意의 인식, 곧 의식이란 범부들이 갈수록 심하게 취착하면서 나와 나의 것이라는 계산을 하며, 갖가지 허망한 집착으로 사물과 사건을 좇아 경계를 삼으면서 육진을 분별하는 것을 말한다.

復次 言意識者 卽此相續識 依諸凡夫取著轉深 計我我所 種種妄執 隨事攀緣 分別六塵

의意에 의한 인식 또는 의意 그 자체가 인식이라는 뜻에서 의식이라고 하며, 따로따로 분별한다는 뜻에서 분리식分離識이라고도 하며, 사물과 사건을 분별하여 안다는 뜻으로 분별사식分別事識이라고도 한다. 왜냐하면 의식은 견해에 의한 견번뇌見煩惱와 애착에 의한 애번뇌愛煩惱에 의해서 분별이 증장되기 때문이다.

名爲意識 亦名分離識 又復說名分別事識 此識依見愛煩惱增長義故

분별이 심화되어 가는 과정이 인식의 대물림인 상속식

의식이란 의意에 의지해서 작용하는 인식 작용을 말합니다. 우리네 일상에서 일어나고 사라지는 모든 마음작용으로, 꿈과 선정 가운데서 체험되는 앎도 포함됩니다. 의식을 의意의 식識이라고 하는 것은 앞서 말씀드린 다섯 가지 의意의 내용을 현재의 의식 활동이 대물림하여 지금의 인연과 어울려 작용하고 있다는 뜻입니다.

그렇기 때문에 현재의 인식 내용에는 과거에 익혔던 모든 습관적인 앎도 보이지 않는 데서 함께 작용하고 있으며, 그것은 다시 다음의 인식 내용에 자신의 색깔을 더하면서 상속될 것입니다. 이와 같이 물려받고 물려주고 있는 인식이라는 뜻이 현재 작용하고 있는 마음인 의식의 가장 큰 특성이 된다고 여겨 상속식相續識이라고 하였습니다.

상속된 의식이지만 현재의 인연과 어울려 과거의 인식을 미래의 인식 근거로 만들고 있기 때문에 과거의 습관을 온전히 재현하는 것만은 아닙니다. 하나하나의 인식 내용에서 보면 다른 양상이라고 말할 수 있습니다. 다른 양상이지만 그것도 무명이 일으켜 놓은 분별일 수밖에 없습니다. 분별이 심화되어 가는 과정이 인식의 대물림인 상속식이며 그것이 우리들의 인식 근거가 된다고 하겠습니다.

그러므로 의식의 근거인 의근意根 곧 다섯 가지 의(五意)의 근본 양상은 분별하고 있는 '나(我)'와 분별하여 갖고 있는 인식 내용으로서 '나의 것(我所)'을 더욱 굳건히 하는 것을 바탕으로 하여 연속됩니다. 상속의 내용인 나와 나의 것이 인식이 일어나고 사라지는 하나의 사건에서도 더욱 굳어지고 있는 것이 의식입니다.

상속식이 현행하여 작용하는 의식은 다섯 가지 감각 기관을 통해서 발생하는 '전오식前五識'과 지식 작용을 하는 제6식인 '의식'의 모든 인식입니다. 눈·귀·코·혀·몸·의의 여섯 가지 인식 주관[六根]과 색·성·향·미·촉·법이라는 여섯 가지 인식 대상[六塵]이 눈과 색 등으로 짝을 지어 일어나고 사라지는 인식입니다.

의식을 여섯 가지 근根과 경境으로 분리되어 일어나고 사라지는 인식이라는 뜻으로 '분리식分離識'이라고 하기도 하고, 인연의 장에서 일어나고 있는 갖가지 사건들을 분별하여 안다는 뜻에서 '분별사식分別事識'이라고도 합니다.

"의식이란 상속식이다〔言意識者 卽此相續識〕."라고 하여, 의식이 오의五意 가운데 하나인 상속식임을 가리키고 있기는 하지만 의意 자체가 다섯 가지가 있는 것이 아니기 때문에, 상속식이면서 오의 전체가 그 가운데 작용하고 있는 줄 알아야 합니다. 의를 다섯 가지 양상으로 나누기는 했지만, 그것 모두를 의意라고 부르는 데서 알수 있듯이, 다섯 가지가 모여서 의가 되는 것이 아니라 의 하나를 다섯 가지 관점에서 보고 있는 것이지요.

의意는 무명이 만들어 놓은 분별된 형상을 기억하고 다시 분별하는 망념妄念의 총상입니다. 상속된 인식 내용인 망념을 인식의 근거로 하여 현재를 읽고 있다는 뜻으로 상속식이라고 하며, 상속된 미세 망념이 현행된 것이면서 현행된 거친 분별이 다시 미세 망념을 이어가게 하는 동력이 되기 때문에 상속식이라고 합니다. 현재의 인연을 있는 그대로 보는 것이 아니라 이미 그렇게 볼 수밖에 없는 것을 지금의 사건이라고 보고 있으면서, 다음 찰나에도 영향을 미쳐 망념을 상속하는 것입니다.

일어나고 사라지는 인연은 '형상'과 '비움' 그리고 '무상성'이 함께합니다. 이 셋의 인연에 의해서 분별된 영상도 발생합니다. 그러므로 비움과 무상이 함께 읽혀지지 않고 형상만을 읽는 것이 문제가 됩니다. 형상을 형상으로만 비움을 비움으로만 무상을 무상으로만 분별하여 읽고 있는 무명에 의해서 이루어진 의意, 이 의로 현재를 읽고 있는 것이 의식意識이면서, 의식에 의해 의意가 인식 주체이면서 '나'로 분별되는 것이지요.

마음에 의지하여 생겨난 의가 인식의 총체적인 장에서 분별의 주체로서 존재한다고 여겨지는 '나'가 형성된 것입니다. 그와 아울러 나에 의해서 갖게 된 갖가지 분별된 내용이 '나의 것〔我所〕'이 되면서 업業이 대물림됩니다. 그렇기 때문에 상속식이란 다섯 가지 의意 가운데 마지막 상속식만이 상속되어 의식이 되는 것이 아니라, 업식 등의 오의五意 전체가 현재의 인식으로 드러난 것이라고 할 수 있습니다.

있는 그대로 보는 것

한 생각 일어나고 사라지는 것이 단순히 하나의 생각이 일어나고 사라지는 것이 아닙니다. 자신의 모든 업을 그 가운데 담아서 특별한 현상으로 나타내고 있는 것입니다. 분별된 자아[我]와 자아에 의해 소유되고 있는 분별[我所]이 갈수록 심화되어 가는 것이 상속식이며 의식입니다[轉深].

의식을 통해서 인식되는 것은 인연의 장에서 일어나고 있는 무상과 무아, 형상과 비움 등을 이미 갖고 있는 형상과 개념으로 재구성한 것들입니다. 상속되고 있는 개념 틀인 의意의 식이란 뜻으로 의식이지만, 의意 그대로가 현재의 인식 내용이 될 수 있으므로 의가 곧 식이라고도 할 수 있습니다.

'의'가 의식의 기관으로 의근이지만 현재의 인식 내용을 결정하고 있으므로 근根이면서 식識이 됩니다. 개념 틀의 총합인 의가 분별된 이미지를 습관적으로 이어오면서 의식의 근거가 되므로 의식에 의해 분별된 것들이 그 자체로 변함없이 항상하는 실체[自性]를 갖는 분별이 될 수밖에 없습니다.

그와 같은 분별에서 가장 깊숙이 자리잡고 있는 것이 '아견我見' 곧 '나의 존재 의식'입니다. 주체로서 '나의 존재 의식이 성립된다는 것은 나 이외의 모든 것이 타자로 성립되는 것과 같습니다. 인연의 장에서 서로가 절대적 타자로서 상대하게 된 것이지요.

'의'에 의해서 상속되는 분별입니다. 자신이 가지고 있는 영상 이미지를 현재화해 놓고 그것을 다시 분별하는 것입니다. 모든 분별이 나의 분별이며 '나의 소유〔我所〕'가 된 것입니다. 항상 나와 나의 것을 분별하면서 사물과 사건들을 분별하고 있다고 착각하는 것입니다. 자신이 만든 이미지를 재생산하면서 사건·사물을 분별하므로 사건·사물들을 있는 그대로 알기 어렵고, 사물과 사건들과의 인연이 나의 견해와 어긋나는 만큼 불만족이 쌓이게 됩니다.

있는 그대로 보는 것은 일어나고 사라지는 마음작용에 대해 만족과 불만족을 대비하지 않고 그대로 보는 것입니다. 반면 자신이 만든 이미지를 가지고 사건·사물을 본다는 것은 이미지와 맞고 틀린 것에 따라 만족과 불만족이 형성되는 것입니다. 평안한 보기와 불편한 보기라고 할 수 있습니다. 있는 그대로를 지켜보는 습관보다는 이미지에 맞는가 틀리는가라고 분별하여 보는 습관이 편안하지 않은 마음과 집착을 형성합니다.

일상의 의식에서 나의 존재 의식을 더욱 굳게 하는 분별과 타자들에 대한 다름의 이미지만을 쌓아가는 인식 내용이 강해진다는 것은 '견번뇌見煩惱'가 많아진다고 할 수 있으며, '나의 것'에 대한 애착이 커진다는 것은 '애번뇌愛煩惱'가 많아진다고 할 수 있습니다.

'견見'이란 나라고 여기는 견해에 의해서 나가 성립된다는 뜻을 담고 있습니다. '나'가 분별에 의해서 그렇게 보이므로 나로서 존재한다는 것입니다. 존재하는 나를 보는 것이 아니라 존재의 이미지로 비쳐진 나를 보는 것이지요. 업식이 비춘 현식을 다시 보는 것입니다.

만들어진 '나'를 보는 것이므로 업식業識이라고 합니다.

앞서 말씀드렸듯이 쌓여 있는 나의 견해로 사물을 보는 습관을 업業이라고 하며, 업을 현행하게 하는 동력을 전식轉識이라고 하고, 나타난 영상을 현식現識이라고 하며, 분별된 현식을 다시 알아차리고 있는 것이 지식智識이지만 실상에서 보면 아는 것이 아니라 상속식相續識에 의해 그렇게밖에 알 수 없지요.

상속된 것이 지식이 되고 지식이 상속되면서 의식意識이 현행하지만, 현행된 의식이 곧 의의 현행이므로 상속이란 오의五意 전체가 의식을 통해서 오의를 상속해 간다고 할 수 있습니다. '만들어진 이미지가 드러난 것'인 현식에 대한 이해가 지식이므로 지식 활동이 견번뇌가 될 수밖에 없으며, 그렇게 알려진 지식을 놓지 않고 상속하는 것은 애착이 아닐 수 없습니다. 연기의 각성인 무상·무아와 어긋난 아견은 만들어진 것입니다. 아견으로는 있는 그대로의 삶을 이해할 수 없습니다.

바르게 이해하지 못한 앎은 실상과 어긋나며 어긋난 만큼 번뇌를 만듭니다. 아견을 바탕으로 아는 것이 견번뇌가 되며, 인연의 무상과 어긋난 견해를 갖고 있는 집착과 애착이 애번뇌가 됩니다. 습관적인 의식의 활동이 견번뇌와 애번뇌를 증장하는 인식일 수밖에 없는 까닭입니다.

마음의 실상을 한번 보면

아는 것이 무지무명無知無明의 작용을 이어갑니다. 그렇다고 무명의 잘못된 인식 활동이 과거의 어떤 시점에서 시작되어 그 결과 지금의 의식 활동이 잘못되는 것이 아닙니다. 모든 인식이 일어나고 있는 지금 이 자리가 의와 의식의 분별이 생성되고 소멸되는 자리이면서 그것 자체가 무지 무명의 현재라고 할 수 있으므로, 지금의 마음 작용에 깨어 있지 못한 것이 시작 없는 무명이면서 업식 내지 상속식이 됩니다.

한 생각 일어나고 사라지는 것이 그저 하나의 생각이 일어나고 사라지는 것이 아니라 다섯 가지 의意가 총체적으로 일어난 것이므로, 의식의 인식 하나하나가 중생으로 살아온 동안의 모든 분별을 총체적으로 드러내면서 미래를 만듭니다.

의식에 의해서 증장된 번뇌는 의식이 작용할 때만 있는 것이 아니라, 분별 망념이 지속되는 근거인 아려야식에 다시 남겨져서 다음을 기약하게 된다는 것이지요. 기억하는 아려야식 또는 기억인 아려야식을 상속식相續識이라고 할 수 있고 상속식이 발현된 의식이 아려야식의 현행이라고 할 수 있기 때문입니다.

그렇다고 해도 수많은 세월 동안 익혀 온 업식의 습관적인 분별 내용을 간직하고 있다는 뜻을 갖는 아려야식과 상속된 의의 현행인 의식은 분명히 다릅니다. 왜냐하면 의식意識은 아려야식이 갖는 '분별의 경향성과 형성된 이미지' 가운데 지금의 인연과 어울린 것이 인식 결과로 나타난 것이므로 하나의 인식일 뿐이기 때문입니다. 그렇지만 의식의 인식 근거인 의意를 제외하고 생멸심을 이루는 것이 따로 없고 생멸심이 진여심을 떠나 다른 것으로 실체를 갖는 마음도 아니므로, 의意의 식識인 의식은 아려야식의 인식 속에서 일어나고 있는 현상이기 때문에 마음〔아려야식〕에 의거하여 의意와 의식意識이 생겨나고 없어진다고 하였습니다.

생멸과 불생불멸이 함께하고 있는 아려야식에서 전환된 의와 의식이기에 의와 의식의 생멸 속에 불생불멸도 함께 있고, 불생불멸과 함께함으로써 의와 의식을 생멸이라고 할 수 있습니다. 의와 의식이 상대하는 불생불멸이 없다면 생멸이라고도 말할 수 없겠지요.

곧 진여를 자각하지 못한 무명으로 인하여 망념이 생겨난 순간 진여가 없어진 듯하여 생멸심이 있는 듯하고 생멸심에서 망념의 흔적을 없애고 진여에 대한 자각이 생겨난 순간 생멸심이 없어지고 진여심이 있는 듯하나, 생멸하는 인연에서 보면 양쪽 모두가 생멸하는 모습입니다. 생멸문에 시각과 불각이 함께 있는 까닭이며, 시각을 이루어 망념의 습관을 완전히 없애고 나면 진여가 없는 듯한 생멸에도 걸리지 않고 생멸이 없는 듯한 진여에도 매이지 않아 걸림 없는 지혜로 생각의 틀을 넘어서는 방편을 쓸 수 있는 까닭입니다.

17장. 오직 부처님의 지혜만이

35 의식은 범부가 알 수 있는 인식 활동이지만, 무명의 훈습에 의해서 작용하는 인식은 범부로서는 알 수 없고, 성문과 연각의 지혜로도 알아차리지 못하며, 보살 수행자가 바른 신심과 보리심을 내어 관찰하는 수행에 의해서 법신을 증득한다고 해도 조금밖에 알 수 없고, 수행이 깊어져 보살의 구경지인 제10지에 이르러도 다 알 수 없으며, 오직 부처가 되어야만 온전히 알 수 있다.

依無明熏習所起識者 非凡夫能知 亦非二乘智慧所覺 謂依菩薩 從初正信發心觀察 若證法身 得少分知 乃至菩薩究竟地 不能盡知 唯佛窮了

그 이유는 다음과 같다. 연기법에 수순하는 각성覺性의 마음은 언제나 자성이 청정하다. 그러나 이것을 자각하지 못한 상태인 무명이 있고, 무명에 의해서 생멸상만을 분별하는 청정하지 못한 인식으로 연기각성의 청정한 자성이 물들게 되어, 물든 마음이 있게 된다. 물든 마음이 있다고 해도 그것이 인연의 각성을 떠난 자리가 아니기에 항상한 각성은 변함이 없는데, 오직 부처님의 지혜만이 이 상태를 알 수 있다는 것이다.

何以故 是心從本已來 自性清淨而有無明 爲無明所染 有其染心 雖有染心而常恒不變 是故此義唯佛能知

무명의 작은 흔적조차 남김없이 떨쳐내고

충만된 법계의 인연을 잊고 나의 것을 애착하면서 자신의 삶을 인연 밖으로 내몰고 있는 삶이 범부凡夫의 삶입니다. 법계의 충만한 인연을 이해하지 못한 삶이지요. 무엇을 욕망하는지 왜 욕망하는지를 제대로 살피지 않고 욕망에 따라 움직이는 것이 삶의 중심이 된 것입니다.

나의 것을 애착하면서 사는 사람을 범부라고 본다면 중생 모두가 범부이겠지만, 작은 것으로도 쉽게 만족한 마음을 내는 분들을 범부라고 할 수도 있습니다. 크나큰 이익이나 명예가 아니라 '사람이 그래서는 안 된다'는 소박한 믿음을 자신의 삶에서 큰 각성 없이도 실천하며, 작은 나눔으로도 기뻐하며 사는 분들입니다. 여린 마음으로 이웃의 아픔을 함께 아파하며 이웃의 기쁨을 넉넉한 마음으로 기뻐할 줄 아는 분들이지요. 그 분들의 삶이 비록 연기의 각성을 체험했다고는 할 수 없지만 근본 각성이 어느 틈인지 그 분들의 앎 속에서 항상 작용하고 있다고 할 수 있습니다.

이승二乘이나 연각緣覺에 이르는 길은 더욱 더 범부다워지는 것이라고 할 수 있습니다. 범부보다 더 작은 것에도 만족하며 기뻐하는 마음을 이웃과 나누는 분들입니다. 삶의 순간순간이 기쁘고 안락합니다. 작은 변화에도 생명의 숨들을 보고 그것을 기뻐하며, 더 갖지 않아도 행복의 느낌이 커지기 때문이지요. 어디를 가도 더욱 적게 갖는 그 자체로 자신의 만족된 삶을 실천하며 다른 생명들의 아픔과 기쁨을 함께 누리는 삶을 살 수 있는 힘이 있는 분들입니다.

보살 수행자들은 모든 존재가 법계 인연에서 하나의 생명처럼 존재하면서 자신의 모습을 잃지 않는 우주적 존재로 있는 것에 대한 확실한 이해와 믿음에서 수행을 시작합니다. 서로가 서로에 대한 생명 나눔으로 모든 생명들은 낱낱으로서 생명을 갖게 된다는 연기의 각성에 대한 이해를 바탕으로 주시와 집중 수행을 하며, 능력 따라 자비행을 실천합니다. 자신의 존재성이 사라짐으로써 오히려 법계 전체가 자신이 되는 수행 과정에 있다고 할 수 있습니다.

보살 수행자는 발심하는 순간부터 대승 수행의 기틀을 마련합니다. 법계 전체가 하나 된 생명임을 믿고 그와 같은 삶을 증득하기 위한 실천을 합니다. 그렇기 때문에 반드시 법신부처님의 '본래 깨달음' 곧 연기의 각성을 잊지 않는 가운데 자비 수행을 하므로 법신을 증득하게 됩니다〔證得法身〕.

보살 수행으로 처음으로 법신을 경험하는 초지初地에 이른다고 해도 법계 인연에 대해 초지만큼만 이해〔少分知〕하며, 제10지에 이른다고 하더라도 무명의 훈습을 온전히 알 수 없습니다. 제10지에 이르러 하나하나의 삶들이 그 자체로 우주 법계의 법신이며, 연기의 각성으로 무상과 무아임을 보는 눈을 분명하게 갖추었다고 하더라도 오랜 세월 쌓아 온 무명의 흔적이 완전히 없어지지 않았으므로 법의 실상을 있는 그대로 알 수 없다는 것입니다.

　무명의 작은 흔적조차 남김없이 떨쳐내고 온전한 깨달음을 드러내는 단계는 오직 부처님의 지혜와 자비를 완성할 때입니다. 무명분별의 모든 힘이 완전히 사라졌을 때만 법계연기인 법신부처님으로서의 삶을 비로소 살게 됩니다. 범부와 성문·연각은 말할 것도 없고, 보살 수행이 완성된 보살이라고 하더라도 근본 무명을 철저하게 타파하지 못했기 때문에 법의 실상을 온전히 알 수 없고, 오직 부처님만이 법의 실상인 진여공성을 알 수 있습니다.

18장. 자성自性이 청정清淨하다

36 연기각성인 마음의 본성은 언제나 망념이 없기 때문에 변하지 않는다고 한다.

所謂心性常無念故　名謂不變

37 그렇지만 우주 법계가 인연의 총상으로 하나의 세계인 줄 통달하지 못한다면 마음이 연기각성과 상응하지 못하므로 홀연히 분별만을 기억하는 망념이 일어난다. 이를 무명이라 한다.

以不達一法界故　心不相應　忽然念起　名爲無明

마음의 본성은 어떠한 분별에도 머문 적이 없다

연기의 각성을 자각한 적이 없기 때문에 인연의 다름이 무명의 앎으로 작용하고 있다고 할지라도 자성청정한 법신부처님은 변하지 않습니다. 이것은 인연인 마음의 본성은 어떠한 분별에도 머문 적이 없기 때문입니다.

인연인 마음이 분별로 앎을 표현하고 있지만 스스로 다른 분별로 앞의 분별을 해체하고 있기에 어떤 분별에도 머물지 않습니다. 머물지 않는 인연이 법계의 앎을 있는 그대로 드러냅니다. 머물지 않기에 자성이 없고〔無自性〕, 자성이 없기에 있는 그대로를 고요하게 비춰 압니다. 고요하게 비춰 아는 것이 자성인 듯하고 머묾 없는 흐름이라 청정합니다. 이것이 자성自性이 청정清淨하다는 뜻입니다.

그러므로 '마음의 본성'이라는 언어 개념에 맞는 마음은 실재하지 않습니다. 마음도 무상·무아일 뿐입니다. 변하지 않는 것은 어떤 것도 없습니다.

무상을 무상이라는 개념에 맞게 이해하기 때문에 무상이라는 개념은 항상하지 않느냐고 생각할 수 있지만, 무상이라는 개념도 인연의 장을 떠날 수 없으므로 같은 뜻에 머물러 있는 개념지만의 세계가 따로 없습니다. 개념지만을 고집하는 것이 무상을 놓친 허구에 대한 집착입니다.

인연이기에 무상이라는 개념이 성립될 수 있습니다. 마음의 성품이 변하지 않는다는 것을 마음이 있고 그 성품이 변하지 않는다는 것으로 이해해서는 안 됩니다. 마음이 '변하지 않는 알아차림'을 특성으로 한다는 것은 인연의 변화를 있는 그대로 알아차린다는 뜻입니다.

인연이란 앎으로 드러나는 변화며, 법신부처님의 청정한 마음입니다. 이 마음은 인연의 변화에 충실하기 때문에 무엇으로 변하려는 자신의 지향성이 따로 없습니다. 인연의 변화를 있는 그대로 알아차리면서 인연의 흐름 따라 변하므로, 어느 마음에도 머무는 집착과 애착이 없습니다.

이 상태를 '청정清淨'하다고 할 뿐입니다. 인연의 다름이 제 모습대로 드러나는 것이 마음이 되며 앎이 되니, 찰나도 머묾 없이 앞서의 인연을 비우면서 다음 인연을 만들어 가는 모습이 청정입니다.

순간순간 자신의 모습을 마음 또는 앎으로 드러내면서도 그 마음과 앎에 머물지 않는 변화가 공성空性을 자성으로 한 청정한 마음입니다. '공空'인 마음의 작용이 청정이며, 공이라는 법칙성에서 보면 변한 것이 없습니다. 공성에서만 보면 청정도 없고 물듦도 없습니다. 청정한 인연도 물든 인연도 공성을 넘어설 수가 없습니다. 물들었다는 것은 공성에 대한 자각이 없는 상태에서 자성을 갖는 분별만으로 사건과 사물을 이해한다는 뜻이며, 청정하다는 것은 분별에서 공성을 자각함으로써 자성적 사고에 머물지 않는다는 뜻입니다.

인연이 남긴 흔적들이 기억을 이루어 자성적 사고를 형성하고, 형성된 기억은 인연을 이해하는 준거 틀로서는 제 역할을 합니다만,

기억된 것만으로 인연을 해석할 수 없기 때문에 유연한 사고가 필요합니다. 자성적 사고에만 막혀 있다고 하면 무상한 인연의 흐름에서 창조성을 놓치는 것이며, 청정하지 못한 마음 곧 번뇌에 물든 마음을 만들어 가는 것입니다.

모든 중생들이 상호 의존하는 인연의 장

막혀 있는 사고를 망념이라고 합니다. 현재의 인연을 자각하지 못할 뿐만 아니라, 공성의 체험을 방해하는 힘입니다. 자각하지 못한 기억이며, '잘못된 기억'이며, '허망한 기억'이며, '물든 마음'입니다. 인연의 장면을 되비추어 알아차리는 반조의 지혜가 발생하지 않는 앎인 무명이 남긴 흔적들이지요.

인연이 공성에서 보면 청정한 마음도 되고, 흔적임을 헤아리지 못한 데서 보면 무명이 되고, 무명이 쌓인 흔적이 남긴 기억들의 분별에서 보면 망념도 됩니다. '청정한 마음'과 '무명'과 '망념'이 각기 다른 뜻이지만, 마음 하나 일어나고 사라지는 모습 속에 들어 있는 다름이라고 할 수 있습니다. 이 상태를 '무명이 있으므로 청정한 마음이 물들었다'고 이야기할 뿐입니다.

그러나 무명에 물들기 전을 청정한 마음이라고 할 수 없습니다. '인연이 청정한 마음이다'라고 이야기했지만 인연의 마음이 제 스스로 흔적을 남기고, 그것을 기억하는 것 또한 인연일 수밖에 없으므로 청정한 마음이 무명을 야기시킨다고 할 수 있습니다. 무명도 인연이 만든 하나의 현상입니다. 그러므로 자각하지 못한 상태에서의 인연은 청정일 수도 있고, 무명일 수도 있습니다.

청정일 수 있기 때문에 자각으로 청정함을 회복하며, 무명일 수 있기 때문에 망념의 상속도 있습니다. 깨닫기 전의 상태를 청정한 상태라고 이야기해도 맞지 않고 무명 상태라고 해도 맞지 않습니다. 청정도 아니고 무명도 아닌 상태에서 인연이 무상한 다름으로 알아차리는 마음작용을 드러내고 있으며, 알아차리는 마음에 흔적도 남기는 것입니다.

깨달음과 상응할 때만 인연의 장면에서 무명과 허망한 분별이 없게 되고, 그때에야 비로소 청정하다고 이야기할 수 있습니다. 청정하기도 하고 청정하지 않기도 하는 상황이 깨닫지 못한 중생의 마음씀이라고 할 수 있지요. 그래서 범부나 이승 수행자는 말할 것도 없고, 보살 수행의 구경지〔제10지〕에 이른 보살 수행자도 인연의 모습을 제대로 알 수 없으며, 부처님〔始覺〕만이 인연의 앎과 마음을 알 수 있습니다.

인연의 장에서 보면 모든 다름들이 인연으로 하나의 세계를 만들면서 인연이 되므로 '하나 된 법계〔一法界〕'라고 합니다. '하나 된 법계'는 반드시 분별된 망념을 넘어서야만 깨닫게 됩니다.

하나 된 인연을 통달하지 못하는 것이 무명無明입니다. 그렇지만 하나 된 법계가 무명화한 이후에야 무명 아닌 세계를 알 수밖에 없으므로 무명이 깨달음의 원동력이라고도 말씀드릴 수 있습니다. 왜냐하면 무명도 '하나 된 법계'를 떠나서 따로 있는 것이 아니며 무명에 의한 분별과 망념을 넘어서야 깨달음이 열리기 때문입니다. 정말 미묘한 상황이 아닐 수 없습니다.

여기서 주의를 기울여야 할 것은 '하나 된 법계〔一法界〕'라는 뜻입니다. 잘못 이해하면 중생의 온갖 차별과는 달리 궁극적으로 동일한 법계가 있는데 우리가 그것을 모른다고 생각할 수 있기 때문입니다. 모든 중생에게 동일한 이해와 깨달음의 세계인 하나의 어떤 세계가 있는 것처럼 이해해서는 안 됩니다.

'일법계一法界'란 모든 중생들이 상호 의존하는 인연의 장을 말하기 때문에, 서로가 서로에게 생명의 장을 만드는 상호 의존성에서 보면 하나인 것 같지만, 모양과 색이 같은 일법계가 있는 것이 아닙니다. 인연이란 큰 틀에서 '하나'라는 뜻이지, 모양과 색이 같은 것으로 하나라는 뜻이 아닙니다. 모든 중생의 마음만큼 다른 인연의 세계가 중첩된 세계, 상호 의존된 세계로서 하나의 법계를 이루고 있는 것입니다. 중생의 마음이 하나의 마음이면서 일법계의 세계가 되며, 동시에 중생의 수만큼 다른 것으로 '하나 된 세계'입니다.

그것을 자각하기가 쉽지 않기 때문에 자신만의 모양과 빛깔만으로 자신의 세계를 연출하면서 그것만이 생명의 모든 것이라고 이해합니다만, 이와 같은 이해는 인연의 법계를 이해하는 것이 아닙니다. 잘못된 이해인 무명無明입니다.

홀연히 일어나고 사라지는 인연의 다름이 마음의 앎이 되고 기억이 되면서 그 자체로 무명이 됩니다. 하나이면서 다르고, 다르면서 중첩된 것으로 다시 하나인 세계를 이해하지 못한 무명의 앎이 망념이 되고, 망념이 무명의 힘을 두텁게 하면서 무명과 망념의 생멸인연이 계속됩니다.

19장. 여섯 종류의 오염된 마음과
오염된 마음이 없어지는 단계

38 생멸하는 오염된 마음에 여섯 종류가 있다.

첫째, '집착하는 의식과 상응하는 오염된 마음〔執相應染〕'이다. 이 마음은 성문과 연각 수행자가 해탈할 때와 보살 수행자가 대승에 대한 믿음이 자리잡는 신상응지信相應地를 이룰 때 없어진다.

染心者有六種 云何爲六 一者執相應染 依二乘解脫 及信相應地 遠離故

둘째, '끊어지지 않는 상속식과 상응하는 오염된 마음〔不斷相應染〕'이다. 이 마음은 보살 수행자가 신상응지를 이루고 나서 보살 방편을 닦고 배우게 되면서 차차로 없어지다가 초지인 정심지淨心地를 성취하게 되면 완전히 없어진다.

二者不斷相應染 依信相應地修學方便 漸漸能捨 得淨心地究竟離故

셋째, '분별하는 지식과 상응하는 오염된 마음〔分別智相應染〕'이다. 이 마음은 제2지인 구계지具戒地부터 점점 없어지다가 제7지인 무상방편지無相方便地에 이르면 완전히 없어진다.

三者分別智相應染 依具戒地漸離 乃至無相方便地究竟離故

넷째, '경계를 나타내는 현식의 상응하지 않는 오염된 마음〔現色不相應染〕'이다. 이 마음은 제8지인 색자재지色自在地에서 완전히 없어진다.

四者現色不相應染 依色自在地能離故

다섯째, '경계를 보는 전식의 상응하지 않는 오염된 마음〔能見心不相應染〕'이다. 이 마음은 제9지인 심자재지心自在地에서 완전히 없어진다.

五者能見心不相應染 依心自在地能離故

여섯째, '근본 업식의 상응하지 않는 오염된 마음〔根本業不相應染〕'이다. 이 마음은 보살 수행이 완성되는 제10지인 법운지法雲地를 지나 부처의 지위에 오를 때 완전히 없어진다.

六者根本業不相應染 依菩薩盡地 得入如來地能離故

39 연기 총상으로 하나의 세계인 줄을 알지 못하는 무명이 없어지

는 것은 다음과 같다. 신상응지에 이르고 나서 수행 관찰과 배움으로 무명을 없앨 수 있는 기틀을 마련하고, 정심지에 이르면 그만큼 무명의 힘이 줄어들다, 여래지에 이르면 완전히 없어진다.

不了一法界義者 從信相應地觀察學斷 入淨心地隨分得離 乃至如來地能究竟離故

집착과 상응하는 오염된 마음〔執相應染〕이 없어짐

무명이 생겨나는 연유와 그로 인하여 연기인 온 생명의 소통을 놓치고 분별된 삶을 살아가게 되는 것을 이야기하면서, 무명과 분별에 물든 삶이 언제 없어지는가를 밝히고 있는 대목입니다.

분별의 망념으로 작용하고 있는 마음을 여섯 가지로 구분하고, 망념이 사라지는 단계를 밝히고 있습니다. 번뇌가 가장 치성하게 일어나고 있는 삶으로부터 무명까지가 사라지는 단계를 순차적으로 이야기합니다.

첫째 단계는 '집착과 상응하는 오염된 마음〔執相應染〕'이 없어지는 단계입니다. 성문·연각 수행자가 해탈을 이룰 때 이 마음이 없어지고, 보살 수행자가 대승에 대한 믿음이 자신의 삶이 될 때 이 마음이 없어집니다. 모든 마음의 작용은 어제 오늘 생겨난 것이 아닙니다. 앞서 살펴 본대로 의意의 구성이 집착된 망념의 덩어리라고 할 수 있으니, 집착하는 마음작용 또한 무명과 더불어 시작됐다고 할 수 있습니다. 집착이 의식에서 현행하고는 있지만 의식의 근거인 의意가 무명에 의해서 형성됐기 때문입니다.

집착이란 무엇에 대한 집착이 아니라 그렇게 집착할 수밖에 없는 근거를 스스로 만들어 갖고 있는 것입니다. 스스로 얽매여 있는 마음 씀이라고 할 수 있지요. 스스로 얽매여 있는 마음작용이 집착이기에, 집착을 내려놓는 그 자리가 해탈이 됩니다. 마음 하나가 집착과 해탈을 만드는 것과 같습니다. 집착일 때는 해탈이 없고 해탈일 때는 집착이 없을 뿐입니다.

마음 하나에서 본다면 집착도 해탈도 아닌 무엇이라고 할 수 있을 것 같습니다. 그 작용면에서 집착과 해탈의 모양이 보일 뿐, 이 작용의 모습이 마음 하나에서 펼쳐진다고 할 때는 마음의 자성은 집착도 해탈도 아니라는 것을 알 수 있습니다.

집착과 해탈이 같이 있다고 할 수도 있고, 집착도 없고 해탈도 없다고 할 수도 있습니다. 무명의 장이 인연의 장이 되고, 그것이 우리네 삶의 전체가 될 수밖에 없기 때문입니다. 집착하는 마음작용에 인연의 장 전체와 인연으로 나타나는 형상과 형상의 소멸이 함께 있습니다. 마음이 마음 스스로 만든 망념의 그림자를 좇고 있다는 데서 집착이 될 뿐입니다.

물든 마음을 여섯 가지로 나누고 있기는 하지만 그조차 앞에서 설명한 의식을 포함한 의意의 여섯 가지 다른 모습일 수밖에 없습니다. 수행 단계에서 마음 상태의 변화에 의해서 나눌 수 있는 근거가 있기는 하지만 그렇다고 해도 '의'의 자기 변화일 뿐입니다.

중생의 집착도 '의'의 자기 변화이며, 수행으로 부처 되는 것 또한 그렇습니다. '의'가 딛고 있는 망념인 집착과 망념이 해체된 진여가 한마당이기 때문이지요. 한쪽 발만을 보게 되면 어느 것이나 망념인 집착이 될 수밖에 없습니다.

실체를 갖고 있다고 분별하는 것이 망념이며 집착이 되는 것도 망념이 해체될 수밖에 없는 분별에 머물지 않는〔無分別〕진여공성이 바탕이기 때문이며, 진여공성도 텅 빈 것이 아니라 끊임없이 형상을 만들어 내는 분별로서 공성을 표현하고 있기 때문입니다. 분별하는 것과 분별이 없는 것의 어느 한쪽만으로는 실상을 온전히 가리킬 수 없으므로 한쪽만으로의 이해는 어느 것이나 집착이 될 수밖에 없습니다.

분별이면서 무분별이며 무분별이면서 분별인 다름의 동일성에 대한 자각이 없을 때, 분별을 떠난 무분별을 허무로 집착하고 무분별을 떠난 분별을 형상으로 집착합니다. 어느 것으로도 자신을 고정시키지 않는 인연의 장을 근거로 하기에 다 집착일 수밖에 없습니다.

생명의 연기에 대한 믿음과 실천으로

그렇기 때문에 여섯 가지 물든 마음의 가장 거친 단계인 '집착과 상응하는 마음'에만 집착이 있는 것이 아닙니다. 무명이 집착의 근거이기 때문입니다. 그러므로 무명을 완전히 없애야 온전한 깨달음이 됩니다. 집착의 근거인 무명이 연기의 각성을 이해하지 못한 데서 생긴 것이기 때문에 연기의 각성을 자각하는 순간 집착을 단번에 벗어나 온전한 깨달음을 이룰 수 있습니다. 연기에 대한 철저한 학습과 믿음이 집착을 떠날 수 있는 바른 근거가 될 수 있는 까닭도 여기에 있습니다.

집착이란 망념의 결과이며, 망념의 구체적인 현상은 나와 나의 것이라는 것을 토대로 이루어지고 있는 인식이기 때문에 나와 나의 것이 원래부터 있을 수 없다는 굳건한 믿음이 형성된다면 더 이상 집착을 만들지 않습니다.

그렇기 때문에 보살 수행자는 대승에 대한 믿음이 삶의 바탕으로 자리잡는 신상응지信相應地를 성취할 때 '집착과 상응하는 마음'이 끊어지며, 성문·연각 수행자는 이승의 해탈을 성취할 때 아집을 끊게 되므로 '집착과 상응하는 마음'도 끊어지게 됩니다.

수행자를 성문·연각·보살 수행자로 나누지만 이것은 종파나, 지역이나, 시기 등으로 나눈 것이 아닙니다. 모든 중생들과의 생명 연대와 자비 실천을 수행의 바탕으로 삼는 대승의 사유가 있느냐 없느냐에 따른 분류일 뿐입니다. 종파나 지역이나 시기에 상관없이 대승적인 사유가 있고 자비 실천으로 수행을 삼는 수행자는 대승 보살 수행자라고 할 수 있고, 혼자만의 해탈을 목표로 수행하고 있다면 소승인 성문·연각 수행자라고 할 수 있습니다.

그래서 『대승기신론』에서는 수행을 말하면서 모든 것이 스스로의 마음이 만들어 놓은 것인 줄을 생각생각 잊지 말고〔止一念〕, 자비의 실천으로 모든 중생의 괴로움을 없애는 노력을 힘 따라 하여야 한다고 하였습니다〔觀一念〕. 이것이 연기의 공성과 아울러 충만한 덕성을 실현하는 것이며 대승의 수행입니다〔止觀雙修〕.

집착이 나와 나의 것을 중심으로 세상을 해석하고 그것에 따라 좋아하기도 하고 싫어하기도 하면서 다시 나와 나의 것을 쌓고 있는 것이라면, 대승 곧 생명의 연기에 대한 투철한 믿음과 실천은 '나와 나의 것'이 만들려는 것을 인식의 중심으로 삼지 않는 것입니다. 어떻게 하면 모든 생명들이 고요하고 평화로운 삶을 살 수 있을까 하는 인식이 중심입니다.

그렇게 되면서 '집착과 상응하는 오염된 마음'은 더 이상 작용하지 않게 됩니다. 비록 마음의 근거인 '의'의 전면적인 전환이 이루어진 것은 아니라고 하더라도 정념 수행을 잊지 않습니다.

상응相應이란 인식 주관과 인식 대상이 나뉜 데서 앎이 일어나기 때문입니다. 집착과 상응한 마음은 형상과 문자에 집착한 이미지를 인식 대상에 투영해 놓고 대상을 알아차리는 인식이 '집착과 상응하는 앎'입니다. 현재의 인식 같지만 현재의 인식이라고 말할 수 없습니다.

자신이 집착하고 있는 것을 다시 인식하고 있기 때문에 상응이라고 하지만 상응이라고 이야기할 수도 없습니다. 주객으로 나누어져서 인식이 발생하는 것에서 보면 상응이 되고, 그곳에서 일어나고 있는 인식 내용이 이미 업식에 의해서 갖고 있는 것이라는 데서 보면 집착이 됩니다.

끊어지지 않고 계속해서 상응하는 오염된 마음이 없어짐

두 번째 단계는 '끊어지지 않고 계속해서 상응하는 오염된 마음〔不斷相應染〕'이 없어지는 단계입니다. 상속식이 상속하고 있는 분별 이미지가 현재의 인식 활동에서 물든 마음으로 작용하고 있기 때문에 '끊어지지 않고 계속되는 오염된 마음'이라고 합니다. 이 마음은 수행 과정에서 '믿음과 상응하는 단계〔信相應地〕'를 지나면서 점점 없어지다가 초지인 정심지淨心地에서 완전히 없어집니다.

신상응지를 성취하기 이전은 상속된 이미지가 나타날 때 형상과 언어의 분별에 매인 집착을 하므로 '집착과 상응하는 오염된 마음'이라고 하고, 신상응지를 성취한 이후는 형상과 언어에 대한 집착은 사라지지만 형상과 언어 분별의 이미지가 상속되는 것이 사라진 것은 아니므로 '끊어지지 않고 계속해서 상응하는 오염된 마음'이라고 합니다. 밖에 있다고 여기는 인식 대상에 대한 집착으로 말미암아 일어나는 번뇌는 없어졌지만 분별된 기억이 계속되는 것이지요.

신상응지信相應地를 지나게 되면 일어나고 사라지는 상속된 인식 내용이 모두 마음이 만들어 놓은 줄 깊이 믿어 알아차릴 뿐만 아니라, 인식이 일어나고 있는 장면이 전체로서 연기의 장임을 알아차리면서 집착의 근거가 되는 아견을 다스려 갑니다.

그러다가 초지인 정심지淨心地에 이르게 되면 상속된 것이 마음이 만든 분별에 지나지 않는 것을 사무치게 알게 되고 다시는 그것에 의해 속지 않게 됩니다. 그렇기 때문에 이 단계를 청정한 마음이 작용하는 단계라는 뜻에서 '정심지淨心地'라고 합니다.

정심지에 이르게 되면 연기의 각성을 조금이나마 자각하고, 분별 없는 한마음의 세계를 경험합니다. 이 경험으로 나와 나의 것에 대한 집착을 다시는 만들지 않기 때문에 청정한 마음작용이 늘 현재의 마음작용이 될 수 있습니다. 그렇다고 하더라도 아직 습관으로 익혀서 우리의 몸과 마음을 이루고 있는 업식의 흐름이 끊긴 것이 아니기 때문에 불쑥불쑥 과거에 익혔던 망념의 습관이 일어나기도 합니다.

망념의 습관이 일어나더라도 연기의 각성을 자각한 수행의 힘에 의해서 망념의 습관이 다스려지기 때문에 망념에 의해서 지배받는 일은 없습니다. 청정한 마음 활동이 계속 이어질 수 있는 힘이 생겼기 때문입니다. 연기의 공성을 조금이나마 체험으로 자각하게 되어, 나와 나의 것이 우리들이 생각하는 것처럼 그렇게 존재하지 않는다는 것을 알게 되므로 집착과 망념으로 인한 불만족에 속지 않고 스스로의 삶이 이미 만족된 삶임을 분명하게 알아차립니다.

그렇기 때문에 이 단계를 처음으로 공성의 자리를 자각하여 무자성인 세계를 보게 됐다는 뜻으로 '초지初地'라고도 하고, 만족된 삶의 본성을 보게 됨으로써 집착의 허망함을 놓게 되어 기쁨이 저

절로 일어나는 것을 경험하는 단계라고 하여 '환희지歡喜地'라고도
합니다.

 나의 존재 의식이 사라지면서 처음으로 연기의 세계를 경험하고, 모든 생명들이 함께 생명의 연대를 통해 서로가 서로를 돕고 있는 세계에 대해 눈뜸으로써 기쁨이 넘쳐나는 체험을 한 것입니다. 법계의 평등한 생명의 약동을 느껴 알고 함께 어울린 세계를 살게 된 청정한 마음을 이루어가게 하는 느낌입니다. 끊임없이 이어지던 나와 나의 것이라는 망념의 영상으로부터 자유롭게 된 것이지요. 힘들고 지친 삶의 주체가 본래 없음을 알고 기쁨으로 자신의 삶을 처음으로 살게 됐기 때문에 '망념의 상속이 끊긴 단계'라고 합니다.

 이때부터는 수행이 힘들지 않습니다. 상속식의 망념이 다시 자신의 인식 내용을 지배하지 않기 때문입니다. 나아가 함께 어울린 하나의 세계이면서도 각각 다른 세계를 살아가고 있는 생명의 연대를 위해 '나'와 '보시물'과 '받는 자' 모두가 인연으로 한 생명이며 공성임을 자각하는 청정한 보시 곧 완성된 보시布施를 실천합니다. 따라서 초지를 경험하지 못한 수행자라고 하더라도 보시의 실천은 초지의 기쁨을 나누는 것입니다. 일상에서 실천하고 있는 보시가 늘 기쁜 마음을 만들고 있는 근거가 되는 것이지요.

분별지와 상응하는 오염된 마음이 없어짐

세 번째 단계는 '분별지와 상응하는 오염된 마음〔分別智相應染〕'이 없어지는 단계입니다. 청정한 마음을 경험했다고 하더라도 아직 업식이 갖고 있는 분별 망념의 흔적은 여전히 수행자의 마음 가운데 남아 있습니다. 단지 그 흔적에 속지 않는 정도로 현재의 삶을 알아차리는 힘이 강하기에 분별 망념이 없는 것과 비슷하나 없는 것은 아닙니다.

보시布施의 완성을 위한 수행은 실천적으로 분별의 망념을 다스려 가는 것입니다. 망념이 자취를 남기듯 보시 또한 자취를 남기게 됨으로 망념의 기운이 적어집니다. 그렇게 되면서 어울림으로 하나된 생명의 세계를 방해하는 행동을 저절로 하지 않게 됩니다. 기쁨으로 나눔의 실천이 완성되고, 분별의 망념을 짓는 행위를 하지 않아 바른 삶인 계율의 완성을 이루게 되고, 나아가 인욕바라밀·정진바라밀·선정바라밀·지혜바라밀을 차차로 완성해 갑니다.

육바라밀의 완성은 연기의 온 삶을 실천하는 대승의 활동을 완성해 가는 것입니다. 그러므로 육바라밀이 완성되고 제7지第七地인 '무상방편지無相方便地'에 이르게 되면 경계의 모습〔相〕 따라 '분별을 일으키는 분별지分別智의 물든 마음〔分別智相應染〕'이 사라지게 됩니다.

이는 오의五意에서 말씀드린 지식智識의 전환이 일어난 것입니다. 수행이 깊어지게 되면 수행 주제에 대한 오롯한 주시와 집중이 일어납니다. 인식 대상을 집중된 의식으로 보고 있는 것입니다. 경계를 상대하는 마음이 일으키는 분별된 지식이 있기는 하지만, 대상에 대한 바른 주시와 집중이 이루어지고 있는 분별입니다.

무분별의 알아차림으로 인도하는 분별이라고 할 수 있습니다. 분별을 상속시켜 가는 지식과는 그 작용이 완전히 다릅니다. 알아차림의 앎이 있기 때문에 지식 작용이 없다고는 할 수 없으나, 알아차림이 상相을 만들고 있는 것이 아니라 상이 본래 없음을 알아차리게 하기에 '무상방편지無相方便地'라고 합니다.

이 단계를 다른 이름으로 '원행지遠行地'라고도 합니다. 상相을 만드는 형성 작용인 행行이 분별상을 만드는 망념의 작용에서 멀리 떠나 있다는 뜻입니다. 모양과 이미지를 만드는 형성 작용인 행에 의해서 형성된 상相들을 기억하는 것이 아니라 현재의 일념에 깨어 있게 됨으로써, 과거의 기억으로부터 자유로울 뿐만 아니라 기억에 의한 미래상도 없습니다.

현재 일념에 투철히 깨어 있는 마음작용으로 상을 보되, 상에 매이지 않게 되면서 무분별의 마음이 현전하므로, 주객으로 나누어진 상태에서 경계 따라 형성된 상을 가지고 지식 활동을 하는 '분별지와 상응하는 오염된 마음'인 분별지상응염分別智相應染이 없어진다고 합니다.

그렇기는 해도 아직까지는 무상無相의 앎이 저절로 이루어지고 있는 것은 아닙니다. 집중과 주시를 일념으로 하고 있는 상태에서 무상관無相觀이 온전히 이루어지고 있는 단계입니다.

무상방편지 이전 단계의 수행은 마음으로 수행 내용을 의도하여 짓고 있는 것과 같다면, 무상방편지에 이르면 의도적으로 수행 주제를 가지고 상을 짓는 것은 아닙니다. 상이 있기는 하지만 그 상에 대하여 의도적인 개념 작용이 일어나지 않고 참으로 있는 그대로를 보면서 무상과 무아의 내용을 알아차려 어떤 모양에서 현혹되지 않는 통찰력이 익어지고 있다고 하겠습니다.

경계로 나타난 상응하지 않는 오염된 마음이 없어짐

네 번째 단계는 "경계로 나타난 '상응하지 않는 오염된 마음'〔現色不相應染〕"이 없어지는 단계입니다. 모양을 짓고 그것으로 앎을 삼는 유상有相의 수행 단계에서 무상無相의 마음으로 연기의 각성을 흐름 그대로 알아차리는 힘이 익어진 단계를 지나면, 상을 만들지 않고도 있는 모습을 그 자체로 알아차리면서 그 가운데 무상無相과 무아無我를 통찰하는 지혜가 생깁니다.

의도적으로 관찰하지 않더라도 모든 경계가 마음이 나타난 것인 줄 알고, 마음과 경계의 분별이 허물어져 무상無相이 온전히 드러나면서 어느 모양에도 머묾 없는 흐름 그 자체가 마음이 됩니다. 어떤 경계에도 미혹되지 않고 자재한 마음을 쓸 수 있게 된 것입니다. 스스로 만들고 있는 마음 경계의 허물에 머물지 않게 되면서 물든 경계로 나타나는 마음작용이 사라진 단계입니다.

이때가 되면 마음과 대상의 분별이 한 장면의 앎임을 더욱 깊고 자세하게 알게 됩니다. 곧 나타난 경계[現色]인 현상과 경계를 나타내는 전식轉識이 함께 어울려 있어 주객으로 나누어지지 않는 경계가 보이는 것입니다. 이와 같기 때문에 주객 모두가 하나 된 마음에서 주·객이 되니 상응할 주·객이 따로 없으며, 마음작용인 심소心所와 알아차리는 마음인 심왕心王이 차이가 없으므로 '상응하지 않는다'고 합니다.

수행이 깊어져서 앎 그 자체가 모든 현상임을 알게 됨으로 '앎'과 '현상'과 '알아차림'이 분별되지 않는 앎을 경험한 것입니다. 주객 분별 이후의 지식智識으로 넘어가는 망념의 상속이 사라진 것이지요. 이때가 되면 마음이 흔들려 망념이 일어나지 않으므로 분명한 알아차림만으로 고요하고 평온하게 됩니다.

경계에 따라 흔들리지 않으므로 알아차림인 마음 그 자체의 활동에서 자재한 상태가 됩니다. 그래서 '색자재지色自在地'라고 합니다. 업식의 흐름을 따를 때는 스스로 갖고 있는 심상의 흔적에 의해서 알아차리는 마음과 경계를 만드는 마음이 자재한 상태가 될 수 없었습니다. 업식의 공능에 맡겨진 마음 상태입니다.

그러나 색자재지에 이르게 되면 인연의 흐름과 함께하면서 현재의 상태를 있는 그대로 마음 거울에 담아내고, 담아낸 그림이 바로 마음이 됩니다. 마음마음마다 인연의 변화를 담아내는 것에서 보면 마음이 인연을 따르는 듯하고, 마음의 알아차림을 통해 인연의 변화를 드러낸다고 보면 마음이 인연을 만드는 것 같습니다.

그러므로 인연이 마음이 되고, 마음이 인연이 됩니다. 마음만으로의 마음도 없고 마음을 떠나 있는 인연도 없습니다. 인연의 자재한 공능이 마음이 되고, 공능으로 나타낸 경계에 머물지 않는 마음은 경계에 흔들리지 않습니다. 업식의 한계를 벗어나 마음 스스로 일체 경계를 자재하게 나타낼 수 있는 삼매를 얻었습니다.

그러나 마음 또한 인연 밖에 있는 것이 아닙니다. 업식에 매인 경계 보기가 사라지면서 인연을 자재하게 볼 수 있는 안목이 생긴 것입니다. 업식에서 나타난 경계인 현색現色에서 업식의 한계를 벗어남으로 인연에 자재한 마음이 되어 마음 따라 인연의 다름을 읽습니다. 경계에 흔들릴 수 있는 근거가 사라진 것이지요.

업식에 따라 망념의 형상을 만드는 마음이 쉬게 되어 흔들리지 않는 마음 씀이 저절로 익어지고 있으므로 움직이지 않는 단계라는 뜻으로 '부동지不動地'라고도 합니다.

수행이 깊어지게 되면 집중의 대상이 뚜렷하게 자리잡으면서 다른 경계가 사라지는 삼매를 경험하게 됩니다. 삼매가 깊어지면 경계가 분명하지만, 경계를 아는 마음과 대상을 구별할 수 없는 상태에 앎만이 현전하여, 앎 그 자체가 오롯하여 움직이지 않으며, 그 상태에 마음의 평온이 저절로 유지되고 있는 상태가 됩니다.

수행 도중에 가끔 이와 같은 상태를 경험하는 것을 말하는 것이 아닙니다. 초지를 지나게 되면 일어나는 경계에 대하여 무상無相의 연기관을 확실하게 읽기 때문이지요. 대승의 마음에 대한 믿음이 형성되고 그 마음이 습관처럼 되고 있으므로 어쩌다 그와 같은 경계를 비슷하게 경험한 것과는 다릅니다.

부동不動의 마음이 자재하게 된 상태란 애써 마음을 다잡지 않아도 그와 같은 상태가 저절로 익어진 상태입니다. 마음이 만들고 있는 망념을 떠난 자리에서 연기의 공성에 대한 앎과 삶의 습관이 익어진 것입니다.

대상이 된 마음을 있는 그대로 알아차리게 되므로 망념을 만들지 않습니다. 또한 인연의 각성에 따라 경계를 자재하게 나타내게 되므로 모든 변화가 마음의 움직임과 함께 자재하게 변한다고 할 수 있습니다. 마음이 자유자재로 인연의 각성과 일체되는 연기의 변화를 만든다고도 하겠습니다. 그러면서도 고요하고 밝은 앎의 상태는 방해받지 않습니다. 나타나는 경계마다 마음이 나타내는 것을 보게 되므로 주객의 분별을 떠납니다.

업식에 의해 나타난 경계 또한 마음의 이미지〔現色〕이기 때문에 물든 마음〔染心〕이라고 하며, 경계와 경계를 나타내는 마음, 그리고 그 상태에서 일어나는 갖가지 마음작용인 심소의 차별이 없기에 상응하지 않는다〔不相應〕고 합니다. 부동지不動地는 현색불상응염이 사라지게 되는 깊이 있는 수행 단계입니다. 곧 '색자재지色自在地'가 되면 업식의 이미지로부터 자재한 마음 씀이 가능하고, 자재한 마음으로 모든 경계를 인연 따라 나타낼 수 있게 됩니다. 인연 전체가 온전히 마음도 되고 경계도 되면서 분별의 상속이 없어지므로 물든 마음으로서의 '현색불상응염現色不相應染'은 없어지는 것입니다.

망념으로부터 자유자재할 수 없던 마음이 부동지不動地에 이르러 투철하게 깨어 있게 되면서 망념의 역할은 끝납니다. 인연의 각성 그 자체가 현전하는 마음작용이 되기 때문에 망념과는 달리 인연의 흐름에 일치하여 걸림 없는 무상無相의 마음 씀이 됩니다.

부동지의 마음은 인연 그 자체가 되므로 자재한 마음 씀이 되고, 모든 인연을 창조하고 있는 마음입니다. 망념의 상속인 현식現識이 인연을 읽는 데에 걸림돌이 된다면 색자재지의 마음은 걸림 없는 마음 씀으로 인연을 자재하게 읽고 있는 것이면서 그것으로 인연을 뜻대로 나타내고 있다고 하겠습니다.

능동적으로 한정된 자기 세계를 만드는 상응하지 않는
오염된 마음이 없어짐

다섯 번째 단계는 업식에 담겨 있는 기억된 이미지를 가지고 인연에 색깔을 입혀 자신의 기억대로 세상을 보게 함으로써 그 기억만의 이미지에 갇힌 세계를 "능동적으로 만드는 '상응하지 않는 오염된 마음'〔能見心不相應染〕"이 없어지는 단계입니다.

실상에서 보면 경계가 마음이 되고, 마음이 경계가 되면서 앎으로 나타나기 때문에 경계를 만들어 내는 '능견심能見心'이나 나타난 경계인 '현색現色'을 분별할 수가 없습니다. 능견심이나 현색은 근본 업식의 내용입니다. 업식과 능견심과 현색을 세 가지 미세한 분별〔三細相〕이라고 나누고는 있지만 작용면에서 그렇게 이야기할 뿐입니다.

세 가지 미세한 분별이 하나 된 상태에서, 업식은 무명에 의해 흔들린 마음의 흔적을 담고 있는 상태라고 한다면, 능견심은 기억된 흔적을 인연의 흐름 따라 색깔을 입히는 역할과 같고, 현색은 이미지에 의해 덧씌워진 경계와 같습니다. 이 셋은 항상 사건마다 함께 있으므로 결코 나눌 수 없습니다. 세 가지 모습이 하나로 있다고 할 수 있습니다. 경계를 주체적으로 보고 있는 능견심能見心이 따로 없습니다.

인연의 각성이 무상無常을 통해서 자기를 표현할 때 그 상태를 자각하지 못한 상태로 마음이 움직이면서 무명업식이 되고, 무명업식이 진여의 공성을 놓치면서 형상을 알아차리고 기억하는 염念의 마음작용이 기억을 만들고, 기억된 대로 인연을 읽게 되면서 염念의 마음작용이 망념이 됩니다.

망념대로 인연을 읽고 인연에다 기억된 세계상을 덧씌우는 마음이 능견심能見心입니다. 순서대로 보면 업식, 능견심, 현색과 같지만 업식이 기억된 이미지를 가지고 세상을 읽는다는 뜻이므로 업식이 능견심이 되고, 또 기억된 영상을 통해서 세상을 보기에 업식이 세상을 만든 것과 같으므로 업식이 현색이 됩니다.

따라서 업식과 능견상과 현색은 순차적으로 일어나는 마음 상태가 아닙니다. 그 모두가 업식이면서 능견심이며 현색입니다. 그렇기에 '상응하지 않는 오염된 마음'이라고 합니다. 주관인 것 같은 능견심能見心과 객관인 것 같은 현색이 업식業識으로 하나이기 때문입니다.

능견심도 망념이 만들어 낸 것입니다. 형성된 앎들이 있고 그 앎을 모양으로 만들어서 나타내고 다시 그것을 읽게 하는 것이 마치 능견심과 현색으로 나누어져 있는 것과 같을 뿐입니다. 경계를 표상하여 보고 있는 능견심이 경계를 나타내는 주체적 작용력을 갖고 있는 것 같지만, 그것도 망념이 만들어 놓은 것에 지나지 않으니, 경계로 나타난 표상은 말할 필요조차 없이 망념이 나타난 것입니다. 능견심도 망념이므로 '능견심불상응염能見心不相應染'이라고 합니다.

'보는 마음'이라는 인식 자체가 기억이 만들어 놓은 색깔에 물들어 있습니다. 자신이 가지고 있는 물든 안경을 통해서 인연을 읽고 있으니, 인연을 읽고 있는 것 같지만 물든 마음이 자신의 색깔을 대상으로 하여 자신을 읽고 있지요. 읽혀진 마음이 현색現色입니다. 마음도 경계도 모두 망념에 의해서 그렇게 있는 것으로 물든 마음이며 물든 경계입니다.

망념이라고 하더라도 그 가운데서 작용하는 마음의 알아차림 자체까지 물들지는 않습니다. 자각하지 못했을 뿐 있는 그대로를 알아차리는 마음은 언제나 알아차리는 마음일 뿐입니다. 이 마음에 의해서 상대적 견해로부터 자유롭게 되고 마침내 깨닫게 됩니다. 마음이 번뇌에 의해 물든 것 같기도 하지만, 번뇌가 알아차림 자체가 아니므로 번뇌 속에서도 깨달음을 열 수 있습니다.

수행은 무엇을 얻으려는 것이 아닙니다. 알아차리는 마음작용이 인연의 흐름에 깨어 있는 마음으로 작용하도록 지켜보고 지켜가는 것입니다. 이렇게 지켜보다 흐름이 눈에 익게 되면 무상이 보이고, 아상에 머묾 없는 마음을 쓰면서 매임 없는 삶을 살게 될 때를 깨달음이라고 할 뿐입니다. 온전한 깨달음을 이루기 전에 여러 가지 삼매 체험으로 번뇌에 현혹되지 않는 일상의 삶이 익어지면서 수행의 내공이 깊고 넓어집니다.

인연에 깨어 있는 마음의 힘이 커진 상태입니다. 그러다가 제8지인 색자재지色自在地를 지나 제9지인 심자재지心自在地에 들어서면 나타난 경계인 현색에 현혹되지 않고, 현색이 마음의 변화임을 봅니다. 현색에 미혹되지 않으면서 저절로 마음의 미세한 장애까지도 자재하게 읽지요. 마음이 자유자재한 상태입니다. 망념에 의한 세상 읽기가 사라지고 마음 그 자체가 세상의 인연을 창조하는 상태를 알아차릴 수 있게 된 것입니다.

마음의 알아차림이 망념에 의해 한정된 세상 읽기가 되기도 하지만 거울 같은 알아차리는 마음이 망념이 되는 것은 아니며, 한정을 떠난 것으로 세상을 읽으면서도 인연의 분별을 분명하게 판단하기도 하므로, 수행이 깊다고 하는 것은 망념의 분별을 만들지 않지만 분명한 분별을 할 수 있고, 분별이 분명하지만 인연의 공성을 잊지 않는 알아차림입니다.

한정을 떠났지만 인연이 만들고 있는 무상한 변화에 투철히 깨어 있으며, 인연에 맞는 지혜 판단을 합니다. 인연인 연기의 각성을 마음의 한정을 떠난 데서 읽으면서도, 한정된 언어를 가지고 자유롭게 구사하기도 합니다. 그래서 제9지를 마음이 자유자재한 상태라고 하여 '심자재지心自在地'라고도 하고, 생명의 연대로 함께 사는 모든 이들에게 인연법에 대해 막힘없이 설명할 수 있는 지혜인 선혜善慧를 자유자재로 쓸 수 있게 된다고 하여 '선혜지善慧地'라고도 합니다.

때로는 말로, 때로는 말을 떠난 방편으로, 때로는 침묵으로 함께한 이웃 동료와 이웃 생명들을 위해 걸림이 없이 설법하고 자비를 실천하는 능력을 얻은 단계입니다. 마음에 남아 있는 무명업식의 흔적을 거의 지웠기 때문이지요.

근본업인 무명업상의 상응하지 않는 오염된 마음이 없어짐

여섯 번째 단계는 자성을 갖는 분별을 짓는 "근본업인 무명업상의 '상응하지 않는 오염된 마음'〔根本業不相應染〕"이 사라지는 단계입니다. 심자재지를 지나고 제10지인 법운지法雲地 곧 지혜가 구름일듯 일어나며 진리의 비를 내리는 구름이라는 뜻을 갖는 단계인 보살 수행의 궁극을 지나, 여래지如來地에 이르러 근본업인 무명혹無明惑이 완전히 없어지면서 망념의 뿌리가 뽑혀 온전한 부처님의 지혜가 드러나 해탈을 이룬 것입니다.

근본업이란 마음의 활동에 대해 분명한 자각이 없는 상태에서 인연의 장이 무상한 흐름으로 나타나는 변화를 알아차리기는 하지만 전체의 장이 갖고 있는 고요함에 대한 앎이 없는 상태의 분별 작용입니다. 인연의 변화에 따른 다름들의 공성을 보지 못하고, 경계를 따라 움직이면서 다름들에 대한 분별의 자취를 기억하여 망념을 만드는 깨어 있지 못하는 마음의 활동〔業相〕입니다.

움직임에 의해서 형성된 마음〔妄念〕이 다음의 장면에 덧씌워져 현재를 바르게 읽을 수 없게 된 인식 내용을 담보하고 있는 총체적인 모습〔業相〕입니다. 인연의 움직임에 따른 마음의 활동〔業〕이면서, 활동이 남기는 자취〔相〕를 간직하고, 간직한 자취로 인해 모든 것은 자성을 갖는다는 인식을 낳게 하는 근거입니다. 이와 같은 업상이 다음 인연에 대해 자신이 갖는 분별을 상기시켜〔能見心〕 무상한 인연을 자성을 갖는 인연으로 대상화〔現色〕하는 것입니다.

따라서 세 가지 미세한 망념인 '근본업'과 '능견심'과 '현색'은 그 작용과 개념에 따라서 나누어 이야기하고 있는 것일 뿐 세 가지의 미세한 마음이 따로 있고 그것이 모여서 하나가 되는 것이 아니라고 말씀드렸습니다. 물론 주객으로 나눌 수 없는 '미세한 마음작용'과 주객으로 분별되는 '거친 마음작용'도 완벽하게 구분할 수는 없습니다. 미세한 망념이 거친 분별을 만드는 힘을 갖추고 있으며, 그것에서 발생하는 거친 분별의 망념도 미세한 마음작용에 영향을 주면서 상속되고 있기 때문입니다. 그러므로 업식부터 상속식까지를 의意라고 하였습니다.

　의意의 모습과 작용을 '미세한 것'과 '거친 것'으로 나누고, 미세한 것을 세 가지 양상으로 나눈 것입니다. 근본업[무명업상]이면서 그 가운데 항상 능견심[전상]과 현색[현상]의 분별이 미세하게 있을 수 있고, 전상轉相과 현상現相 사이에서도 끊임없이 움직이는 인식인 업상業相이 발현되고 있기 때문에 업상이면서 전상과 현상이며, 전상과 현상이면서 업상인 관계라고 하겠습니다.

　그렇다고 미세한 상속이 항상 동일한 내용을 상속하는 것은 아닙니다. 공성이면서 온갖 덕상을 나타내고 있는 무상한 변화와 더불어 함께하면서 업의 내용도 변합니다. 세 가지 미세한 망념도 계속해서 새롭게 만들어지고 있는 것입니다. 이미 갖추고 있는 망념의 내용에도 변화가 있고, 다시 새로운 망념이 더해지기도 하면서 상속되는 것이 '의'의 다섯 번째인 상속식相續識입니다. 앞서 말씀드렸듯이 지식智識이 있고 난 후에 상속식이 형성되는 것처럼 상속이 순차적으로 이루어지는 것이 아니라, 오의五意 전체가 하나의 모습처럼 상속되는데, 그것을 나누어 보면 다섯 가지 모양이 있다는 것입니다.

　주객으로 나눌 수 없는 미세한 분별은 인연의 장면이 변하는 것에 따라 자신이 구축해 놓고 있는 망념의 내용[근본업:업상]을 능동적으로 드러냅니다. 이것이 능견심[전상]이며, 드러난 내용은 현색[현상]입니다. 오의五意 전체도 마찬가지이지만 삼세三細도 이름만 삼세일 뿐 세 가지 모습이 따로 있는 것이 아니면서도 셋이 됩니다.

남겨진 무명의 자취가 업상이 되면서 항상 인연의 흐름과 상대하여 이미 가지고 있는 자신의 인식 내용으로 인연을 재구성하여 읽을 수 있는 장면을 만들고 있는 상황입니다. 재구성된 현상現相과 그 현상을 비추고 있는 전상轉相과 재구성할 정보인 업상業相이 한 장면입니다. 그러므로 전상이 인식 주관인 듯하고 현상이 인식 대상인 듯합니다. 그리고 재구성된 장면에서 발생하는 인식이 지상智相인 분별지分別智의 모습입니다.

지상과 지상 이전을 엄밀하게 나눌 수는 없지만 끊임없이 재구성되고 있는 것까지를 삼세三細라고 한다면, 재구성된 삼세를 다시 읽고 망념을 재확인하는 과정을 지상智相이라고 할 수 있습니다. 그러므로 지식智識은 전상轉相과 현상現相이 주객으로 분별되는 상황과 같다고 하겠습니다. 지식이 있기 전까지는 주객으로 나눌 수 없는 한 장면이 지식이 형성되고부터는 주객으로 분명하게 나뉘어 분별되기 때문입니다.

지상인 분별지分別智도 세 가지이면서 하나인 미세한 망념의 상속이며, 이렇게 상속되어 나타난 분별지도 다시 삼세三細의 작용과 어울려 다음의 분별을 상속하고 있습니다. 상속상이 업상에서 다섯 번째로 분화된 현상이 아닙니다. 전체가 모두 상속상이 됩니다. 나아가 다섯 가지 하나하나가 나머지 네 가지 모습을 다 담고 있기 때문에 하나 속에 다른 것을 담고 있으면서 하나의 모습이 되므로 이 모두를 의意라고 이름한 것입니다.

부처님의 가르침에는 대·소승의 분별이 없다

마음에 의지하여 의意와 의식意識이 생겨나고 진여와 생멸이 함께하는 아려야식阿黎耶識이 형성된다고 하였던 것은 무명업식의 형성이 인연의 장에서 발생한다는 뜻입니다. 인연의 속성인 공성空性을 자각하지 못하면 무명업식이 되고, 공성을 자각하면 깨달음이 되므로, 무명업식과 깨달음의 바탕이 모두 인연에 있습니다.

인연은 무상無常한 변화로 우주의 마음이며 뭇 생명들의 근본 마음이지만, 아직 자각되지 않은 마음이기에 깨달은 마음은 아닙니다. 공성인 인연에서 보면 진여의 마음이고, 인연의 공성을 자각하지 못함으로써 무상한 변화에 들뜬 마음과 변화의 자취만을 좇는 마음과 시각을 이루어 가는 마음은 생멸하는 마음입니다. 이 두 마음도 한 장면의 다른 얼굴입니다. 아려야식이라는 이름을 갖는 얼굴이지요.

이 아려야식의 한쪽인 생멸심이 근본업을 이루기도 하고 시각을 이루기도 합니다. 수행을 통해서 근본업이 모두 없어질 때 비로소 연기의 참모습인 진여공성을 자각하면서 구경각을 성취하면 생멸이 본래 없는 줄 알게 되며, 생멸이 없으니 생멸과 상대하는 진여도 없는 줄 알게 됩니다. 인연의 무자성을 비로소 깨닫게 된 것입니다. 만나는 인연마다 대승을 실천하는 삶입니다. 진여와 생멸이 따로 없는 불생불멸의 공성을 완전하게 자각한 삶이지요.

수행의 완성은 형성된 망념이 모두 없어지고 모든 것이 자성 없음을 철저하게 깨닫는 것이며, 그렇기 때문에 어느 것이나 인연의 총상이 되면서 깨달음임을 아는 것이며, 온전히 법신부처님의 삶을 사는 것입니다. 근본업을 끊고 해탈된 마음이 드러난 것이며, 완벽하게 업의 분별로부터 자유롭게 된 것이지요.

무명업식이 완전히 없어진 것입니다. 무명업식은 여래지에 이르러야만 완전히 없어지지만, 여래지에 이르기까지의 수행 단계에서도 그 힘이 약해진다고 할 수 있습니다. 수행의 시작부터 무명의 힘도 다스려지고 있는 것입니다.

무명의 힘이 약해지는 정도가 수행이 익어지는 단계라고 할 수 있으며, 수행이 완전히 익어진 여래지에 이르게 되는 순간 연기의 각성을 온전히 자각하는 시각始覺을 체험하게 되면 무명의 작용도 완전히 없어집니다. 본각本覺이 본각으로서 작용을 하게 되는 순간입니다. 시각으로 본각을 자각하는 순간이 본각도 본각이 되는 순간입니다.

그렇기 때문에 연기의 각성을 학습으로 이해하는 것이 너무도 중요하다는 것을 알 수 있습니다. 연기의 세계상을 학습한 것이 마음속에 새로운 세계를 그릴 수 있는 바탕이 되고, 그것이 힘이 돼서 의식 가운데서 일어나고 있는 분별의 아상이 허망한 줄 알아 허망한 아상이 끊기고, 그 끊긴 자리만큼 무명의 힘도 약해지기 때문입니다.

성문聲聞과 연각緣覺의 수행은 수행을 시작할 때 연기의 하나 된 법계에 대한 학습이 마음속에 자리잡도록 하지 못했기에 아상의 망념은 사라질 수 있으나, 무명에 의해서 분별된 세계가 본래 연기로서 하나 된 삶임을 쉽게 자각하지 못합니다. 성문이나 연각의 수행자를 소승小乘이라고 하는 까닭입니다.

그러나 성문聲聞이란 부처님의 가르침을 학습한 수행자라는 뜻이며, 연각緣覺이란 부처님의 가르침이 없이 혼자서 인연에 대한 자각을 한 수행자라는 뜻이기 때문에 성문과 연각 수행자를 소승이라고 폄칭하는 것은 문제가 있습니다. 자신만의 해탈을 목표로 수행하는 수행자가 소승일 뿐입니다. 연기의 일법계를 이해할 수 없는 근기이기 때문에 망념의 아상만을 다스릴 수 있는 가르침만을 배우고 익힐 수밖에 없다는 뜻으로 성문·연각을 이해해서는 안 됩니다. 부처님께서 깨달음을 성취한 이후로는 연각 수행자를 제외하고는 누구나 다 성문 수행자라고 할 수 있습니다.

다만 같은 성문이라 하더라도 부처님께서 가르치신 일법계의 연기에 대한 믿음과 이해 그리고 그에 대한 연상을 마음으로 실천하는 정도의 차이에 의해서 소승 또는 대승이라는 말을 조심스럽게 쓸 수는 있습니다. 종파의 모두가 소승이라든가 대승이라고 할 수 없습니다. 부처님의 가르침을 어떻게 받아들이고, 수행 현장에서 자신의 삶의 내용이 무엇인가에 따라 소승 또는 대승이라는 이야기를 할 수 있을 뿐입니다. 그 밖에 다른 요소를 가지고 대·소승을 분류하는 것은 옳지 않습니다.

망념을 소멸해 가는 과정을 이야기하면서 보살 수행자가 아닌 이승二乘 수행자는 궁극적으로 여래지에 이를 수 없고 단지 '집상응염

執相應染'만을 떠날 수 있다고 설명하고는 있지만, 이것이 종파나 학파의 모두를 지칭한다고 생각해서는 안 된다는 것입니다. 함께 인연을 여는 법계 모두를 위해 정진할 뿐만 아니라, 일상에서 실천하고 있는 삶의 내용이, 배우고 익힌 보살의 수행을 실천하고 있는가 그렇지 않는가가 대·소승을 나누는 분기점이 되어야 합니다.

부처님의 가르침에는 대·소승의 분별이 없습니다. 누구나 부처님의 가르침대로 수행한다면 부처님이 됩니다.

모든 중생과 나의 삶이 인연으로 하나

보살 수행자의 성취와 비교하여 낮은 단계의 성취라고 하더라도 이승 수행의 완성은 무아와 무상에 대한 철저한 경험과 깊이 있는 관찰로 아상을 완전히 여읜 상태입니다. 의식의 현행에서 경계에 대한 집착과 언어문자에 의한 매임인 집상응염을 떠난 것입니다.

집상응염을 다스려 보살 수행에 대한 신심을 성취하고 이승의 해탈을 이루기만 하더라도 아상이 있을 수 없습니다. 아상이 다스려지지 않는다고 하면 대승의 수행이 익어질 수 있는 바탕이 약하기 때문에, 아상의 집착이 다스려지고 난 다음에야 비로소 보살 수행이 익어진다고 할 수 있습니다.

아상을 다스리고 그것으로 수행의 완성과 만족에 머무른다고 한다면 소승 수행자의 전형이라고 할 수 있겠지요. 그러나 부처님의 가르침을 바르게 학습한다면 언제나 일법계의 삶을 실천하는 보살 수행을 할 것이므로 집상응염의 아상이 사라진 곳에서 수행을 멈추지 않습니다.

아상을 다스리고 있는 처음 단계의 수행에서부터 무명 망념의 힘이 조금씩 약해지고, 연기의 각성을 분명하게 알지 못한다고 하더라도 약해진 만큼 일법계의 연기실상이 드러나기 때문입니다.

수행의 시작부터 연기의 법계일상法界一相을 철저하게 학습하고 마음에 새겨 잊지 않고 날마다 실천하는 수행이 불교의 수행이며 보살 수행입니다.

자신의 수행 내용과 일상의 삶을 돌이켜볼 때, 아상을 다스리고 있는 정도에도 미치지 못한다고 하면 이승의 수행자도 될 수 없고, 아상만이라도 다스리고 있다고 자부할 수 있다면 그나마 수행의 길에 들어섰다고 할 수 있습니다.

모든 중생들의 기쁨을 함께 기뻐하고 아픔을 함께 아파하면서 전체로서의 온 삶이 자신의 삶처럼 느껴 알 때라야 비로소 보살 수행자며 불교 수행에 제대로 들어섰다고 할 수 있습니다. 보살 수행의 길에 제대로 들어선 수행자만이 온전하게 법계일상을 깨닫게 되고 무명 업상을 완전히 떠나 여래如來가 됩니다.

연기에서 보면 여래가 아닌 중생은 단 한 중생도 없지만 그 상태를 자각하지 못하면 여래인 상태에서 여래를 떠나 있는 상태이며, 수행의 성취가 여래지에 이르지 못하면 어떠한 성취를 했더라도 아직 중생의 삶입니다. 무명을 완전히 떠난 여래와 무명을 떠나지 못한 중생만이 있을 뿐입니다. 여래지에 이르기까지 이승과 보살의 수행 성취를 설정하고 있지만 완전한 해탈을 이루지 못한 것에서는 같습니다.

 연기의 법계일상에 대한 철저한 학습과 실천 의지가 일상의 삶에서 정념으로 익어지고 있는 수행자는 보살 수행자가 될 것이고, 분별된 아상이 만드는 망념의 고통으로부터 벗어날 것을 수행의 내용으로 삼는다면 결국 아상만을 다스리는 수행자로 이승의 수행자가 될 것입니다. 모든 중생과 나의 삶이 인연으로 하나임을 사무치게 알고, 자신이 감당할 수 있는 힘만큼 함께 불만족을 넘어서기 위해 노력한다면 대승에 대한 믿음을 성취하고, 마침내는 여래를 이룰 것입니다.

20장. 상응한다는 뜻과 상응하지 않는다는 뜻

40 '상응相應'이란 무슨 뜻인가? 여섯 가지 거친 마음[六麤心]의 인식 작용에서는 경계를 전체적으로 알아차리는[體] 심왕인 마음[心法]과 심왕이 알아차린 경계 위에 갖가지 생각을 일으키는[用] 심소인 염법念法 곧 기억의 인식 작용이 다르고, 물듦에 의지한다는 것과 청정에 의지한다는 것으로 차별은 있으나, 마음이 아는 내용과 염이 아는 내용 그리고 마음의 대상과 염의 대상이 같기 때문에 '상응'이라 한다.

言相應義者 謂心念法異 依染淨差別 而知相緣相同故

'상응하지 않는다는 뜻은 무엇인가? 세 가지 미세한 마음[三細心]의 인식 작용에서는 심왕인 마음과 심소인 깨닫지 못한 마음이 언제나 분별되지도 않고 다르지도 않기에 아는 내용과 아는 대상에 대해서 같다라는 말도 있을 수 없다. 그러므로 '상응하지 않는다'라고 한다.

不相應義者 謂卽心不覺 常無別異 不同知相緣相故

마음 혼자 알아차리는 것은 아니다

일어나고 사라지는 마음은 마음으로 인연의 총상總相이 되면서도 다름을 담아낸 다름으로 별상別相도 됩니다. 다름을 담아내는 마음의 다름이 인연이 되면서, 일어나고 사라지고 있습니다.

인연이 된 마음은 청정하지도 청정하지 않지도 않습니다. 상대되는 개념이 형성될 수 없지요. 마음 거울에 비친 모습들의 흐름이 마음을 마음이게 하면서 동시에 모습들을 모습이게 합니다. 마음도 모습도 거울 속에 함께 있지요. 함께 있는 마음과 모습이 자취를 남기는 것은 비추는 역할을 하는 마음이 아니라 비춘 것을 알아차리는 마음의 활동에 있습니다.

마음 혼자 알아차리는 것이 아닙니다. 알아차리는 능력이 있는 마음이 알기도 하지만, 비친 모습이 마음의 알아차리는 능력을 깨우기도 합니다. 모습에 의해 깨어난 마음이 모습을 알아차린다고 할 수도 있고, 알아차리는 마음의 능력에 의해 모습을 알 수 있다고도 하겠습니다. 그러나 앎이 발생하지 않는다고 하면 마음도 경계도 제 역할을 할 수 없습니다.

'거울'도 '거울에 비친 모습'도 '앎'도 앎[識]으로 인해서 비로소 알려집니다. 알면서 동시에 알려지는 것이므로 앎은 스스로를 알려진 사실로 드러낸다고 하겠습니다. 그러므로 앎은 거울이 아는 것도 아니고 모습에 의해 알려지는 것도 아닙니다. 거울과 모습이 만나 앎이 형성될 때 앎이 인연의 얼굴로 드러나면서 거울과 모습도 함께 알려집니다.

거울을 인식 기관[根]이라고 할 수 있고 모습을 인식 대상[境]이라고 할 수 있습니다. 그리고 근과 경이 만나서 형성된 인연이 앎[識]으로 나타났다고 할 수 있습니다. 이 셋이 인연을 드러내는 축입니다. 이 가운데 어느 하나라도 없다면 인연인 마음의 작용도 없고, 인연도 없습니다. 앎으로 드러나지 않는 인연은 없습니다. 다만 헤아리지 못한 광대한 인연의 앎이 우리의 의식 너머에서 작용하고 있기에 앎으로 드러나지 않는 인연이 있는 듯할 뿐입니다.

이 셋에 의해서 형성된 '인연의 마음인 앎'은 그 순간의 앎으로 끝나는 앎이 아닙니다. 앎이 흔적을 남기니 기억입니다. 기억된 앎이 셋의 인연에 끼어드는 것을 무명의 바람이라고 합니다. 인연을 기억하는 앎으로 조작하는 것입니다.

그렇다고 보면 무명이 나중에 형성되는 것 같지만 셋의 인연이 앎으로 자취를 남기는 것 자체가 무명이기에, 무명이면서 기억이 되고 기억이 무명을 두텁게 한다고 하겠습니다.

이 상태를 인연이 앎으로 작용하는 장면을 자각하지 못한 상태라고 말씀드렸습니다. 인연이 앎으로 드러나 스스로의 얼굴을 알리기만 할 뿐, 앎 그 자체의 형성이 인연인 줄 잊은 앎입니다. 근根과 경境이 만나서 생기는 앎이면서 앎 그 자체에 대해 무지한 앎이지요. 앎으로 드러나는 마음이면서 깨닫지 못한 마음입니다. 앎의 작용에서 보면 앎인 것은 확실하지만 앎의 인연에 대해 알지 못한 앎이기에 깨닫지 못한 앎[不覺]이라고 합니다.

　경境을 떠난 근根도 없고 근을 떠난 경도 없는 줄 모르고 근과 경을 분별하면서 기억된 앎의 상속인 의근意根을 인식 주관인 자아라고 여기게 됩니다. 왜냐하면 이미 형성된 앎의 기억들이 기억된 흔적으로만 남아 있는 것이 아니라, 기억의 총합을 자아라고 다시 알기 때문입니다. 의근이 인식 대상에 상대하는 인식 주관만이 아니라 주체로서 '나[自我]'가 된 것입니다. 아울러 주체인 '나가 분별 개념들과 함께 희노애락의 감정을 소유하게 됩니다. 나와 나의 것이 형성됐습니다.

　인연인 마음의 알아차림만 놓고 본다면 청정하지도 않고 청정하지 않는 것도 아니지만, 나와 나의 소유를 상대하는 알아차림은 청정한 것입니다. 청정과 물듦의 분별이 분명해졌습니다. '마음의 알아차림'과 '형성된 기억을 동반한 마음작용인 분별지分別智'가 함께 앎을 일으키는 것입니다.

　알아차리는 마음[心王:心法]은 청정과 물듦을 떠나 있는 연기의 각성에 의지한 작용이기에 청정에 의지했다고도 할 수 없지만, 분별을 떠난 상태가 청정하다고 할 수 있으므로 청정에 의지했다고 합니다. 그리고 형성된 기억들은 분별지의 앎이 되면서 분별에 머물지 않는 연기의 각성을 떠나 있는 듯할 뿐만 아니라 나와 나의 것이라는 개념지와 감정의 흔적들에 흔들려 연기의 각성을 가리고 있기 때문에 물듦에 의지한 마음의 작용 곧 기억[念]에 의지한 작용[心所:念法]이라고 합니다.

전체적인 알아차림인 마음법〔心王法〕과 마음이 갖고 있는 개념지와 분별의 흔적들인 염법〔念法:心所法〕의 작용이 분명하게 다르고〔心念法異〕, 청정에 의지한 심법과 물듦에 의지한 염법의 차이가 뚜렷합니다〔依染淨差別〕.

심왕과 심소의 작용이 다르고 주관과 객관이 나뉘어 뚜렷한 차이를 갖는 것은 오의五意에서는 지식智識과 상속식相續識이고, 삼세상과 육추상으로 나누는 구상차제九相次第에서는 육추상六麤相이며, 여섯 가지 물든 마음〔六染心〕에서는 집상응염執相應染과 부단상응염不斷相應染과 분별지상응염分別智相應染입니다.

이들 마음은 인식 작용에서 보면 뚜렷한 인상을 남기는 거친 분별입니다. 거친 분별의 마음에는 반드시 심왕과 상응하는 심소의 작용이 있습니다. 심왕心王과 심소心所가 인식의 장에서 같은 대상을 반연하여 아는 마음인 것에는 차이가 없지만, 심왕이 '거울이 전체를 비추면서 낱낱을 드러내는 것'과 같다면, 심소는 '심왕이 알아차린 경계 위에다 기억된 갖가지 분별지를 통해 전체의 모습과 낱낱의 모습을 인식하고 다시 기억을 상속시켜가고 있다는 것'에서 서로 다르다고 하겠습니다.

심왕과 심소가 같은 대상을 반연하므로 연상緣相이 같다고 하고, 같은 양상으로 알아차리므로 지상知相이 같다고 하며, 연상과 지상이 같기 때문에 심왕과 심소가 상응한다고 합니다. 심왕과 상응하는 심소가 있고, 이들의 작용에서 연상과 지상이 같기 때문에 곧 인식 주관인 심왕과 심소가 상응하면서 인식 대상인 연상과 그 사이에서 발생하는 앎인 지상도 같기 때문에 '상응相應'한다는 것입니다.

마음과 불각은 다르지 않다

중요한 것은 마음은 원래부터 물들 수 없다는 것입니다. 만일 마음 자체가 물든다고 하면 그때는 청정한 마음인 진여眞如와 청정하지 않는 생멸生滅이 함께한다는 말을 할 수 없습니다. 그래서 물든 망념에 의해서 덮여 있다고 합니다. 인연의 무자성을 지각하지 못한 기억의 앎[心所]이 망념이지만 망념의 작용이 있을 때도 망념의 작용을 그대로 비추고 있는 심왕의 작용이 있기 때문에 청정과 물듦이 함께 있다는 것입니다.

물든 법과 청정한 법이 함께 있기 때문에 청정한 것과 물든 것이라는 뜻이 성립되지, 만일 어떤 하나만 있다고 하면 무엇을 상대하여 청정하다고 하며 물든 마음이라고 할 수 있겠습니까. 청정과 불청정이 자성을 갖지 않는 것이므로 물든 마음이 사라지고 청정함을 알게 되지만, 자성을 갖지 않기에 청정함이라는 표현도 옳다고 할 수 없습니다. 할 수 없어 청정하다고 할 뿐입니다. 오히려 청정하지도 않고 청정하지 않지도 않는 것을 청정하다고 해야 할 것입니다.

이 상태를 그저 앎의 작용이라고 이야기하고 있는 것이 어떤 면에서는 마음에 대한 이해를 쉽게 하고 있는 것이 아닐까 합니다. 청정한 것에 의지한 마음과 물든 것에 의지한 염법의 지상知相과 연상緣相

이 같을 수 있으며, 상응할 수 있는 까닭입니다.

나아가 지식智識의 분별 이전은 앎의 장이 있기는 하지만 주객으로 나뉜 분별이 발생하기 전입니다. 미세한 인식의 흐름인 '삼세상三細相' 곧 업상業相, 전상轉相, 현상現相과 오의 가운데 '업식業識', '전식轉識', '현식現識'과 여섯 가지 물든 마음에서 '현색불상응염現色不相應染'과 '능견심불상응염能見心不相應染'과 '근본업불상응염根本業不相應染'은 심왕과 심소의 분별이 없기 때문에 상응相應이라는 말을 쓸 수가 없습니다.

수행을 통하여 망념을 다스려 가는 과정에서 분별지상응염分別智相應染을 다스리게 되는 것은 제7지인 무상방편지無相方便地에 이를 때입니다. 곧 망념의 분별을 만드는 형성 작용을 넘어설 때가 분별로서 아는 지식 작용이 사라지고 앎으로 하나인 장면에서 망념을 형성하지 않고도 나타난 영상을 그대로 알아차리게 되는 삼매가 현전할 때입니다.

이것은 망념의 상속에서 지식 작용이 일어나기 전의 상태로 경계로 나타난 현색現色이 현행이면서 동시에 그것 자체가 전체적인 앎의 내용이 되어 주객이 나뉘지 않는 상태에서 미세한 지식 작용이 있는 것과 같은 삼매라고 하겠습니다.

삼매 체험에서 주객이 나뉘지 않는 앎의 작용이 있는 것이 아니라 앎이 발생하는 기제가 어느 순간에는 앎 그 자체로만 있는 것입니다. 이러한 단계가 망념의 현행이라고 하더라도 그 가운데는 주객의 상응이 있을 수 없고 마음과 염법의 차별도 있을 수 없기 때문에 '상응하지 않는 망심'이라고 합니다.

　여섯 가지 거친 인식은 자성을 바탕으로 한 인식이기에 마치 인연을 비켜서 있는 것과 같습니다. 반면 세 가지 미세한 인식은 인연의 변화가 앎이 되어 나타나고 있는 흐름과 같이 하므로 자성을 갖는 주객을 세우지 않는 인식이지만 인연의 흐름 그 자체에 깨어 있지 못하므로 인식이 인연을 바탕으로 하면서도 불각不覺이 됩니다.

　심왕이라고 할 수 있는 인연의 앎[心]과 인연의 앎이 무자성임을 자각하지 못한 심소인 듯한 불각이 한 가지이기 때문에 인연의 앎[心]과 불각을 나눌 수 없어, '상응'이라는 말도 성립될 수 없습니다. 심왕과 심소를 분별할 수 없기 때문에 능연인 지상知相과 소연인 연상緣相이 같다거나 다르다고 말할 수 있는 근거가 처음부터 없습니다.

　마음과 망념이 다른 것과는 달리 마음과 불각은 다르지 않습니다. 마음이 인연의 무상성을 따라 매순간 앎의 차이를 만들어 내고 있는 것을 알아차리지 못하는 것을 깨닫지 못한 상태라는 뜻으로 불각不覺이라고 할 뿐, 불각은 망념과는 다르다는 것입니다. 그렇기에 마음과 불각은 항상 하나의 장면을 이야기하는 것이므로 "항상 분별되지도 않고 다르지도 않다[常無別異]."라고 하였습니다. 마음이 인연 따라 무상을 나타내는 다름은 그 자체로 깨달음이 되고, 그것에 대한 반성적 자각이 없는 것이 불각不覺이 되기 때문에 마음이 있고 불각이 따로 있는 것이 아닙니다.

'깨달음'과 '깨닫지 못함'이 함께 있는 것과 같습니다. 본각과 불각이 함께 있으므로 본각은 불각에 상대하여 본각이 되고 불각은 본각과 상대하여 불각이 된다는 앞서의 이야기와 일맥상통한 이야기입니다. 다만 본각인 마음의 작용은 덮여 있는 것과 같아 불각만이 마음의 작용으로 나타나는 것이지만, '세 가지 미세한 물든 마음'은 심왕과 심소의 차별이 없고 능소의 분별이 분명하지 않기 때문에 '상응하지 않는다〔不相應〕'라고 합니다.

21장. 번뇌에 의한 장애와 지혜를 가리는 장애

41 '물든 마음〔染心〕'이란 '번뇌에 의한 장애〔煩惱礙〕'를 말하는데, 진여의 근본지에 대한 활동을 장애하는 것을 뜻한다. 무명이란 '지혜를 가리는 장애〔智礙〕'를 말하는데 중생을 깨달음으로 이끄는 방편 지혜인 '세간의 자연스런 활동의 지혜〔世間自然業智〕'를 장애하는 것을 뜻한다.

又染心義者 名爲煩惱礙 能障眞如根本智故 無明義者 名爲智礙 能障世間自然業智故

번뇌에 물든 마음이 근본지를 장애한다는 뜻은 망념의 물든 마음에 의해서 인식 주관인 능견能見과 인식 대상인 능현能現이 나누어지고, 그 가운데서 허망하게 경계를 집착하여 진여의 평등성을 어긴다는 것이다.

此義云何 以依染心 能見能現 妄取境界 違平等性故

무명이 '세간의 자연스런 활동의 지혜'를 장애한다는 뜻은 모든 법은 연기의 각성이므로 항상 들뜨지 않는 평정한 것으로 번뇌에 의한 요동이 일어나지 않는 것인데도, 그것을 자각하지 못한 무명불각無明不覺 때문에 허망한 기억이 생기고, 그렇게 생긴 기억은 법의 본성인 공성과 어긋나기 때문에 세간의 모든 경계에 수순해서 경계의 다름들을 제대로 알 수 없다는 것이다.

以一切法常靜 無有起相 無明不覺 妄與法違故 不能得隨順世間一切境界種種知故

지혜를 가리고 있는 무명

날마다 바쁘게 살고 있지만 사는 내용을 들여다보면 하는 일들의 차이는 있을지언정 그 일을 바라다보는 마음은 너나 할 것 없이 비슷한 것 같습니다. 누구나 행복하고 잘 살기를 바라는 것이지요. 행복과 잘 산다는 것이 무엇인가에 대한 깊고 넓은 사유가 참으로 필요하다고 하겠습니다.

지금의 사회는 열심히 살았는데도 게으르게 살아온 것처럼 되어 있는 것 같습니다. 그래서 항상 더 바쁘게 살아야 한다고 생각하며, 그렇지 못하면 앞으로 더 힘든 삶을 살게 될 것이라고 여기게끔 되었습니다. 또한 많이 갖지 못한 것이 잘못 산 삶처럼 되어 있으며, 그렇게 살 수밖에 없는 것이 개인의 능력이 부족하고 게으른 탓으로 되어 있는 것 같습니다.

　이와 같은 사회 일반의 인식에 대하여 반성하고 되돌아볼 틈도 없습니다. 그렇게 하면 더욱 처지는 삶을 살 수밖에 없다는 듯이 내몰리고 있기 때문입니다. 삶이 무엇인지 물을 수조차 없으며, 행복과 평화가 무엇인지 되돌아볼 틈도 없이 살고 있습니다. 그래서 자기다운 삶을 산다는 것은 허황된 꿈을 꾸는 것과 같지요. 이렇듯 더욱 지친 삶으로 내몰리고 있는 현상이 우리 모두의 번뇌가 아닐 수 없습니다.

　그 결과 결코 바람직할 것 같지 않는 미래가 우리 앞에 기다릴 것 같습니다. 현재의 번뇌가 현재에만 그치지 않고 끝없이 가속되어 개인과 사회의 번뇌를 만들어 낼 것이기 때문입니다. 그리고 그 책임이 가족 또는 개인의 잘못인 양 여기게끔 되어 있는 사회 인식이 인식의 저변을 이루고 있는 한, 함께 평화로운 삶을 만들고 어울린 데서 기쁨과 행복을 얻을 수 있다는 것은 시대에 뒤떨어진 생각이 될 수밖에 없겠지요.

　마음 고요히 내적인 자기 성찰을 통해서 삶의 기쁨과 행복을 얻을 수 있는 가능성이 점점 줄어들고 기쁨과 행복이 밖에서 주어지는 것인 양 여기게끔 되어 있는 것 같습니다. 끊임없이 주어지는 외부의 유혹이 자신의 현재를 잠시도 만족할 수 없도록 만드는 것이지요. 무엇을 갖게 되어야 행복해 하는 소비지향의 일방적인 통로만이 진리가 되어 있는 현재에서 소비할 수 있는 여력이 없는 개인은 갖지 못해 평안하지 못하고, 소비할 수 있는 여력이 있다고 하더라도 상대와 비교하여 더 많이 더 좋다고 여기는 것을 갖지 못해 평안하지 못합니다. 있는 것만으로는 결코 만족할 수 없는 현재는 언제나 번뇌의 바탕이 될 수밖에 없겠지요.

　개인과 사회가 함께 번뇌의 집착을 이어가고 있으면서 힘들어하는 것이 물든 마음입니다'. 이 마음이 사라지지 않는 한 만족한 삶이 있을 수 없겠지요. 인연 그 자체가 자신의 온 삶이며, 부족함이 없는 만족한 것으로 근본인 것을 알 수 없게 되었습니다. 작은 것에 만족하지 못하는 욕망이 충족된 자신의 삶을 볼 수 없게 하여 늘 불만족할 수밖에 없는 삶이 된 것입니다. 이러한 삶은 '욕망이 본래 모습을 가리고 있는 허망한 삶'입니다.

　생사를 떠난 자리에서 일어나고 있는 불생불멸의 지혜 활동이 인연의 공성을 끊임없이 나타내고 있는 것을 알지 못하게 된 것입니다. 인연들의 차이가 만들고 있는 분별에 묻히면서 공성의 지혜가 가려졌기 때문입니다.

　진여의 작용인 분별에 머물지 않는 근본지根本智를 장애하는 '분별'과 '분별 된 것에 대한 집착'을 물든 마음이라고 합니다. 인연의 근본인 열린 생명계의 진여 작용을 자각하지 못한 무명에 의해서 생긴 분별에 머무는 마음입니다.

　나와 나의 것이 세워진 이후에 나의 분별과 욕망의 무한 충족을 위해 집착하는 마음을 쉬지 못하지만 나와 나의 것이 있을 수 없는 삶의 실상은 집착이 허구일 수밖에 없다는 것을 보여 줍니다. 결코 나의 것이 될 수 없는 현실이기에 집착이 번뇌가 되지요.

나라는 분별은 있으나 나만으로 살 수 없는 데서 오는 불만족과 나의 것을 가진다고 채워질 수 없는 욕망이 삶을 힘들게 합니다. 삶을 힘들게 하는 번뇌의 장애에 의해서 진여로서 분별없는 '하나 된 생명'으로서의 나와 '집착 없는 빈 모습'을 모르는 것이 물든 마음〔染心〕입니다.

진여를 공성에서 보면 비움으로 한 가지 모습인 것은 사실이지만 허공처럼 비어 있는 것은 아닙니다. 공성에서 온갖 생명의 활동이 이루어지며, 다른 모습의 생명들이 공성인 인연에서 한 모습입니다. 다름들이 그 자체로 법계일상法界一相의 생명입니다.

인연에 따른 무상한 변화가 진여의 한없는 공덕이며, 상호 의존의 생명 나눔이 자연스런 진여의 활동입니다. 이것을 모르는 것이 무명이며, 이와 같은 무명의 앎이 진여의 한없는 공덕활동인 지혜의 자연스런 생명활동을 장애하므로 '지애智礙'라고 합니다. 무명이 세간의 자연스런 진여 활동[業]으로의 지혜를 가리고 있는 것입니다[能障世間自然業智].

지식과 감정의 장애로부터 벗어난 자유로운 삶

'망념에 물든 마음'과 '무명'이 생명의 진정한 모습과 활동에 장애가 되는 것은 망념이 생기고 주관과 객관의 분별이 생기고부터입니다. 기억하는 분별된 앎〔念〕이 처음부터 망념이 되는 것은 아닙니다.

염念도 진여자성의 자연스런 생명활동 가운데 하나입니다. 다만 염에 현재를 분별하여 아는 것일 뿐 아니라 기억하는 작용도 함께 있기 때문에 기억된 분별의 이미지가 기억인 줄 모르고 현재의 앎이 되면 망념이 되고 맙니다. 현재의 삶을 놓치고 있기 때문입니다. 기억된 이미지를 가지고 다음 장면에 자신의 색깔을 입히는 작용을 하는 것입니다. 현재가 허망한 현재가 되고 말았습니다.

보고 있는 이것과 보이는 저것 그리고 그 가운데서 일어나고 있는 차이인 앎이 하나 된 인연이며, 하나 된 인연의 관계가 생명계의 열린 작용으로 한마음이며 하나 된 생명인데, 차이로 드러나는 것만을 읽고 그것을 기억하는 염念의 잘못된 지식 작용에 의하여 '나'와 '너' 그리고 '앎'이 각각 다른 것으로 실재한다고 여기면서 세상의 자연스런 생명활동이 이루어지고 있는 인연의 빈자리를 놓치게 된 것입니다.

이 상태를 '염심染心' 곧 망념에 '물든 마음'이라 하고, 염심의 분별이 '능견심能見心'과 '능현색能現色'이 되며, 염심의 색깔에 의해서 나인 능견심이 너인 능견색과 상관없이 존재하는 것인 양 알아차리는 집착으로 이어집니다. 집착이란 무상과 무아인 빈 모습을 놓치고, 나타난 현상들의 차이만을 기억하는 망념이 형성되고 난 후, 형성된 망념의 잔상을 놓치지 않고 잡고 있는 것입니다.

기억된 잔상과 그것으로 세계를 해석하려는 집착에 의해서 인연의 하나 된 세계를 잊어버렸습니다. 나와 나의 것 그리고 너와 너의 것 등이 자리를 잡으면서 어울린 생명의 평화를 놓치고 만족하지 못한 삶을 만들어 힘든 삶을 살고 있지요. 법계일상의 평등성을 어긴 결과라고 하겠습니다. 상속되는 염심으로 언어문자의 분별에만 집착하는 생활을 함으로써 고단한 일상이 된 삶이 평등성을 잃은 삶입니다.

수행이 깊어져서 불만족한 현재의 기억들이 인연의 장에서 작용하지 않을 때는 기쁨과 행복한 감정이 가득하게 일어나다가 그조차 사라지면서 평화롭고 평등한 마음이 됩니다. 평등과 평화로운 마음을 잃거나 잃어가고 있는 것이 집착된 망념의 윤회라고 한다면, 평등과 평화가 익어가고 함께 손잡고 어울린 생명계의 모습을 회복해 간다면 깨달음이 익어간다고 할 수 있습니다.

생명의 인연이 자각되지 않는 것이 무명의 인연

알아차림과 기억을 뜻하는 염念은 인연의 생명활동인 진여의 공덕 가운데 하나입니다. 정념正念이 수행이 되는 까닭입니다. 염은 참된 것도 허망한 것도 아닙니다. 진여의 작용이라고 하여 참된 것이라고 생각해서는 안 됩니다. 깨달음을 이뤘다고 하더라도 염은 그냥 염일 뿐입니다.

염이 망념이 되는 순간 인연의 지혜 작용이 전체적으로 무명화된 인연의 장이 됩니다. 그러므로 계속해서 '자각'이라는 말을 하고 있습니다. 처음에는 자각이 필요 없었습니다. 불만족이 있을 수 없었기에 만족도 자각되지 않는 만족이라고 할 수밖에 없으며, 그것은 없는 것과 같은 것이지요.

그와 같은 생명의 인연이 자각되지 않는 것이 무명의 인연입니다. 인연을 자각하지 못한 무지무명의 상태에서 망념이 만들어지고, 만들어진 망념이 인연의 장을 덮어 무명화된 인식이 상속됩니다. 어울린 평온과 평화의 세계 관계를 이해하지 못하게 된 것이지요. 인연 관계를 구성하는 모든 것들은 자신만으로 있는 것이 아닙니다. 인연의 총상인 어울림에서 자신으로 있습니다. 인연의 총상이란 끊임없는 변화이면서 이웃과의 빈 마음을 나누는 생명연대이며 평화연대입니다. 항상 고요하며 자신만을 뽐내며 비교하는 일이 일어나지 않습니다〔一切法常靜無有起相〕.

이 상태를 자각하지 못한 무명에 의해서 망념이 형성되고 생명들의 평화연대가 깨어지고 만 것이지요. 무명망념의 상태로는 세간 모든 인연에 한 치의 틈도 없이 깨어 있는 진여 법성의 지혜 공덕을 알아차릴 수 없으므로, 인연이 짓는 세간의 자연스런 가지가지 진여 작용으로의 지혜 활동이 없는 것과 같습니다. 생명과 평화의 연대인 공덕 나눔을 알지 못해 자신만의 세계에 갇혀 인연의 법계를 가리는 장애가 되고 말았습니다.

고향을 그리는 마음이 수행의 시작

이렇게 하여 생겨난 여섯 가지 망념에 물든 마음은 고향을 잃은 마음입니다. 필연적으로 고단하고 힘든 삶이 됩니다. 고향을 그리는 마음이 일어날 수밖에 없지요. 수행이 시작되는 것입니다. 그렇기 때문에 수행의 결과도 만들어지는 것이 아닙니다. 평온과 평화인 어울림의 진여공성과 무한 공덕을 나누고 있는 인연의 법계를 자각하는 것으로 완성됩니다.

깨달음의 완성은 수행의 역량에 따라 인연의 각성을 한 번 봄으로써 완성될 수도 있고[頓悟頓修], 익혀 온 망심의 작용을 다 여의지 못하면 언뜻언뜻 보면서 완성해 가기도 합니다[漸悟漸修]. 중생의 마음에 깨달음인 진여와 망심인 생멸변화가 함께 있기에 가능합니다. 중생심에 있는 진여가 고향을 그리는 마음과 상응하여 깨닫게 하지요.

생멸하는 중생심의 다름들이 다름만으로 존재하지 않고 그 다름 속에 일체를 담아서 함께 인연의 법계를 연출하고 있는 것이 중생심 가운데 진여의 공덕이기에 인연의 흐름에 수순하는 지혜로 무명의 작용을 여의게 됩니다.

부처님의 가르침은 당신이 그려 놓은 그림만을 보게 하는 것이 아닙니다. 텅 비어 있는 듯한 진여공성의 자리에서 인연 따라 모든 다름을 연출하는 것을 체험하여 지식과 감정의 장애로부터 벗어나 자유로운 삶을 살기를 바라는 것입니다. 모든 생명들의 생명은 자신의 자리를 비운 곳에 모든 생명들의 생명 나눔을 받아들이고, 받아들인 힘으로 각기 다른 모습을 연출하면서 온 세계가 다름이면서도 생명으로 하나인 것을 체험하고, 스스로 그와 같은 법계의 삶에 수순하여 살라는 것입니다.

얼굴을 바꿔 부처의 얼굴이 되는 것이 아닙니다. 모든 다름들의 얼굴 그대로가 부처의 얼굴입니다. 그러면서도 자신의 얼굴에 머물지 않는 인연의 소통으로 일법계가 되어 평온과 평화를 나누는 것입니다. 근본지根本智와 자연업지自然業智를 가리는 장애가 다 사라진 자리이며, 원래부터 있었던 자리이기도 합니다.

22장. 마음이 생겨나고 없어지는
인연의 모습

42 생멸심이 생멸하는 모습을 분별하면 두 가지가 있다. 첫째, 마음과 상응하는 '거친 모습〔麤〕'이다. (왜냐하면 마음〔아려야식〕에 의거하여 생겨나고 없어지는 지식智識·상속식相續識·의식意識 등은 거칠게 생멸하는 마음으로 인식 대상을 전체적으로 알아차리는 심왕心王과 심왕에 부수하여 작용하는 욕망이나 기억 등의 마음작용인 심소心所의 차별이 분명하고, 마음과 경계가 확실히 나누어지기 때문이다.)

復次 分別生滅相者有二種 云何爲二 一者麤 與心相應故

둘째, 마음과 상응하지 않는 '미세한 모습〔細〕'이다. (왜냐하면 마음〔아려야식〕에 의거하여 생겨나고 없어지는 업식業識·전식轉識·현식現識 등은 미세하게 생멸하는 마음으로 심왕과 심소, 마음과 경계의 분별과 차별이 없어, 마음과 생멸하는 모습이 나누어지지 않기 때문이다. 마음〔생멸심〕이면서 모습〔생멸상〕이므로 마음과 상응한다는 뜻이 성립되지 않는다.)

二者細 與心不相應故

이것을 다시 나누면 '거친 것 가운데 거친 것'은 범부가 아는 경계이고, '거친 것 가운데 미세한 것'과 '미세한 것 가운데 거친 것'은 보살이 아는 경계이고, '미세한 것 가운데 미세한 것'은 부처님만이 아는 경계다.

又麤中之麤 凡夫境界 麤中之細及細中之麤 菩薩境界 細中之細 是佛境界

43-1 이 두 가지 생멸은 무명의 훈습에 의해서 있다. 그러므로 인因에 의지하고 연緣에 의지하는 생멸이라고 한다. 인에 의지한다는 것은 연기각성을 자각하지 못한 것을 뜻하며, 연에 의지한다는 것은 망령되이 경계를 조작한다는 뜻이다. 만약 인이 없어진다면 연도 없어진다. 인이 없어지게 되면 '상응하지 않는 미세한 마음'도 없어지고, 연이 없어지면 '상응하는 거친 마음'도 없어진다.

此二種生滅 依於無明熏習而有 所謂 依因依緣 依因者 不覺義故 依緣者 妄作境界義故 若因滅則緣滅 因滅故不相應心滅 緣滅故相應心滅

분별에서 분별을 떠난 마음

　마음 하나 일어나고 사라지는 것이 그대로 자신의 살림살이입니다. 마음 밖에 다른 살림살이가 있다고 여긴다면 그렇게 여기는 그 마음도 자신의 살림살이입니다. 마음에 나타난 표상 이미지가 자신의 살림살이가 되기 때문에 마음 밖에 어떤 것도 자신의 본분이 될 수 없습니다.
　마음의 빛이 자신의 온 삶을 그대로 다 드러냅니다. 마음 하나 평화로우면 온 삶이 평화롭게 됩니다. 일어나고 사라지는 마음 하나가 그 자체로 자신의 온 삶이면서 법계의 인연입니다. 새로 생겨나는 것도 아니며 사라진다고 해서 없어지는 것도 아닙니다. 인연의 총상이며 별상이 마음이기에 생겨난 마음도 생겨났다고 할 수 없고〔不生〕 사라진 마음도 없어졌다고 할 수 없습니다〔不滅〕. 생겨난 모습은 생겨난 모습대로 자신의 온 삶이 되고, 사라진 모습도 그 모습 그대로 자신을 전부 드러냅니다. 생겨난 것과 사라진 것의 비교가 끊긴 가운데 생겨나고 사라지는 것이 마음입니다.
　생겨나지도 않고 사라지지도 않는 인연의 총상이 마음으로 나타난 것을 알며, 그것이 수행자의 전부임을 투철히 깨닫게 된다면, 분별에서 분별을 떠납니다. 분별에서 분별을 떠난 마음은 과거의 사실을 기억하는 분별에만 머물지 않으므로 현재를 새롭게 나타내는 인연의 마음이 됩니다. 항상 인연의 총상으로서 하나 된 상태에서 분별을 알아차리는 마음입니다. 생멸하는 가운데 생멸하지 않는 것입니다.

이것이 진여의 마음입니다.

　진여의 마음을 불생불멸이라고 하여 생멸이 없다고만 이해해서는 안 됩니다. 생겨난 마음이 온갖 인연을 담고 진여가 된 것이며, 사라지는 마음 또한 그렇습니다. 생멸이 분명합니다. 생멸은 인연의 장면을 담아내는 기억된 마음에 의해서 이해되기에 마음의 표상이 인연에서 드러나는 것입니다. 인연이 마음이고 마음이 인연입니다.

　그러므로 생멸은 무엇의 생멸이 아니고 인연 따라 나타나고 사라지는 진여입니다. 상대가 끊긴 생멸이므로 생겨나고 사라지는 것이 본래 없습니다. '생겨나고 사라진다'는 것을 '없던 것이 생겨나고 생겨났던 것이 없어진다'고 보는 것은 잘못된 견해입니다. '생겨나는 것과 없어지는 것'의 본래 모습을 모르는 것입니다. 생겨나고 사라지는 것이 인연의 어울림과 상관없다고 여기기 때문이지요.

　인연因緣이란 사물과 사건이 생성되고 소멸되는 법칙입니다. 생성되고 소멸되기에 인연이라는 뜻이 성립됩니다. 생성의 모습도 인연이고 소멸의 모습도 인연이기에, 생성도 생성만이 아니고 소멸도 소멸만이 아닙니다. 생성이면서 소멸이며, 소멸이면서 생성인 중첩된 관계가 인연입니다.

　인연이 생성과 소멸 밖에 있는 것은 아니지만 생성하고 소멸하는 하나의 모습에만 머물러 있지도 않습니다. 생성 소멸하는 모습이 개체로서 별상이면서 인연으로 총상이 되기에, 별상만을 취해 생성 소멸한다고 하거나 총상만을 취해 생성 소멸이 없다고 하는 것은 잘못된 견해입니다.

　인연에 의해서 생성 소멸한다는 것은 개체로서의 독립된 실체 곧 자성自性이 없다는 뜻입니다. 생성 소멸하는 주체로서의 무엇이 없으니, 개체의 생성 소멸이 온전한 인연의 총상입니다. 개체에서 보면 생성과 소멸이 분명한 것 같지만 개체만의 개체가 없으니 생성 소멸이 있다거나 없다고 할 수 없고, 총상인 개체에서 보면 생성과 소멸의 비교가 끊기므로 생성도 없고 소멸도 없습니다〔不生不滅〕.

인연의 흐름에 명확하게 깨어 있는 자각하는 마음

　진여라고 할 수 있는 하나의 마음이 있는 것도 아닙니다. 마음의 다른 모습들 그대로가 진여입니다. 인연이 마음을 마음이게 하고 마음의 표상으로 인연을 읽습니다. 그러므로 진여가 인연을 따른다고 하지만, 진여라는 것이 있고 그것이 인연의 변화를 따른다고 생각해서는 안 됩니다. 인연의 흐름에 명확하게 깨어 있는 자각하는 마음이 변화하는 인연이면서 진여입니다.

　그래서 생겨난 것도 진여가 되고 사라지는 것도 진여가 됩니다. 없는 상태에서 무엇이 생겨난 것이 아니며, 있던 것이 사라지는 것이 아닙니다. 분별하는 낱낱 마음에서 보면 일어나고 사라지는 것 같지만, 그 마음이 진여의 모든 공능을 다 담고 드러나고 사라지는 것이므로 마음 하나 그대로가 진여입니다. 있는 상태가 그대로 유지되기 때문에 진여인 것도 아니며, 진여가 되기 위해 있던 형상이 사라져야 하는 것도 아닙니다.

생멸이 그대로 진여이며 진여가 그대로 생멸이므로 진여라고도 할 수 없고 생멸이라고 할 수 없는 마음작용의 하나하나를 할 수 없이 '진여'라고 하고 '불생불멸'이라고 하고 '여래'라고 하고 '공空'이라고 하고 '불공不空'이라고 합니다.

반면 수행 과정에서 소멸되는 것은 소멸될 수 있는 특성이 있는 마음이니, '만들어진 마음〔有爲心〕'이며 망념妄念입니다. 인연으로 나타나는 온갖 다름과 관계의 장에 대한 자각이 없으므로, 다름을 자성을 갖는 다름으로 이해하며, 관계의 장과 상관없는 다름으로 기억합니다. 이러한 마음작용에 의해 형성된 분별의 경향성인 '업식'과 업식의 내용과 현행인 '망념', 곧 진여연기를 자각하지 못하는 알아차림과 기억이 수행하는 과정에서 소멸됩니다.

분별된 기억은 새로 생겨난 것과 같으므로 '생겨나는 마음'이라고 하며, 그것이 망념인 줄 알면 사라지므로 '없어지는 마음'이라고 합니다. 생멸하는 마음인 망념이 마음의 표상이 될 때 진여로 있으면서 진여를 등지게 됩니다. 진여이면서 진여를 등진 것과 같은 마음, 곧 불생불멸하는 진여眞如와 생멸하는 망념妄念이 함께 있는 것과 같은 마음을 아려야식阿黎耶識이라고 합니다.

기억된 분별의 하나하나는 지각이 남겨 놓은 것이기에 '미세한 흔적'이라고 할 수 있습니다. 미세한 흔적들의 총합이 '나가 되고 흔적들이 나의 흔적이 되면서, 미세한 지각의 영역을 넘어 '거친 분별〔麤〕' 곧 '나'를 중심으로 하는 사유 형태가 자리잡게 됩니다. 기억의 흔적들만을 놓고 보면 '미세한 지각' 영역이지만, 이 흔적들이 모여 하나의 주체적 자아를 재구성한 뒤 인식 주관과 인식 대상으로 뚜렷하게 분별되면 '거친 사유'의 지각 영역이 됩니다.

업상業相·전상轉相·현상現相은 '미세한 기억〔細〕'들의 흔적이며, 이 흔적들에 의해 나의 존재 의식이 생긴 이후의 지식 작용인 지상智相과 상속상相續相은 '거친 분별〔麤〕'입니다. 기억들이 하나의 통합적인 인식 주체로 재구성된 '나'를 중심으로 사건·사물들에 대한 분별이 생겨나고 사라지기에 '거친 분별〔麤〕'이며, '나'를 구성하는 기억들의 흔적이기에 '미세한 분별〔細〕'입니다.

생겨나고 없어지는 마음의 분별은 인연을 자각하지 못한 상태에서 인연을 잘못 읽고 있는 마음입니다. 그렇게 생겨난 마음이 일상의 우리들의 인식 내용으로 드러납니다. 따라서 마음 하나 지켜보는 수행으로 망념의 흔적을 지우면 마음이 인연이고 진여이며 공성인 줄 깨닫게 됩니다.

범부의 경계, 보살의 경계, 부처님의 경계

미세한 분별과 거친 분별의 총합이 분별 기관인 의근意根입니다. 의근은 분별의 집합이면서, 자아로서 존재를 구성하는 세력이므로

의意의 현행인 의식에 의해서 망념을 짙게도 하지만, 망념조차 인연을 떠날 수 없으므로 인연의 어울림을 드러내기도 합니다. 그러므로 의식 가운데 있는 망념을 알아차려 인연의 어울림을 사유하는 힘이 크다면 의식의 분별도 약해지고, 약해진 분별 의식의 힘이 다시 의근의 분별 세력을 약하게 합니다.

자아의식이 이미 성립된 이후의 분별은 '거친 분별'입니다. 여기서 일어나는 인식은 주관과 객관이 상응하는 인식이며, 마음(心王)과 마음의 작용(心所)이 상응하는 인식입니다. 주객도 나누어지고 심왕·심소도 분명한 상태에서 이루어지는 분별입니다. '미세한 영역에서 이루어지고 있는 분별'은 기억이 남긴 흔적들의 상속은 있지만, 흔적 그 자체에서 본다면 아직 주객이나 심왕·심소의 차이가 없기 때문에 상응하는 인식이 발생하지 않습니다.

'거친 분별'과 '미세한 분별'을 수행자 경계에 따라 나누면 세 가지 양상이 있습니다. '거친 것 가운데 거친 것(麤中之麤)'만을 분별하는 것은 '범부의 경계'며, '거친 것 가운데의 미세한 것(麤中之細)'과 '미세한 가운데 거친 것(細中之麤)'을 분별하는 것은 '보살의 경계'며, '미세한 것 가운데 미세한 것(細中之細)'을 분별하여 알아차리는 것은 '부처님의 경계'입니다.

이와 같이 나눌 수는 있지만 이 모두가 의意 속에 포함된다고 보면 의意의 현행인 의식意識의 거친 분별에도 미세한 분별이 담겨 있습니다. 그러므로 마음 하나 읽어내는 힘이 거친 분별과 미세한 분별을 함께 다스릴 수도 있고, 분별을 증장시킬 수도 있습니다.

　인연의 무상無相을 읽지 못한 무명에 의해서 기억된 인식 내용인 망념의 분별에서 주관과 객관이 성립되고, 분별된 다양한 앎들의 내용이 망념을 증장시키므로, 망념 하나 속에 위의 세 가지 경계가 다 들어 있습니다. 의근에 들어 있는 세 가지 경계가 의식으로 나타나 작용한다고 할 수 있습니다.

　다만 의근에 담겨 있는 세 가지 경계를 보는 눈은 범부와 보살과 부처님에 따라 다르다는 것입니다. 부처님은 무명이 만들고 있는 업상을 보았으므로 흔적만을 읽는 세상읽기가 사라지지만, 범부의 눈은 '내가 무엇을 안다'는 인식 자체가 분별된 망념을 고스란히 되풀이하는 것이므로 필연적으로 세 가지 경계의 분별을 담고 있을 수밖에 없습니다. 세 가지 경계의 분별이 있는 것이 아니라 분별이 세 가지 경계를 만들었다고 할 수 있습니다.

자신과 이웃을 만족하게 하는 성찰

　분별하는 기관인 의근이 인식으로 현행함으로써 주관과 객관이 나누어지는데, 범부들은 주관과 객관이 인연에서 한마음임을 알지 못합니다. 각자가 절대적 타자他者로서 존재한다고 여기고 자아와 자아를 구성하는 망념의 흔적들을 집착하면서 삽니다. 분별과 집착이 너무나 뚜렷하게 나타나므로 '거친 모습 가운데 거친 모습〔麤中之

麤]'이라 합니다. 범부凡夫들의 분별이 생멸하는 모습입니다.

   범부의 경계에서는 나와 나의 것이라는 분별과 집착으로 인해 이미 충족돼 있는 삶에서조차 불만족을 느껴 괴롭게 됩니다. 그러다가 괴로움이 깊어지면 자신의 삶을 되돌아보는 계기가 형성되고, 그와 같은 반성지를 통해서 집착된 대상들에 부여된 가치가 외부의 연緣에 있는 것이 아니라 개인과 시대 군중이 그렇게 착각하여 부여한 허상인 줄 이해하게 되면, 거친 생멸의 분별로부터 차차 자유롭게 될 것입니다. 자유가 커지면서 외부에서 주는 영향으로부터 편안해지고, 자기를 있는 그대로 볼 수 있는 힘도 아울러 커집니다.

   생멸生滅하는 분별의식에 의해 그렇게 볼 수밖에 없도록 대물림되고 있는 것이 조금씩 보이는 것이지요. 주관과 객관의 분별을 넘어 조금씩 법계일상의 진여 세계를 본다고 하겠습니다. 단지 대물림되는 분별과 집착의 습관이 너무나 강하기 때문에 그 상태를 넘어서기가 어렵기는 하지만 한마음인 진여의 세계를 언뜻 언뜻 보게 된다면, 보살의 삶에 대한 이해도 증진되고 보살행의 실천도 쉬워질 것입니다. 이것이 '거친 가운데 있는 미세한 생멸의 모습〔麤中之細〕'인 상속식과 지식을 보는 것이며, '미세한 가운데 거친 생멸의 모습〔細中之麤〕'인 현식과 전식을 보는 것입니다.

   상속식相續識과 지식智識이 거친 생멸이라고 하더라도, '왜 그렇게 생각하는가?, 생각하는 나는 누구인가?'라고 묻지 않으면 제 얼굴이 드러나지 않습니다. 분별된 자아와 집착이 있으므로 거친 양상이지만, 되묻지 않으면 보이지 않는 것이기에 '거친 것 가운데 미세하다고 합니다.

'미세한 것 가운데 거친 생멸'인 현식現識과 전식轉識은 분별의 경향성을 뜻하는 업식業識과 비교할 때 거칠다는 것입니다. 업식의 분별이 남겨 놓은 흔적인 현식現識과 이 흔적을 인연의 모습으로 드러내는 동력인 전식轉識은 분별된 흔적을 바탕으로 이루어지고 있기 때문입니다.

보살 수행자는 자신만의 불만족만을 넘어서려고 해서는 결코 완전한 만족을 얻을 수 없다는 것을 사무치게 느껴 아는 수행자입니다. 온 세계가 한마음의 인연이기에 절대적 타자로서의 세계가 있을 수 없다는 것을 알고, 이 마음을 잊지 않는 성찰로 생명의 법계를 살리는 실천을 수행으로 삼는다고 하겠습니다.

보살 수행자는 불만족의 원인이 시대 군중들이 만드는 이미지 조작에도 있기는 하지만 대물림된 분별이 자신의 안쪽에 크게 자리잡고 있는 데서 비롯된다는 것을 봅니다. 그러므로 만족을 추구하기 위해 외부로 향해 쏟는 힘을 그치고 언제나 자신과 이웃의 삶을 만족하게 하는 성찰을 합니다. 보살 수행자는 외부에서 만족을 찾아서는 결코 궁극적인 만족을 얻을 수 없음을 깊이 알고 불만족의 근거인 업식의 흔적들을 다스려 갑니다.

보살 수행이 더욱 깊어져 '미세한 것 가운데 미세한 것'이며 불만족의 근원인 '무명업상'의 작용이 사라지게 되면 완벽하게 깨닫게 됩니다. 그러므로 무명업상無明業相을 부처님만이 보는 경계라고 합니다.

거친 분별과 미세한 분별이 일어나고 사라지는 것은 인연에 어두운 무명의 지속적인 훈습입니다. 무명은 분별이 일어나는 직접적인 원인이자 깨닫지 못한 마음입니다. 이 마음이 만든 분별의 흔적들이 경계의 연緣으로 남게 되면서 두 가지 분별이 계속해서 일어나고 사라집니다. 수행으로 '미세한 것 가운데 미세한 생멸'을 보게 되면, 곧 시각始覺을 이루게 되면, 경계를 만드는 직접적인 원인인 무명이 없어지고, 원인이 없어지면 경계 연緣도 없어지므로 무명업상의 모든 흔적들이 사라집니다.

인연을 자각하지 못한 마음인 무명이 없어지므로 업식·전식·현식의 '상응하지 않는 마음'이 사라지고, 망념에 의해서 형성된 경계가 없어지므로 지식·상속식의 '상응하는 마음'도 없어집니다. '생겨나고 없어진다는 뜻으로 보면 거칠고 미세한 생멸이 생겨나고 없어지는 것 같고, 인연을 자각하지 못한 마음이 사라지고 자각하는 마음이 생겨나는 것 같지만, 생겨나고 사라지는 것이 본래 없으므로, 여기서의 '없어진다'는 뜻은 생겨나고 없어지는 것이 없다는 것을 자각한다는 것입니다.

생겨나는 최초의 모습이 본래 없다는 것을 처음으로 깨달은 시각始覺에 의해서, 생겨나는 것만 없는 것이 아니라 없어지는 것도 없다는 인연의 실상을 자각한 것입니다.

23장. 연기의 각성은 없어지지 않는다

43-2 문:마음이 없어진다면 어떻게 상속하며, 상속한다면 어찌 완전히 없어진다고 말할 수 있는가?

問曰 若心滅者 云何相續 若相續者 云何說究竟滅

답:여기서 말하는 '없어진다는 것'은 마음이 만든 모습[相]이 없어진다는 것이지 마음 그 자체가 없어진다는 뜻이 아니다.

비유하자면 바람이 물에 의해서 움직이는 모습이 있게 되는 것과 같다. 만약 물이 없어진다면 바람의 모습도 끊어지게 되는데, 그것은 의지할 물이 없기 때문이다. 그러나 물이 없어지지 않았기에 바람 부는 모습이 계속 이어지는 것이다. 바람이 멈추면 움직이는 모습만 없어질 뿐 물 자체가 없어지는 것이 아니다.

答曰 所言滅者 唯心相滅 非心體滅 如風依水而有動相 若水滅者 則風相斷絕 無所依止 以水不滅 風相相續 唯風滅故 動相隨滅 非是水滅

무명 또한 이와 같다. 마음의 본바탕에 의지해서 움직임이 있는 것이다. 만약 마음의 본바탕이 없어진다면 중생도 없어진다. 의지할 마음이 없기 때문이다. 그러나 바탕이 없어지지 않으므로 마음이 계속 이어질 수 있다. 없어지는 것은 어리석은 무명뿐이다. 무명이 없어지므로 마음이 만든 모습도 따라 없어지는 것이지, 연기각성의 마음작용인 지혜가 없어지는 것이 아니다.

無明亦爾 依心體而動 若心體滅 則衆生斷絶 無所依止 以體不滅 心得相續 唯癡滅故 心相隨滅 非心智滅

마음은 있는 것도 아니고 없는 것도 아닌 법계의 인연

'생멸심'이란 생겨나는 마음이며 없어지는 마음을 말합니다. 그러나 마음은 생겨나는 것도 없어지는 것도 아닙니다. 마음은 있는 것도 아니고 없는 것도 아닌 법계의 인연입니다. 생겨나는 것 같지만 그것이 마음의 얼굴이 아니고, 없어지는 것 같지만 그것 또한 마음의 모습이 아닙니다. 어느 것도 마음이라는 것과 상응하지 않는 것이 없지만, 그렇기에 어느 것도 마음일 수 없습니다.

있다는 생각이나 없다는 생각, 생겨난다는 생각이나 없어진다는 생각은 마음에 대한 서술일 수 없습니다. 생멸하는 마음, 생멸하지 않는 마음, 청정한 마음, 청정하지 않은 마음도 없습니다. 일심법계에서 보면 깨끗한 마음도 더럽혀진 마음도 없습니다. 그렇기에 『섭

대승론』에서는 "법성法性은 미혹에 의해서 더럽혀지지도 않고, 진실에 의해서 깨끗해지는 것도 아니다."라고 하였습니다. 깨끗함과 더럽혀진 것이 법계에서 보면 둘일 수 없습니다. 인연일 뿐입니다.

우주 법계의 성成·주住·괴壞·공空이 인연의 흐름이 되니 생명계의 정의도 성주괴공의 흐름 밖에 있을 수 없습니다. 지구상에 생명체가 생겨나고 소멸하는 것도 인연입니다. 생명체가 생겨난 것이 신비롭고 경이로운 일인 것처럼 그것이 사라지는 것 또한 신비롭습니다.

영원히 머물 수 있는 것이 아니며, 영원히 사라져 없어지는 것도 아닙니다. 한 개체로 보면 사라지고 생겨난 것과 같지만 그 생명이 법계의 생명으로 마음이며 인연이라고 보면 생겨나거나 없어지는 것일 수 없습니다. 우주가 성립되는 시간인 성겁成劫만을 보면 생겨나는 것 같고, 완전히 사라져 아무 것도 없는 듯한 시간인 공겁空劫에서 보면 소멸해 없어지는 것 같지요. 그러나 성겁이 공겁에 맞닿아 있고 공겁에서 성겁이 시작되니 공겁은 공겁을 허물면서 성겁이 되고, 성겁은 성겁을 허물면서 공겁을 드러냅니다.

어느 시간이나 자신의 얼굴을 만들면서 시작되는 듯하지만 바로 앞 시간의 얼굴을 허무는 것입니다. 잠시 자신의 얼굴인 듯하지만 어느 새 다른 얼굴로 변해 가니 우리의 일생인 생로병사와 우주의 일생인 성주괴공이 다를 것이 없습니다. 우리들의 시공 인식에서 보면 우주의 시공이 크고 넓은 것 같지만, 우주의 시공 인식을 갖는다면 우주의 성주괴공 또한 우리들의 생로병사와 같습니다. 우리들의 인식이 갖는 비교에 의해 크고 긴 것일 뿐 우리들을 이루고 있는 우주의 시공은 크지도 길지도 않습니다.

 생겨나는 것이 새로 생겨나는 것이 아니고 소멸하는 것이 아주 소멸하는 것이 아닙니다. 우리나 우주가 늘 다른 얼굴인 데서 보면 끝없는 변화로 생겨나고 없어지는 것 같으나, 끝없는 변화인 무상無常은 법계의 인연으로 생겨난 것도 없어지는 것도 아닙니다. 우리의 마음이 큰 우주에 비해 작은 우주가 아니라 마음 그 자체가 작은 우주도 되고 큰 우주도 되므로 생멸하는 것 같지만 생멸하지 않고, 생멸하지 않는 것 같지만 생멸합니다.

마음과 무명과 앎이 우주 법계의 소식

 생멸하는 변화에 생멸하지 않는 우주를 담고 있는 것이 마음이며, 이 마음이 드러나는 것은 하나하나의 앎입니다. 자각하지 못하면 무명이지만, 무명은 인연이 드러내는 앎이기에 마음과 무명과 앎이 우주 법계의 소식입니다. 우주 법계의 인연들은 모양을 달리하는 앎의 흐름으로 언제나 생멸 그 자체입니다.

 우주란 큰 생명이고 개체는 작은 생명으로 잘못 생각해서는 안 됩니다. 작다고 해서 그 부피 만큼만의 생명을 담고 있는 것이 아닙니다. 그 모습 그대로 우주의 생명이며, 다른 모든 생명들 또한 그렇습니다. 어느 것이 더 큰 생명의 가치를 갖는 것이 아닙니다. 서로가 서로를 살리면서 법계의 흐름을 인연의 앎으로 드러내고 있을 뿐입니다.

어느 것 하나 소중하고 귀하지 않는 것이 없습니다. 그렇다고 생명이 형상을 갖는 모습만으로 드러나는 것일 수 없습니다. 텅 빈 공겁空劫이 모습으로 드러나는 생명과 다른 것 같지만 빈 모습 그대로가 생명의 모습입니다. 빈 모습과 드러난 모습의 어느 한쪽이 생명의 본질일 수 없습니다.

생명이란 어떤 모습 속에 갇혀 있는 것이 아닙니다. 모든 모습이 그 모습을 잃지 않으면서도 모습 밖과 하나 된 열린 생명계를 연출하고 있습니다. '빈 모습'이 열린 생명계를 오히려 더욱 실감나게 보여 준 사건입니다. 그런 뜻에서 '마음 쉼'이 깨달음이며, '빈 마음'이 법계의 앎입니다.

우주가 성립되는 성겁成劫의 시간에서 새로운 생명이 생겨난 것 같지만 모습 없는 생명에서 모습으로 드러난 생명이며, 우주의 모든 형상이 소멸돼 없어지는 공겁空劫에 이르러 모든 생명들이 없어지는 것도 형상 없는 생명활동이라고 할 수 있습니다. 우주 법계는 어떤 형상에도 머물지 않는 마음이 생명으로 드러나고 있기 때문에, 자신의 모습을 감추고 만날 수 있는 것도 아니고, 수행으로 큰 생명과 만나야만 본래의 생명이 되는 것도 아닙니다.

인연이란 모든 것 그대로가 하나의 모습이며 생명이면서도 전체가 되는 것을 뜻합니다. 그러므로 법성인 우주의 모든 생명이 그대로 표현되고 있는 우리들의 마음 그 자체는 오염된 법의 의지처가 될 수 없습니다. 곧 법성을 의지하여 미혹한 마음이 있을 수 없다는 것입니다. 인연을 자각하지 못한 무명이 스스로의 의지처를 구성하고, 무명의 망념을 연속시켜 가는 것을 오염됐다고 할 뿐입니다.

법성法性의 자리는 형상에 매이지 않는 무상無相과 망념이 없는 무념無念이라고 할 수 있고, 형상에도 형상 없음에도 머물지 않는 무주상無住相이며, 생각에도 생각 없음에도 머물지 않는 무주념無住念이라고도 할 수 있습니다. 그렇기에 인연 따라 형상과 생각을 만들기도 하고 해체할 수도 있습니다.

머물지 않는 인연의 차이가 앎이 되기 때문에 분별을 기억하는 염念이 있을 수 있고, 염에 의해서 인연의 다름들이 다름으로 읽혀질 수 있다는 것입니다. 앎이 기억이 되고 기억이 앎을 만드는 인연의 변화가 마음이 되니, 마음은 법계의 작용으로 인연의 총상이면서 하나의 예술이라고 할 수 있습니다. 판박이처럼 찍어내는 것이 아니라 새로운 것에 생명을 불어 넣고, 생명으로 새로움을 창조하는 작업입니다. 그러므로 기억하는 작용 또한 없어서는 안 됩니다. 기억에 머무는 순간 창조성을 잃어 법계의 정신을 등지지만, 기억을 넘어서는 정신은 법계의 창조에 동참하는 것으로 '머물지 않는 기억〔無念〕'이 됩니다.

망념의 의지처인 아려야식

'형상'에도 머물지 않고 '형상 없음'에도 머물지 않기 때문에 법계의 앎이 있을 수 있고, 머물지 않는 앎이므로 창조가 이루어집니다. 머물지 않는 기억이 공성의 지혜며, 전체성을 자각하는 앎입니다. 드러난 모양과 앎에서 전체 인연을 자각하여 모양과 앎에 걸리지 않는 판단이 지혜이면서 공성에 대한 자각입니다. 전체적 자각이 이루어지지 못하면 드러난 모양과 앎이 기억이 되고, 분별된 기억에 머물러 있는 앎, 곧 망념이 상속되고 맙니다. 기억된 분별이 망념이면서 상속되기에 다음 망념의 의지처가 된다고 하겠습니다.

그렇다고 망념이 인연이 만든 모양과 앎을 떠나 있는 것도 아닙니다. 인연이 만든 모양을 기억에 머물러 있는 앎만으로 알아차리는 앎이 망념이기 때문입니다. 하나의 인연이면서 무상無相과 상相, 정념正念과 망념妄念이 겹쳐 있는 모습입니다. 이 모습이 아려야식이기 때문에 아려야식을 망념의 의지처라고 합니다.

법성에서 보면 생멸이 없는 한마음이지만, 망념의 의지처인 아려야식이 형성되고 나면 망념이 생성되는 것 같고, 수행으로 망념이 사라진다는 데서 보면 소멸되는 것 같습니다. 인연이 생성되고 소멸되는 것이 아니라 인연을 읽고 있는 망념이 생성되고 소멸되는 것입니다. 아려야식阿黎耶識도 망념이 형성되는 순간 함께 생겨나므로 망념이 완전히 소멸하게 되면 아려야식도 사라집니다.

법성이 청정한 법(淨法)과 오염된 법(染法)의 근거가 아니고 아려야식이 청정한 법과 오염된 법의 근거가 되는 까닭입니다. 불각이 형성되고서 불각과 상대하여 본각이 있을 수 있듯이, 망념의 염법이 형성되고 망념의 의지처인 아려야식이 있게 될 때 그것과 상대하여 정법도 있다고 할 수 있습니다.

인연의 법계는 성주괴공成住壞空으로 생명활동을 하고 있을 뿐 정념이라고도 망념이라고도 할 수 없습니다. 정념과 망념은 오직 인연을 읽지 못할 때부터 형성된 분별입니다. 그렇기 때문에 수행으로 망념이 소멸된다고 해서 법성의 상속이 없는 것도 아니고, 상속된다고 해도 망념은 완전히 사라질 수 있습니다.

법성인 진여의 인연因緣은 망념에도 머물지 않고 정념에도 머물지 않는 일법계의 생명으로, 생겨난 적도 없고 소멸될 수도 없습니다. 모든 생명들은 법성의 자리에 살면서 망념에 의해 생사의 고해에 빠져 있으니, 새로 생겨나고 죽어 없어진다고 생사를 보는 것은 자신의 삶을 제대로 보는 것일 수 없습니다. 생멸 속에서 생겨나지도 않고 사라지지도 않는 생명의 진정한 흐름인 법성을 체득한 완전한 깨달음이 삶을 제대로 본 것입니다.

이와 같은 관계를 물과 파도의 비유를 들어 설명하고 있습니다. 파도의 모습이 사라지더라도 물이 없어지지 않는 것과 같이 마음이 소멸한다는 뜻은 마음이 만든 망념의 이미지〔相〕가 소멸하는 것이지 마음 그 자체自體가 소멸하는 것이 아니라고 말하고 있습니다.

모습〔相〕이란 망념으로 만들어진 것도 있으며, 인연들이 만들고 있는 것도 있습니다. 인연은 모습에 머물지 않고 모습을 만들기에, 모습이지만 빈 모습이라고 할 수 있습니다. 그렇다고 빈 모습이라는 것에 머문 '빈 모습'도 따로 없습니다. 모습으로 드러나거나 드러나지 않거나 모두가 인연의 모습이며 빈 모습이므로, 어떤 모습이라고 형용하여 말할 수 없습니다.

모습에 머무는 것도 망념이며 빈 모습에 머무는 것도 망념입니다. 머무는 모습은 만들어진 것이며, 인연의 흐름과 어긋나기에 망념입니다. 망념은 모습을 만들면서 인연을 등지고 모습에 머물면서 집착을 낳습니다. 집착이 인연의 흐름과 어긋나기에 삶이 괴롭게 됩니다. 괴로움을 불러오는 모양에 머물러 있는 앎[妄念]입니다. 공에 머무는 것도 공상空相에 집착하는 것이며, 인연을 등지는 것이며, 괴로움을 만드는 것입니다.

인연의 법계는 어떤 모습에도 머물지 않습니다. 유상有相에도 머물지 않고 무상無相에도 머물지 않습니다. 머물지 않으면서 아는 것이 마음의 근본바탕[體性]입니다. 유상有相일 때는 유상이 마음이지만 그것만이 마음이 아니며, 무상無相일 때는 무상이 마음이지만 그것만이 마음이 아닙니다.

마음은 유상과 무상의 어느 것으로도 마음이라고 할 수 있지만, 유상이나 무상 등의 어떤 것만으로의 마음은 없습니다. 마음의 체성體性을 상이 없는 어떤 것으로 생각하는 순간 그 마음이 상이 되어 마음의 체성을 등집니다. 마음의 체성은 중첩된 인연의 흐름과 하나된 앎입니다.

앎을 넘어선 자리

그러므로 형상을 만들고 그것으로 앎을 삼고 있는 지식 작용에 머물러 있다면 바른 기억과 주시가 아닙니다. 앎을 넘어선 자리에서 형상을 해체하고 있는 것을 보지 못한 앎입니다. 이와 같은 앎이 무명으로 오염된 앎[染法]의 근거가 됩니다.

지식 작용의 근거인 지성智性은 '형상에 머물지 않는 앎이며 분별임'을 알아야 합니다. 인연이 만들어 놓은 상들을 분별하고 기억하며 그것으로 인연을 알아차리는 것입니다. 다만 인연을 자각하지 못한 지智의 활동은 '모습이면서 모습에 머물지 않는 지성'을 자각하지 못한 앎이기에 무명이 되고 중생의 삶을 만들지만, 지성 또한 인연의 작용과 같으므로 분별이 있으나 분별된 것에 집착하는 특성이 없으므로, 분별상이 없어진다고 지성 자체가 없어지는 것이 아닙니다. 분별상만을 아는 무명이 없어지는 것입니다.

없어지는 무명이라고 해서 무명이 인연 밖에 따로 있는 것이 아닙니다. 마치 바람이 물을 흔들므로 파도가 일지만 바람 또한 물과의 인연 밖에 따로 있지 않는 것과 같습니다. 물 밖에 바람이 있는 것 같지만 물과 바람이 하나가 되어 파도를 만들고 있다는 것입니다. 이 셋의 인연을 떠나서는 바람도 파도도 물도 없습니다. 분별상만을 보는 것이 '무명의 바람[無明風]'이 되는 것은 파도만 보고 물을 보지 못한 것입니다. 바람이 없을 때만 물의 모습이 아니라 파도도 물의 모습이면서 물을 떠나지 않는 것을 모르는 것이지요.

곧 망념도 인연의 장에 있는 것이지, 인연의 장을 떠나서는 망념도 없다는 것입니다. 다만 기억에 머물러 분별하고 집착하는 것[妄念]이 인연의 무상과 어긋나기에 허깨비와 같다고 할 뿐입니다. 실상에서 보면 인연의 모습들도 그림자 같은 것으로 허망한 것입니다. 망념은 스스로가 만들어 놓은 그림자에 집착하기 때문에 허망하다고 한다면, 인연이 만들고 있는 모습들은 잠시도 머묾 없는 흐름 속에 그 모양을 고집하지 않고 해체하고 있기에 허망한 것입니다.

움직이지 않는 마음

지성智性도 인연의 흐름으로 나타나므로 지성 또한 모양 밖에, 흐름 밖에 있는 '움직이지 않는 마음'이 아닙니다. 인연의 흐름을 명철하게 읽고 있는 그 모습이 움직이지 않는 것입니다. 끊임없이 움직이는 온갖 다름을 비추고 있는 고요한 바다와 같습니다. '움직이지 않는 마음[不動心]'이라고 하지만 움직이는 않는 마음이 온갖 무상을 연출하는 흐름이 되니 움직이지 않는 것도 없고 움직이는 것도 없습니다.

'움직임'이 움직임 없는 것 밖에 있는 것도 아니고 '움직임 없는 것'이 움직임 밖에 있는 것도 아닙니다. 그러므로 움직이지 않고 고요히 있는 부동심으로 깨달음을 삼는 것은 깨달음에 대한 바른 지향이 아닙니다. 깨달은 분들의 삶은 온갖 다른 인연 가운데서도 집착 없는 마음으로 고요하고[不動], 하나하나의 인연을 새롭게 읽고 있는 마음으로 더욱 빛난다〔動〕고 할 수 있습니다.

바람의 의지처가 물이듯 무명의 의지처가 지성智性이라고 하지만, 지성이 무명이 된다고 착각해서는 안 됩니다. 지성은 본각이라고 할 수 있습니다. 본각을 자각하지 못한 것이 무명이기는 하지만 본각인 지성이 무명이 되는 것이 아니라는 것입니다. 무명 속에서도 지성은 머묾 없는 분별로 알아차립니다. 그러므로 인연의 각성을 자각하게 되면 다시는 무명의 망념이 일어나지 않습니다. 인연이 만든 분별에서 무명은 분별된 모습에만 머무는 분별이기 때문이며, 지성은 분별과 인연의 공성을 함께 볼 수 있는 분별이기 때문입니다.

마음의 흐름에서 낱낱 생각에 흔들리는 것이 분별된 것에 집착하는 망념의 앎이 되는 까닭이며, 분별된 것에 집착하지 않고 흔들림 없이 있는 그대로 아는 것은 인연을 자각하고 있는 지성의 앎이 되는 까닭입니다. 그렇기 때문에 분별 속에서도 깨달음이 가능합니다. 만약 분별을 있는 그대로 지켜볼 수 있는 힘인 지성智性이 물든다면 깨달음이 가능할지 알 수 없지요.

인연 따라 무상無相과 무념無念으로 알아차리기

지성의 작용으로 드러나는 분별과 판단은 인연의 변화를 있는 그대로 아는 머묾 없는 앎이기에 사라진다는 말조차 필요 없고, 분별에 집착하는 앎은 마음이 만든 것이기에 사라질 수 있습니다. 마음이 만든 영상만을 가지고 세상을 보는 것이 어리석음이 되는 까닭이며, 이미지만을 집착하는 어리석은 마음이 사라진다고 하여 지성이 사라지지 않는 까닭입니다. 분별된 것에 대한 집착인 망념이 사라짐으로써 오히려 기억의 특성을 잘 이해하고, 기억된 이미지가 실재가 아닌 줄 압니다.

기억된 이미지가 마음이 만든 것인 줄 확실히 안다는 것은 모든 것의 무상無相을 보는 것이며, 집착할 실재가 없는 것을 아는 것입니다. 이미지의 허구를 넘어서면서 이미지와 연계된 실재적 사고도 사라지는 것이지요. 이미지를 표현하는 언어와 형상이 자성이 없는 방편인 줄 알고 자성이 없는 공성임을 체득하여, 언어에도 걸리지 않고 형상에도 걸리지 않는 분별과 판단을 하는 것입니다. 바른 판단인 지혜로 방편을 자유자재로 쓰는 마음입니다.

이 마음이 오염되지 않는 지성입니다. 생겨나지도 않고, 없어지지도 않으면서 인연 따라 무상無相과 무념無念으로 알아차리고 있는 지혜의 근거입니다.

무상無相이란 형상에 매이지 않는 공성의 인연을 꿰뚫어 아는 것이며, 무념無念이란 망념이 만들어 놓은 언어 판단에 속지 않는 것입니다. 지성智性은 인연이 만든 형상을 분별하고, 언어로 정리한 정보를 읽지만, 그 모두가 공성의 자리에서 일어난 줄을 아는 마음입니다. 형상의 기억을 언어 정보로 재구성하여 판단하지만 무상과 무념을 잊지 않는 것과 무상과 무념을 잊는 판단인 망념이 한자리에 있으니 묘한 상황입니다.

그렇기에 마음은 지성의 작용이면서도 망념이 의지하는 의지처가 됩니다. '물들지 않는 지성인 마음〔眞如〕'과 '망념의 분별〔生滅〕'이 함께 있는 것이지요. 이 상태를 중생심衆生心이라고 하며, 중생심에서 일어나는 생멸의 인연이 잘못된 분별과 판단에 의해 형성된 인식에 있으며, 형성된 인식의 총체적인 근거를 아려야식阿黎耶識이라고 하였습니다. 인연을 자각하지 못한 마음작용에서 보면 안다는 사실 그 자체가 잘못된 분별과 판단인 무명이 되므로 진여에서 생멸이 나오는 것 같고, 무명에 의해 형성된 망념의 분별일지라도 알아차리는 지성인 마음 그 자체를 물들일 수 없으므로 생멸에서 진여가 나오는 것 같기에, 진여심과 생멸심이 함께 있다고 하였습니다. 그리고 이러한 작용이 인식을 통해서 총체적으로 드러나고 있다는 것입니다.

이 말은 인연이 만든 분별을 잘못 판단하는 인식인 무명에 의해서 생멸하는 마음인 의와 의식이 상속하고 있지만, 집중과 주시에 의해서 의식과 의가 환멸하여 분별이 인연이 만든 것임을 알아차려 무명이 환멸하면 진여가 드러난다는 것입니다.

진여에서 보면 생겨나지도 않고 없어지지도 않지만, 망념에서 보면 생겨나고 없어집니다. 그것이 마음 하나에서 일어나고 있기에 한마음〔一心〕이라고 합니다. 또한 인연인 마음은 '아는 마음'과 '알아차리는 대상'이 서로 다른 실체를 갖는 것일 수 없어 한마음이기도 합니다.

우리들이 쓰고 있는 마음작용의 하나하나에 진여와 번뇌가 함께 있으면서 법계연기의 총상이 되기도 하고 분별의 망상이 되기도 하기에, 한 생각 돌이키면 그 순간 인연의 무자성無自性에 눈뜨는 것이 가능하고, 그것 자체가 자신의 인연을 자각하는 것이므로 다시는 무명화하지 않는 지성이 늘 작용한다고 하겠습니다.

24장. 진여의 향기가 스며 있는 삶

44 청정한 마음[淨法]이 오염된 마음[染法]에 스며들고, 오염된 마음이 청정한 마음에 스며드는 네 종류의 훈습이 있기 때문에 염법과 정법이 끊어지지 않고 생겨난다.

復次 有四種法熏習義故 染法淨法起不斷絶 云何爲四

첫째는 정법인 진여眞如의 훈습이며, 둘째는 모든 염법의 원인인 무명無明의 훈습이며, 셋째는 허망한 마음인 업식業識의 훈습이며, 넷째는 허망한 경계인 육진六塵[인식 대상]의 훈습이다.

一者淨法 名爲眞如 二者一切染因 名爲無明 三者妄心 名爲業識 四者妄境界 所謂六塵

45 훈습熏習이란 무슨 뜻인가. 향을 피우면 향기가 없던 옷에 향기가 배어드는 것과 같다. 정법과 염법의 훈습도 이와 같다. 진여인 정법에는 오염이 없으나 연기각성을 자각하지 못한 무명의 작용이 훈습되기 때문에 오염된 모습이 있는 것이며, 무명인 염법에는

청정한 작용이 없으나 진여의 작용이 훈습되기 때문에 청정한 작용이 있는 것이다.

熏習義者 如世間衣服 實無於香 若人以香而熏習故 則有香氣 此亦如是 眞如淨法 實無於染 但以無明而熏習故 則有染相 無明染法 實無淨業 但以眞如而熏習故 則有淨用

진여·무명·업식·육진의 훈습

마음 씀 하나하나가 진여이면서 망념인 것이 어떻게 계속될 수 있는가를 살펴보는 대목입니다. 또 망념이 없어지고 진여의 불생불멸을 알아차려 생사로부터 해탈하는 것이 어떻게 하여 가능한 것인가를 이야기하고 있습니다.

정법淨法과 염법染法이 단절되지 않는 것은 다음의 네 가지 훈습이 있기 때문입니다. 첫째는 정법인 진여眞如의 훈습이 있기 때문이며, 둘째는 모든 염법의 원인인 무명無明의 훈습이 있기 때문이며, 셋째는 인연을 자각하지 못한 무명의 훈습에 의해 허망한 분별심이 생기면서 분별과 분별의 여력을 갈무리하고 있는 업식業識의 훈습이 있기 때문이며, 넷째는 '업식을 이루는 분별의 여력餘力'이 담고 있는 형상의 이미지와 언어 표상의 개념으로 재구성된 허망한 경계인 육진六塵의 훈습이 있기 때문입니다.

염법染法이 그치지 않고 증장되는 것은 다음과 같습니다. 무명의 분별이 정법인 진여에 스며들어 분별심인 허망한 마음작용이 생기고, 생겨난 '허망한 마음의 분별'과 분별이 남긴 여력餘力에 의해서 재구성된 '육진 경계'가 다시 허망한 분별심에 스며들어 분별을 증장시키며 증장된 분별심이 무명을 두텁게 하여 하나 된 법계를 갈수록 알기 어렵게 하기 때문입니다.

정법淨法이 그치지 않는 것도 마찬가지입니다. 진여에 무명의 분별이 스며들듯 무명에도 진여의 공덕이 스며 있고, 무명에 의해 생긴 육진 경계와 허망한 분별심에도 진여의 향기가 스며 있습니다. 스며 있는 진여의 훈습이 부처님의 가르침과 수행에 의해 드러날 수 있으므로 청정한 마음이 생겨나 계속되는 것입니다.

본질에서 보면 청정한 마음이나 오염된 마음이 생겨나거나 없어지는 것이 아니지만, 청정한 마음을 자각하지 못함으로 청정한 마음이 없어지고 무명으로 오염된 마음이 생겨나는 것과 같고, 부처님의 가르침과 수행으로 청정한 마음을 자각함으로 오염된 마음이 없어지고 청정한 마음이 생겨나는 것과 같습니다. 청정한 인식 내용과 오염된 인식 내용이 생겨나고 없어진다고 하겠습니다.

마음은 청정한 상태에서도 인연을 있는 그대로 분별하고 오염된 상태에서도 오염된 상태를 있는 그대로 분별합니다. 마음은 생겨나지도 않고 없어지지도 않으며, 청정해지지도 않고 오염되지도 않습니다. 항상 여여한 상태이기에 번뇌 속에서도 오염된 인식을 넘어서서 청정한 인식을 할 수 있습니다. 이것을 진여의 훈습이라고 합니다.

진여의 훈습이란 정법과 염법을 넘어서게 하는 훈습이기에 하나 된 법계〔一法界〕의 마음을 드러내는 것이라고 하겠습니다.

여기서 '스며들다'라고 이야기하는 것은 진여의 공능에 대한 바른 이해가 없다는 것일 뿐 진여의 작용이 무명화되는 것을 뜻하는 것이 아닙니다. 무명도 무명으로 실재한 공능이 아니므로 진여를 오염시킬 수 없습니다.

진여가 삶의 본래 모습

오염될 수도 없고 오염시킬 수도 없지만 무명이 진여를 훈습하여 망념을 남기므로 망념이 있는 것 같고, 진여도 망념에서 진여를 드러내니 진여가 있는 듯합니다. 망념이 진여를 진여 되게 하고, 진여가 망념을 망념 되게 하는 것 같아, 어느 한쪽도 그 자체만으로 무엇일 수 없습니다. 오직 둘이 함께 어울려 있을 때에 진여라는 이름도 얻고, 망념이라는 이름도 얻습니다.

중생심이 인연의 일상一相으로 일심一心이 되어 모든 인연을 다 드러낼 수 있는 것도 이 때문입니다. 인연의 분별이 망념으로 드러나며, 그 작용이 앞서의 망념을 이어 다시 다른 망념을 만들므로 인연의 작용마다 망념이 자취를 남기나, 인연이기에 진여가 됩니다.

물든 마음도 없고 물들이는 염법도 없습니다. 자성을 갖는 실체가 없으므로 진여도 무명에 의해서 물드는 것이 아니며, 무명도 진여에 의해서 훈습될 수 없습니다. 진여니 무명이니 하는 이야기가 망념이라고 할 수밖에 없습니다. 진여를 이야기해도 망념을 벗어나기 어려우니 망념은 말할 필요조차 없지요.

망념이니 진여니 하는 생각을 있는 그대로 알아차리는 지성智性은 진여와 망념을 떠나 있습니다. 언어의 개념 조작이 일어나고 있는 곳에 언어의 개념 조작을 떠나 있는 밝음이 있다고 하겠습니다.

진여라는 것이 염법을 훈습하여 진여 되게 하는 것도 아니고, 염법이라는 것이 진여를 훈습하여 염법이 되게 하는 것도 아닙니다. 망념의 앎은 분별된 앎으로 법계의 앎이 아닌 듯하나, 망념을 지켜보는 것은 연기의 각성으로 진여의 지성입니다. 이 상태가 중생심이며 중생의 삶입니다. 망념을 알아차리지 못해, 진여는 없고 망심만 있는 듯한 상태를 물든 세계라고 할 뿐입니다. 진여의 작용이 있는데도 잊혀진 것과 같습니다. 망념이 진여를 감출 수는 없는데도 망념에 마음이 쏠려 망념밖에 없는 세상이 된 것입니다. 이것이 지성智性 속에 있는 망념으로 '업식業識'의 훈습이며, 망념을 만들고 있는 근본 원인인 무명의 훈습입니다.

안으로 안으로 자신을 보라

그렇게 되면서 내부의 앎이 진여의 빛을 보지 못하게 되므로, 마음 작용이 밖으로 치달려 마음 밖의 대상을 헤아리면서 망념의 상속을 더욱 굳건히 합니다. 이것이 허망한 경계[妄境界]인 '육진六塵'의 훈습입니다. 우리의 의식이 늘 밖의 대상을 살피고 그것을 가지고 시비是非·선악善惡·호오好惡·염정染淨 등의 분별을 일삼고 있는 것이 망경계의 훈습이라는 뜻입니다.

그렇지만 허망한 육진 경계가 마음 밖에 있는 것이 아니라 이미 내적으로 그렇게 분별하도록 되어 있는 무명의 분별력에 의해서 세워진 자아와의 상관관계에서 육진 경계이므로, 경계에 대한 선악시비 등은 집착된 무명의 분별력이 의식으로 나타난 것일 뿐입니다.

자신이 드러낸 경계를 다시 분별하고 있는 것이지요. 상속된 업식의 흐름이 의식으로 작용하면서 염染·정淨 등의 분별과 나와 남의 대립이 더욱 분명해지는 것입니다. 따라서 진여를 보는 것도 그만큼 힘들어집니다.

그렇기에 옛 스님들께서는 밖으로 향하는 마음을 내려놓고 안으로 안으로 자신을 보라고 하였습니다. 그러다 보면 외연을 만들고 있는 마음을 지그시 지켜보는 마음이 보이고, 외연에 물들지 않는 지성을 살짝 경험하게 됩니다. 이 경험이 토대가 되어 진여의 훈습이 커가게 됩니다.

허망한 경계를 만들고 그것에 의해서 망념의 분별을 키우고 있는 분별의 경향성[業識]은 하루아침에 이루어진 것이 아니므로, 진여의 지성을 잠깐 보는 것만으로는 업식과 무명의 힘을 이기기가 어렵지만, 진여를 본 경험이 남긴 향기가 진여를 다시 보게 함으로 망심이 남긴 훈습을 넘어설 수 있게 합니다.

진여를 볼 수 있게 한 정진의 힘이 크게 작용하기도 하고, 진여가 삶의 본래 모습이라 진여의 모습을 본 경험이 망심의 훈습이 남기는 잘못된 인식을 바로잡게 하기 때문입니다. 향기가 배어 있다는 것은 삶을 이해하는 인식의 습관을 뜻하므로, 습관이라는 측면에서 보면 쉽게 다스리기 어렵지만 인식의 내용이 바뀐다고 하는 측면에서는 진여를 한 번 보는 것만으로도 충분하다고 하겠습니다.

인식의 전환에서 보면 염법染法이 정법淨法으로 바뀌는 것 같지만, 습관까지를 다스려야 한다는 데서 보면 염법의 습기가 다 없어져야 진여를 온통 드러낼 수 있습니다. 인식이라는 데서만 보면 걸림 없는 지성의 인식이 염법에 의해 감추어진 것 같지만, 지성인 진여가 염법을 한시도 떠난 적이 없기 때문에 염법도 생명의 향기를 담고 있으면서 염법이 되는 것입니다. 그렇기에 정법이 끊어지지 않고 염법 속에서 부처의 향기를 피우고, 염법이 끊어지지 않고 이어져도 부처의 생명을 잃지 않습니다. 그러므로 부처의 지혜가 완성되는 순간 무명과 무명으로 인한 망심의 습관화된 인식 패턴은 사라지지만, 곧 무명의 염법은 사라지지만 지성智性은 사라지지 않습니다.

자각하지 못한 상태에서도 지성은 인연에서 항상 자재하며, 순간순간을 새롭고 신비로운 과정으로 느껴 알고, 고요함 속에서 온갖 지혜를 드러내, 함께 사는 이웃 생명들의 아픔을 어루만지는 정법淨法으로 작용하고 있습니다.

찾아보기

【ㄱ】

가장 뛰어난 활동〔最勝業〕·120
각성覺性·49
간경看經·137
거친 가운데 있는 미세한 생멸의 모습〔麤中之細〕·408, 410
거친 것 가운데 거친 것〔麤中之麤〕·408, 409
견번뇌見煩惱·329, 334
견훈습見熏習·58
경계로 나타난 '상응하지 않는 오염된 마음'〔現色不相應染〕·352, 363
경계를 보는 전식의 상응하지 않는 오염된 마음〔能見心不相應染〕·352
경계상境界相·42, 261, 268
경장經藏·138
계명자상計名字相·43, 272, 276
공空·176, 247
공덕의 모습이 한량없이 크다〔相大〕·152
공하지 않다〔不空〕·177
관수행·104
구경각究竟覺·36, 197, 208
구경지〔제10지〕·347
구계지具戒地·51, 352
구상차제九相次弟·298
권수이익분勸修利益分·110, 125
근본 바탕이 크다〔體大〕·144
근본 업식의 상응하지 않는 오염된 마음〔根本業不相應染〕·352

근본불각·40
근본업불상응염根本業不相應染·371, 387
기업상起業相·43, 272, 276
깨끗한 마음을 보는 단계〔淨心地〕·128
깨닫지 못한 것〔不覺〕·259, 262
깨닫지 못한 모습〔不覺相〕·281
깨달음〔覺義〕·34
깨달음의 본디 모습〔覺體相〕·239, 242, 246
깨달음의 인연을 훈습하는 거울·257
끊어지지 않고 계속해서 상응하는 오염된 마음〔不斷相應染〕·358

【ㄴ】

논장論藏·138
능견能見·53, 391
능견상能見相·260, 267
능견심能見心·368, 396
능견심불상응염能見心不相應染·369, 387
능지방편能止方便·85
능현能現·391
능현색能現色·396

【ㄷ】

대비심관 · 105
대비심大悲心 · 83
대승大乘 · 143, 145, 238
대승의 근본 바탕〔體〕 · 147
대원관 · 105
대원평등방편大願平等方便 · 86
대치사집對治邪執 · 75, 155

【ㅁ】

마명 · 118
마음법〔心法〕 · 139
마음의 작용이 크다〔用大〕 · 144
마음이 갖춘 공덕의 모습이 크다〔相大〕 · 144
마음이 생겨나고 없어지는 모습〔生滅因緣相〕 · 148
만들어진 마음〔有爲心〕 · 406
망경계훈습妄境界熏習 · 57
망념妄念 · 161
망념이 없는 것〔無念〕 · 197, 211
망심훈습妄心熏習 · 58, 60
머묾 없다〔無住〕 · 170
모든 법은 장애를 떠나 있는 거울이다〔法出離鏡〕 · 240, 252
모르는 것이 없이 다 아는 것〔遍知〕 · 120
모습이 없다〔無相〕 · 170

무념無念 · 211
무루無漏 · 285
무루지성無漏智性 · 298
무명無明 · 285, 290, 301, 342
무명업상無明業相 · 263, 411
무명훈습無明熏習 · 58
무상관無相觀 · 362
무상無常 · 315
무상방편지無相方便地 · 352, 361, 387
무색계無色界 · 322
무여열반無餘涅槃 · 86
무인론無因論 · 174
무자성無自性 · 231
무주념無住念 · 418
무주상無住相 · 418
물든 마음〔染心〕 · 391
뭇 생명들의 마음〔衆生心〕 · 139

【ㅂ】

바른 생각〔正思惟〕 · 162
바탕이 크다〔體大〕 · 150
반야바라밀 · 89
발기선근증장방편發起善根增長方便 · 85
방편심方便心 · 90
번뇌애煩惱礙 · 253
번뇌에 의한 장애〔煩惱礙〕 · 255
범부각 · 200

범부의 깨달음〔凡夫覺〕· 201
법무아法無我 · 79
법신法身 보살 · 205
법신法身 · 225
법신부처님〔法身佛〕· 119
법아견法我見 · 75, 79
법운지法雲地 · 352, 371
법출리경法出離鏡 · 40
보살지菩薩地 · 72
보시바라밀 · 88
보시布施 · 361
보신報身 · 71
보통으로는 생각할 수 없는 삶의 활동〔不思議業相〕· 237
본각本覺 · 182, 190
부동지不動地 · 365
부사의업상不思議業相 · 217, 219, 237
부정취중생不定聚衆生 · 81
분리식分離識 · 329, 331
분별발취도상分別發趣道相 · 155
분별사식分別事識 · 329, 331
분별사식훈습分別事識薰習 · 60
분별을 떠난 삼매 · 245
분별을 일으키는 분별지分別智의 물든 마음〔分別智相應染〕· 361
분별지分別智 · 374
분별지상응염分別智相應染 · 352, 362, 387
불각不覺 · 182, 191
불각의 모습〔不覺相〕· 263

불공진여不空眞如 · 169
불단상응염不斷相應染 · 50
불도佛道 · 81
불만족 덩어리〔五陰盛苦〕· 255
비어 있지 않은 거울〔因熏習鏡〕· 239
빈 모습〔空相〕· 169

【ㅅ】

사마타관 · 98
사섭법四攝法 · 63
삼보 · 119, 120
삼세상三細相 · 41, 387
상근기 · 136, 137
상대상大 · 28
상사각相似覺 · 196, 203
상상락樂아我정淨〔涅槃四德〕· 287
상속상相續相 · 271, 274
상속식相續識 · 303, 314, 318, 330, 335, 337
상응相應 · 381
상응하지 않는 오염된 마음〔能見心不相應染〕· 367
색계色界 · 322
색자재지色自在地 · 352, 364
생각을 뛰어넘는 활동〔不思議業相〕· 222
생멸문生滅門 · 158, 160
생멸심生滅心 · 186, 301, 304
생멸인연상生滅因緣相 · 53

생생주住이異멸滅・197
선정바라밀・88
선혜지善慧地・371
『섭대승론』・414
성문聲聞・376
성정본각・39
세 가지 미세한 깨닫지 못한 모습〔三細相〕・41, 260, 391
소승小乘・377
소지장所知障・253
수도연受道緣・64
수분각隨分覺・196, 206
수염본각・37
수행신심분修行信心分・22, 93, 125
시각始覺・182, 191
시작이 없는 무명〔無始無明〕・197, 212
식識・187
신상응지信相應地・351, 356, 358
신성취발심信成就發心・81
심미세지상心微細之相・90
심생멸문・33
심소心所・385
심왕心王・385
심자재지心自在地・370, 371
심진여문・30

【ㅇ】

아려야식阿黎耶識・181, 186, 301, 307, 375, 406, 419, 426
아트만・151, 231
『아함경』・198
애번뇌愛煩惱・329, 334
애훈습愛熏習・58
업계고상業繫苦相・272
업상業相・264, 387
업식근본훈습業識根本熏習・58
업식심業識心・90
업식業識・302, 335, 387
업의 과보에 따라 고통 받고 있는 모습〔業繫苦相〕・278
여래법신如來法身・67
여래如來・152
여래장如來藏・119, 152
여래지如來地・371
여섯 가지 거친 마음〔六麤心〕・381
여섯 가지 거친 분별상〔六麤相〕・273
여실공경如實空鏡・39
연각緣覺・340, 376
연기법緣起法・139
연상緣相・385
연훈습경緣熏習鏡・256
염법念法・221, 385
염법훈습染法熏習・57
염불念佛・108
염심染心・396

441

오의五意·335
외도삼매外道三昧·102
욕계欲界·322
용대用大·28
용훈습用熏習·63, 60
원행지遠行地·362
위빠사나관·98
육바라밀·361
육진경계六塵境界·323
육추상六麤相·385
응신應身·70
의근意根·318, 330, 407
의식意識·309, 329, 332
의언진여·32
의意·302, 309, 331
의훈습意熏習·60
이승二乘·340
이언진여·30
인무아人無我·79
인아견人我見·75
인연 있는 중생을 훈습하는 거울〔緣熏習鏡〕·240
인연분因緣分·125, 129
인욕바라밀·88
인욕忍辱·96
인훈습경因熏習鏡·240, 247
일법계一法界·348
일심一心·250, 432
일체종지一切種智·91, 92
일행삼매一行三昧·100

입의분立義分·22, 26, 125

【ㅈ】

자각自覺·182
자성청정심自性清淨心·230, 233
자체상훈습自體相熏習·60
장식藏識·186
적정처寂靜處·184
전상轉相·387
전식轉識·302, 317, 335, 364, 387
전오식前五識·331
정념正念·162, 164
정말로 텅 빈 거울과 같다〔如實空鏡〕·244
정문훈습正聞熏習·223
정법훈습淨法熏習·58
정심지淨心地·351, 359
정정취正定聚·83
정정취중생正定聚衆生·82
정중의식定中意識·245
정진바라밀·88
정진精進·97
종자생종자種子生種·308
종자생현행種子生現行·308
중생심衆生心·145, 310, 426
증득한 발심〔證發心〕·81, 88, 89
증오證悟·300
증장념훈습增長念熏習·57

442

증장분별사식훈습增長分別事識熏習·58
증장취훈습增長取熏習·57
증장행연增長行緣·64
지계바라밀·88
지계持戒·96
지관止觀·98
지말불각·41
지상智相·271, 273
지성智性·233, 236, 248
지수행·98
지식智識·303, 314, 316, 335
지애智礙·253, 254, 395
지정상智淨相·217, 37
지혜를 가리는 장애〔智礙〕·391
지혜의 청정한 모습〔智淨相〕·222
진심眞心·90
진아·151
진여문眞如門·158, 160
진여삼매·103
진여심眞如心·304
진여眞如·119, 178
진여훈습眞如熏習·223
진정한 귀의歸依·124
집상응염執相應染·377, 378
집착·354
집착과 상응하는 오염된 마음〔執相應染〕·351, 353
집취상執取相·271, 275

【ㅊ·ㅍ】

차별연差別緣·63
참다운 수행〔如實修行〕·224
참선參禪·137
참으로 빈 거울〔如實空鏡〕·36, 239
창고식〔藏識〕·308
청정淸淨한 삶·177
청정한 훈습熏習·223
체대體大28
초지初地·359
평등연平等緣·64

【ㅎ】

하근기·137
하나 된 법계〔一法界〕·348
한마음〔一心〕·162, 426
해석분解釋分·125
해오解悟·299
해행발심解行發心·81, 87
행근본방편行根本方便·85
현상現相·387
현색불상응염現色不相應染·367, 387
현색現色·368, 369
현시정의顯示正義·155
현식現識·302, 314, 319, 335, 387
현행훈종자現行熏種子·308

형상에 걸림 없는 자재한 삶〔色無礙自在〕·121

『화엄경』·251

환희지歡喜地·128, 360

훈습熏習·429

희론戱論·174

대승기신론·1권
왜 믿지 못할까, 모두가 다 부처인 것을!

초판 발행 | 2009년 5월 14일
3쇄 발행 | 2013년 6월 1일
펴낸이 | 열린마음
풀어쓴 이 | 정화

펴낸곳 | 도서출판 법공양
등록 | 1999년 2월 2일·제1-a2441
주소 | 110-170 서울시 종로구 수송동
두산위브파빌리온 836호
전화 | 02-734-9428
팩스 | 02-6008-7024
이메일 | dharmabooks@chol.com

ⓒ 정화, 2013
ISBN 978-89-89602-45-3
ISBN 978-89-89602-44-0(전2권)

값 22,000원

부처님의 가르침을 올바르게 _ 도서출판 법공양